本丛书得到何东先生独资赞助

This series of books is financially supported exclusively by Mr. Eric Hotung.

20世纪中国文物考古发现与研究丛书

秦 汉 考 古

赵化成　高崇文等／著

文 物 出 版 社

一　秦始皇陵远眺及食官建筑群遗址

二　西汉景帝阳陵

三 长沙马王堆一号汉墓
  出土的漆奁

四 江苏邗江甘泉二号墓
  出土的错银铜牛灯

五　河北满城陵山一号墓出土的蟠龙纹铜壶

六　陕西神木大保当出土的
　　东汉彩绘画像石

七　云南晋宁石寨山出土的
　　双豹噬猪鎏金铜扣饰

20世纪中国文物考古发现与研究丛书

序 / 张文彬

　　俗称"锄头考古学"的田野考古学的诞生以及中国考古学学科体系的基本完善，由此而引起的古物鉴玩观赏著录向科学的文物学的转变，是20世纪中国学术与文化界的大事。它从材料与方法两个方面彻底刷新了持续了数千年之久的中国古代史学传统，不但为中国学术界和文化界开拓出更加广阔的研究天地，也为一切关心中华民族悠久历史和灿烂文明的人们不断地提供了可贵的精神滋养和力量源泉。

　　仰古、述古、探古，进而考古，向来为我国传统文化中一个明显的学术特点。先秦时期诸子百家发其端，汉代司马迁撰写《史记》，北魏郦道元作注《水经》。他们对相关的遗迹遗物，尽可能地做到亲自考察和调查，既能辨史又可补史。这种寻根追源的治学态度，为后世学术上的探古、考古树立了榜样。此后，山河间的访古和书斋式的究古相继开展，特别是对古器物的研究，成了唐、宋时期的文化时尚。不少学者热衷于青铜铭文、碑刻、陶文、印章等古文字的考释，进而有了对器物的辨伪鉴定、时代判断、分类命名等，逐渐兴起了一门新的学问——金石学，涌现出许多著名的古器物鉴赏家和收藏家。只是囿于当时的历史条件，金石学家们无法了解所见文物的出土地点和情况，也难以涉及史前时代漫长的演进历程，因而长期以来始终脱离不了考证文字和证经补史的窠臼。即使如此，他们的艰辛努力和取得的成绩，还是为推动我国传统文化的发展起到了积极作用，并且在事实上也为中国考古学和中国文物学的起步铺设了最早的一段道路。

20世纪初，近代考古学由西方传入。中国学者继承金石学的研究成果，学习并运用西方考古学方法，开始从事田野考古，通过历史物质文化遗存，探寻和认识古代社会，揭示人类社会发展规律。早在1926年，中国学者就自行主持山西南部汾河流域的调查和夏县西阴村史前遗址的发掘。随后，我国学者同美国研究机构合作，有计划地发掘周口店遗址，发现了北京猿人。从1928年起至1937年，连续十五次发掘安阳殷墟遗址，取得了较大收获，引起了国内外学术界的重视。自20世纪50年代以后，随着国家大规模经济建设的进行，田野考古勘探、调查和科学发掘工作在全国范围内蓬勃有序地开展，许多重要的典型遗址和墓地被揭露出来，重大发现举世瞩目。它们脉络清晰，层位分明，文化相连，不仅弥补了某些地域上的空白，而且衔接了年代上的缺环，为研究中国古代史、文化史、科学史以及其他学科领域，提供了珍贵、丰富的实物资料，极大地影响着人文社会科学诸多学科专业的研究与发展。这段时间被学术界称为中国考古学的黄金时代。在马列主义理论指导下，具有中国特色的考古学理论体系和方法论逐渐形成。有关研究成果不仅极大地改变和丰富了人们对中国文明起源、中国古史发展等重大问题的认识，同时也扩展了中国文物的研究领域和研究方式。可以说，考古学的发展与进步，直接影响到文物学的形成与发展，而且影响到全社会对文化遗产重要作用的认识以及世界学术界对中国古代文明的重新认识。

从20世纪80年代开始，文物界就中国文物学的创立，逐渐取得共识，在共同探讨的基础上，初步形成了学科体系。不少学者发表了有关论文，出版了专著，就文物的历史价值、科学价值、艺术价值以及在社会主义的物质文明与精神文明建设中如何对文物进行有效保护、合理利用发表意见。这些研究成果已获得学术界的赞同。

在这世纪之交和千年更替之际，对中国考古学和中国文物事业作一次世纪性的回顾和反思，给予科学的总结，是许多学者正在思考和研究的问题。如果能通过梳理20世纪以来重大发现和研究成果，透视学科自身成长的历程，从而展望未来发展的方向，以激励后来者继续攀登科学高峰，无疑是一件很有意义的事。为此，经过酝酿、商讨和广泛征求意见，我们约请一批学者（其中有相当多的中青年学者）就自己的专长选择一个专题，独立成篇，由文物出版社编辑出版一套《20世纪中国文物考古发现与研究丛书》，并以此作为向新世纪的献礼。

从某种意义上说，《20世纪中国文物考古发现与研究丛书》是一套学科发展史和学术研究史丛书。其内容包括对20世纪考古与文物工作概况的综合阐述；对一些重要的考古学文化和古代区域文化研究情况的叙述；对文物考古的专题研究；对重要的文物考古发现、发掘及研究的个例纪实。

此套丛书的内容面广，而且彼此关联。考虑到各选题在某些内容上难免会有重叠或复述，因此在编撰之初，我们要求各选题之间互有侧重，彼此补充，以期为读者了解 20 世纪中国考古学和文物学的发展提供更多的视角。

我国的文物与考古工作，虽在 20 世纪得到了迅速发展，但仍有许多重大学术问题需要进一步探索。我们主持编辑这套丛书，除了强调材料真实，考释有据，写作态度严谨求实外，也不回避以往在工作或研究上曾经产生的纰漏差错和不足之处，以便为今后的工作和研究提供借鉴。虽然我们尽了很大努力，但限于水平，各篇仍很难整齐划一。由于组稿和作者方面的困难和变化，一些计划之中的题目也未能成书。这些不周之处，敬请专家、学者和广大读者批评指正。

在丛书编印过程中，我们得到了文物、考古界的广泛支持。何东先生在出版经费上给予了热情帮助。在此，一并深表感谢。

2000 年 6 月于北京

目　　录

插 图 目 录

前言

　　秦汉考古属于中国历史时期考古学范畴。从历史年代看，它上起公元前221年秦统一，下至公元220年东汉灭亡，历经秦代、西汉、新莽、东汉四个朝代，共四百多年。但考古学文化的年代范围并不完全等同于历史年代，也就是说，其前后或有一定的伸缩。从地域范围看，它基本是以现今的中国版图为界，包括了以汉族为主体的汉文化区域和同期周边各少数民族文化区域。因此，严格意义上的秦汉考古应称之为秦汉时期考古。

　　秦汉考古学的前身是传统的地理方志学和金石学。早在魏晋南北朝和隋唐五代时期，许多的地理、方志、文学著作中就有大量关于秦汉遗迹、遗物的记载。如北魏郦道元的《水经注》、唐代李吉甫的《元和郡县图志》等书中就记录了秦汉时期的许多古城、古墓、碑刻等。这些记录尽管较为简略，但那时所见到的一些遗迹现象今天已经难以寻觅，所以弥足珍贵。北宋至明清的金石学，搜集传世秦汉古物范围很广，大别之如碑刻、砖瓦、钱币、铜镜、玺印（包括封泥、陶文）、明器、吉金等，或编辑目录，或录其文字，或墨拓图谱，或题跋考证，各类著作有百余种之多。传统金石学对秦汉古物的著录与考证，迄今仍是秦汉考古研究的重要参考资料。

　　20世纪前半叶，由中国西北探险考察及其简牍研究肇其端，稍后东北等地汉墓的零星发掘，标志着近代考古学意义上的秦汉考古的开始。

　　科学的田野调查与发掘是近代考古学最基本的特征，也是区别于传统金石学的显著标志之一。19世纪后期至20世纪前半叶首先由外国人所进行的、尔后我国学者也积极参与的中国西部探险考察和边塞简牍的研究涉及秦汉考古的许多内容。应当说明的是，最初的这些探险活动，基本上属于一种较纯粹的地理探险，还谈不上与近代考古学有什么关系。但19世纪末至20世纪初，瑞典人斯文赫定（Sven Anders Hedin）、英籍匈牙利人斯坦因（Mark Aurel Stein）、日本人橘瑞超等的历次探险活动，除了调查、测量古代遗迹外，还进行了一定规模的发掘。尽管这些调查与发掘主要是为了获取有价值的文物，其科学性无疑要打上一定的折扣，但我们也应看到，其记录手段、研究方法已具有近代考古学的一般特征。较西部探险活动稍晚，伴随着日本对中国的逐步侵占，日本人在中国东北等地发掘了多座汉墓，以后陆续出版了一批汉墓报告。我国学者在此期间也独立发掘了百余座汉墓。但从总的方面看，20世纪前半叶，近代考古学理论与方法对研究史前及文献不足征的夏商周三代影响较大，相关的考古调查和发掘不仅规模大，成果也颇为显著；相比之下，对于研究史料丰富的秦汉及其以后来说，影响要小一些。秦汉考古中，传统的金石学仍占有重要地位，这种状况一直持续到新中国建立之前。

　　新中国建立后的50～70年代，考古调查、发掘全面铺开，考古资料有了相当数量的积累，专题研究与综合研究取得初步成果，秦汉考古断代分支学科框架基本建立。

　　新中国建立后，中国考古学迎来一个新的时代。首先，在中央和地方设立了文物管理和研究机构，中国科学院成立考古研究所，北京大学、西北大学等高校相继设立考古专业。所有这些，都为中国考古学的发展奠定了良好的基础。与此同时，随着国家经济建设的全面启动，大规模的基本建设在全国范围内展开，为配合基建的抢救性发掘成为考古工作的重点。这一时期，各地发掘的汉墓已达近万座，其中，大型墓以沂南画像石墓、和林格尔壁画墓为其代表，而中小型汉墓则以洛阳烧沟汉墓的发掘与编年最为重要。除配合基本建设外，主动的考古调查、发掘也已经展开，如对西汉长安城、东汉洛阳城、秦汉帝陵的调查与发掘等。60 年代后半期至 70 年代前半期，亦即"文革"十年期间，各地考古工作基本陷于停顿状态，但仍有像马王堆汉墓、满城陵山汉墓那样的重大发现。综合研究方面，50 年代末《新中国的考古收获》一书对新中国成立十年来秦汉考古所取得的成果做了初步的总结；70 年代初，俞伟超执笔编写的北京大学考古专业《战国秦汉考古》讲义，对秦汉考古进行了全面的梳理，这标志着中国考古学中秦汉考古断代学科框架的基本建立。

70 年代后半期至 90 年代末，重大考古发现层出不穷，考古资料积累日益丰富，综合研究逐步深化，秦汉考古中形成若干专门化研究分野。

"文革"政治运动结束后，中国考古学迎来大发展时期，大规模的田野考古在全国范围内展开。秦始皇陵与兵马俑坑、汉长安城未央宫、汉景帝阳陵与汉宣帝杜陵以及南越王墓等数十座诸侯王列侯大型墓的发掘，使我们领略到汉代文明的灿烂辉煌；各地发掘的中小型汉墓累计近十万座，又为认识汉代区域文化特征奠定了基础。除《考古》、《文物》、《考古学报》等全国十多种考古类杂志发表了大量的秦汉考古资料外，还出版了二十多部发掘报告。秦汉考古资料的大量累积，使得综合研究跃上新的台阶。迄今，国内外发表的各类研究论文千余篇，专著数十部，涉及秦汉考古的方方面面。80年代，中国社会科学院考古研究所编著的《新中国的考古发现和研究》、《中国大百科全书·考古卷》、王仲殊的《汉代考古学概说》；90年代，山东大学、南京大学、四川大学各自编写的《战国秦汉考古》讲义等，都对秦汉考古进行过系统的论述与总结。这一时期，一个显著的变化是，秦汉考古中形成若干专门化的研究分野。如秦汉简帛的大量发现，使其成为国内外学者关注的显学；汉代画像石、画像砖、壁画、帛画等美术考古资料日益丰富，从而产生了汉画这门专门学问；周边各少数民族考古新发现，又形成多个相对独立的研究领域。秦汉考古研究已不再是考古工作者的专利，一大批从事古代史、思想史、艺术史、科技史研究的学者都从新资料中汲取营养，使得各相关学科的研究发生了深刻变化。

20世纪秦汉考古的发现与研究成绩斐然，但我们在总结成绩时也应看到不足之处。例如，一些地方比较重视史前及三代考古，而忽略历史时期考古包括秦汉段在内；已经发掘的秦汉墓葬数量极多，但有很大一部分资料尚未整理发表。研究方面，重大型王侯墓而轻中小型墓；重城市而轻村落；区域性的文化研究还较薄弱，综合研究水平有待于进一步提高。21世纪的到来，给秦汉考古提出了更高的要求，除了要继续加强学科基础性的研究外，精神领域的研究将是未来发展的方向。随着新资料的不断增加，重写秦汉历史将是秦汉考古所追求的目标。此外，将秦汉考古置于中国文明和世界文明的大背景中来认识问题，或可开拓更为广阔的研究前景。

考古发现与研究

一　秦都咸阳、秦始皇陵的

（一）秦都咸阳的考古调查与发掘

秦孝公十三年（公元前350年），也就是商鞅进行第二次变法之时，秦国把国都迁到了咸阳。秦都咸阳最初选择在渭河北岸的咸阳原上，后来逐步向渭河南岸扩展，至秦统一前后，已是"渭水贯都以像天汉，横桥南渡以法牵牛"（《三辅黄图》）的东方大都会了。自秦孝公迁都咸阳至秦亡，咸阳作为秦国的首都经历了一百四十多年。由于咸阳毁于秦末战火，汉王朝建立后则另筑长安都城，但汉长安城也包括了秦咸阳的一部分在内，并且还利用了幸存下来的部分咸阳旧宫殿。

秦都咸阳的考古工作始于20世纪50年代末至60年代初，"文革"前期一度中辍；70年代初至80年代前期做了一定规模的勘探与发掘，后又因秦始皇陵兵马俑坑及秦都雍城的新发现，致使工作重点发生转移，除配合基建工程清理了数批小型墓葬外，有目的的主动发掘基本处于停顿状态。由于调查、发掘尚少，加之渭河改道对咸阳破坏较为严重，目前除了发现多处宫殿夯土基址、手工业作坊遗址以及在渭北发现一小段可能属于宫城的城墙外，迄今尚未找到咸阳大城城墙以及街道的遗迹，因而，现在还难以勾画出咸阳都城的整体轮廓和布局。

从历年的调查与发掘看，秦都咸阳遗迹分布最为密集的地方在今咸阳市以东的渭河北岸，其范围大致是：东自柏家嘴村，西至长陵车站附近，北起成国渠故道，南临渭河。因渭河北移，估计原秦都咸阳渭北有相当部分已被河水冲毁。在这一大片地域内，战国晚期至秦代的遗迹分布密集，包括了宫殿基址、手工业遗址、中小型墓葬区等。此外，渭河南岸也有许多秦宫殿遗址（图一）。

1. 宫殿遗址

渭北咸阳原上的宫殿建筑群主要分布在西起聂家沟、东到刘家沟之间的广阔地域，目前探明的夯土遗址多连绵相接，但大体可划分为二十多处相对独立的单元建筑。经正式发掘的三处宫殿遗址皆位于牛羊村附近，彼此相距较近，似为同一宫殿建筑群体中的不同建筑单体。

一号建筑遗址于 1974 年 3 月至 1975 年 11 月发掘。该遗址平面呈"凹"字形，地跨牛羊沟，东西长 130 米，南北宽 40 米。牛羊沟是后期形成的，正从遗址中部穿过，至今沟的东西断面上仍可看到殿基的夯土层和预埋的下水陶管道。在"凹"字形遗址的西端即牛羊村西侧有一个残高 6 米的大夯土台，略呈长方形，东西长 60 米，南北宽 45 米。在沟东相对应的位置上，原来也应有同样的一个夯土台，只是已经被夷毁了。经发掘，残存的夯土台基是一座南北朝向并有上下两层布局的高台式宫殿建筑。这座高台建筑与牛羊沟对面被夷毁的那座高台建筑之间有长廊连接，构成一组东西对称、形似双阙的建筑整体[1]。

二号建筑遗址也是一座夯土高台，位于一号建筑西北，相距 93 米。基址东西长 127 米，南北宽 32.8～45.5 米。基址顶部有三室，其中 F4 位于台面西半部正中，为主体建筑，平面

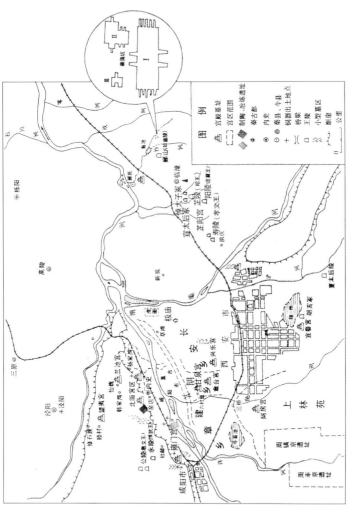

图一 秦都咸阳布局示意图

为方形,东西长 19.8 米,南北长 19.5 米。台下建筑位于夯土台东半部北侧的底层,并下深至台基夯土之中,是这座建筑的地下室。高台基址底部依台基筑回廊一周。回廊和庭院地表还发现竖直的陶管 18 处,可能是插放旗杆的设施。二号建筑的基址东西两端仍向外延伸,东南又与第一、第三号建筑有走廊相连[2]。

三号建筑位于一号建筑西南,相距百米,东北角与一号建筑西南角有走廊相连。三号基址南北长,东西窄,中间高,两边低,呈鱼脊状。由于基址南部后期破坏及发掘面积有限,仅揭露出基址北部的走廊及 1 室、2 室以及两室之间的曲尺形回廊。走廊南北长 32.4 米,东西宽 5 米,计 9 间,东西为坎墙,墙残高 20～108 厘米。墙体在夯土墙基中挖制,东、西两壁饰有大幅彩色壁画,内容为车马出行、仪仗及植物、几何纹等。廊北 1 室为正殿,东西长 13.4 米,南北宽 6.5 米,面阔五间,进深二间[3]。

从基址内出土的大量建筑材料及生活用具看,三座高台建筑的始建筑年代均属战国,有人推测为秦孝公迁都后所修的"咸阳宫"的一部分[4]。据文献记载,建于渭河北岸的宫殿还有很多,如《史记·秦始皇本纪》所记载"秦每破诸侯,写放其宫室,作之咸阳北坂上"的"六国宫殿"、秦始皇曾逢盗兰池的"兰池宫"等。但由于发掘工作尚少,现在还不能确指咸阳原上每座宫殿遗址的具体名称。秦都咸阳以渭河北岸为主要政治活动中心,但从秦惠文王、秦昭王时,就已经开始在渭河南岸修建了多座宫殿。至秦始皇时,"诸庙及章台、上林皆在渭南","三十五年,……乃营作朝宫渭南上林苑中。先作前殿阿房……"(《史记·秦始皇本纪》)。建于渭南的宫殿,著名者如章台宫(故址在汉未央宫前殿处,即今西安西北高低堡子村一带）、兴乐宫（汉初扩建为长乐宫，遗址在今西安市龙首山北坡）、甘泉宫（汉武帝时建造的桂宫"一名甘泉宫"，大约桂宫是在秦甘泉宫旧址上建造起来的）、阿房宫等。其中，阿房宫做过较多的调查和小规模的试掘。

阿房宫位于渭南秦上林苑中。遗址在今西安市三桥镇西北之新军寨、后围寨、南至王寺村—和平村北缘一线，纵长 5 公里，东以皂河为界，西迄长安县小苏村—纪阳村，横宽 3 公里，占地约 15 平方公里。在这一区域内，至今保留的地面夯土台基还有二十余处，其中以阿房前殿遗址最大。据《三辅黄图》记载，阿房宫为秦惠文王所初创，秦始皇时在已有的基础上进行大规模的扩建。按照秦始皇的规划思想，是要把首都的政治中心由渭北移至渭南，建设以阿房宫为中心的大都会。秦始皇三十五年（公元前 212 年）动工修建，仅动工三年始皇死。秦二世"复作阿房"，但不到一年，陈胜、吴广农民起义军攻入关中，工程被迫停工。后被项羽一把火焚毁干净，现仅存留高大夯土台基。前殿是阿房宫的主体建筑。《史记·秦始皇本纪》记载："乃营作朝宫渭南上林苑中。先作前殿阿房，东西五百步，南北五十丈，上可以坐万人，下可以建五丈旗。"其主体工程当已完成。东西五百步约合 750 米，南北五十丈合 116.5 米。现存前殿遗址，西起古城村，东至巨家庄，地面上有一座巨大的夯土台基，东西宽约 1300 米，南北进深 500 米，台高 7 米，约合 65 万平方米。这个夯土台基比《史记·秦始皇本纪》记载的前殿要大得多，大概还包括前殿的基座、殿四周的回廊、台阶及其他附属建筑在内。此外，在距阿房宫前殿遗址东北、西南约数百米处，地面上都可见到多座夯土台基，并发现建筑用筒瓦、板瓦、瓦当、铺地砖、陶水管、石柱础及带有戳印文字的陶片等[5]。

除以上宫殿建筑外，咸阳都城郊县还建有大量的离宫别馆。据记载，当时"关内计宫三百，关外四百余"（《三辅黄图》）。这些离宫别馆中，有的迄今仍有遗迹可寻，或是有文字瓦当、封泥、金文佐证，但大多数已湮没无闻。经调查基本可确定位置的有：望夷宫（今泾阳县东南界）、步寿宫（今渭南市靳尚村）、林光宫（今淳化县北25公里处的梁武帝村一带）、谷口宫（今泾阳县口镇）、蕲年宫、橐泉宫（今凤翔县西南长青乡孙家南头堡字壕村一带）、梁山宫（今乾县西关1公里处）等。此外，咸阳附近还有上林苑、宜春苑、甘泉苑等皇家园林。其中的上林苑在汉武帝时大规模扩建，成为汉代皇家最主要的苑囿区[6]。

2. 手工业作坊遗址

秦都咸阳已发现有冶铜、铸铁、砖瓦、陶器和骨器等手工业作坊遗址多处，主要分布在渭北区域，基本可分为官营和民营两大系统。

官营手工业主要包括铸铜、冶铁和砖瓦等行业，多在渭北宫殿区附近。如宫殿遗址分布密集的聂家沟一带就发现有中央官署管辖的包括制砖瓦、冶铁、铸铜三个行业的大型手工业作坊区。这里发现有大量铁渣、铁块和黄绿色堆积层及陶范、陶窑等。位于渭北宫殿区西部的胡家沟，也发现了大面积宫廷建筑砖瓦的作坊遗址和大量陶窑，已探出的面积达7936平方米。

民营手工业作坊主要分布在距离渭北宫殿区较远的西南部，即今长陵车站附近。在这片作坊遗址内，发现许多陶窑、数以百计的水井、地下排水管道等。相当多的陶片上有戳印陶文，反映了制陶作坊的民营性质。陶文中，涉及秦都咸阳的

"里"名达40多个。此外，在刘家沟到柏家嘴一带是生产建筑砖瓦为主的制陶作坊。

3. 咸阳附近的陵墓区

自秦孝公迁都咸阳后，历经惠文王、悼武王、昭襄王、庄襄王、秦始皇、秦二世共七代。与秦都雍城时期把多代国君陵墓集中埋葬在都城附近的那种"集中公墓制"不同，这一时期是选择距离都城中心相对较远的地段安排墓域，而且，墓域的安排是以一代国君为中心的"独立陵园制"[7]。每座陵墓皆有高大的坟丘、陵园及附属的陵寝建筑、陪葬墓区等，并有单独的陵名。这一发展变化，是自惠文王称王之后出现的，与中原各国基本同步。关于秦都咸阳时期秦君陵墓的考古调查发掘，目前只有秦始皇陵的工作做得较多，这将在后面重点介绍，此处只对其他国君陵墓以及秦都咸阳附近的平民墓区略加陈述。

秦孝公迁都咸阳后，并未选择在咸阳附近建造陵墓，而可能追随其父葬在栎阳附近陵区。秦惠文王、秦悼武王的陵墓过去认为在秦都咸阳以西十里许的周陵乡周陵中学附近，此处尚存两个高大的土冢[8]，但近年经调查，可能是汉墓[9]。悼武王之后，历代秦君多葬在"芷阳"陵区。而秦始皇陵墓则选择在与"芷阳"陵区一山之隔的骊山北麓。

芷阳陵区又名"东陵"，东北距秦都咸阳约40余公里，在今临潼县斜口镇韩峪乡的骊山西麓。经调查、钻探，共发现四座陵园。这四座陵园皆利用天然沟壑并经修整或是以人工挖掘的沟壕作兆沟[10]。据史籍记载，可以确定葬于秦东陵的王公贵族有昭襄王与唐太后、庄襄王与始皇母帝太后、悼太子、宣太后，但关于各陵园的入葬者则有多种说法。笔者曾撰文认为：四号陵园内发现"亞"字形大墓1座，"中"字形大墓2

座，葬昭襄王、王后及唐太后；一号陵园有"亞"字形大墓2座，葬庄襄王及帝太后；二号陵园有1座"中"字形大墓，葬早年夭折而未能继承王位的悼太子；三号陵园的1座"中"字形大墓，葬宣太后。至于秦孝文王及唐太后的陵墓可能在别处，尚待调查落实[11]。

秦都咸阳附近还分布有多处平民墓葬区。其中面积较大、做过较多发掘工作的有黄家沟墓地、任家嘴墓地、塔儿坡墓地等。黄家沟墓地位于秦都咸阳西北隅，其范围西自今咸阳市渭城区石桥乡白旗寨，中经沙家沟、黄家沟，东达窑店镇毛王沟之西，长约4000米，宽约3000米，整个墓地占地达120万平方米。在这一大片墓地内，墓葬分布密集。1975～1984年间，前后进行过四次发掘，清理墓葬136座，其时代早至战国中期，晚至秦统一以后[12]。任家嘴墓地地处秦都咸阳的西郊，即今咸阳市东渭阳乡林阳村西北。整个墓地占地约20万平方米，共发掘春秋至汉代的墓葬285座，其中属于战国至秦代的墓葬近200座[13]。塔儿坡墓地亦位于秦都咸阳西郊，其位置在今咸阳北郊渭阳乡塔儿坡村东北侧及李家堡一带。在这一区域内前后发掘过430座秦墓，其中的381座是咸阳市文物考古研究所于1995年一次性发掘的，现已出版《塔儿坡秦墓》发掘报告。该墓地时代集中，多为战国晚期至秦代居住在国都附近的平民墓葬，墓葬中出土了较多的仿铜陶礼器，与以往所见战国秦墓多日用陶器组合的情况有所不同，报告推测被葬者可能包括有一定数量的三晋移民在内[14]。

4．关于秦都咸阳的综合研究

有关秦都咸阳的考古调查与发掘资料，目前只发表了部分遗迹的简报，据悉发掘报告近期将由科学出版社出版。关于秦都咸阳综合性的考古研究，由于资料发表的滞后，再加上调查发掘很不够，有关秦都咸阳的总体布局迄今还相当模糊。其中，最基本也是最重要的问题是：秦都咸阳是否存在着大城（郭城）城墙？关于这一点，有不同看法，一种观点认为秦都咸阳应当有大城城墙，并大致推测其范围[15]；另一种意见则认为秦都咸阳只有宫城而无郭城。后一种观点主要是由多年主持咸阳考古发掘的王学理提出的。早在 1985 年，王学理就出版了《秦都咸阳》一书，对秦都咸阳考古工作进行了初步总结[16]。近年，又在原书的基础上扩编重写，于 1999 年 8 月出版了长达 68 万字的《咸阳帝都记》一书。该书把文献记载和考古发现结合起来，全面展现秦都咸阳的政治、军事、经济、文化诸面貌，可谓有关秦都咸阳综合研究的集大成之作。书中认为秦都咸阳在秦始皇时代是按照"法天"思想而重新规划设计的，并再次明确提出秦都咸阳"有宫城而无郭城"的观点[17]。此外，徐卫民的博士学位论文《秦都城研究》也对咸阳做了全面论述，也主张咸阳无大城[18]。

　　秦都咸阳以及秦始皇陵等地出土的陶文资料极为丰富，内容涉及秦代官私手工业制度、秦文字演变等诸多问题，学者或著录拓本、或考证文字、或研究问题，成果颇丰。其中袁仲一先生进行过系统研究，并汇集出版了《秦代陶文》一书[19]。秦国的瓦当艺术在列国中独树一帜，而尤以秦都咸阳所出最为丰富。有关秦瓦当的收集与著录，早年罗振玉[20]、陈直[21]等曾给予充分关注，近年又有数种版本的著录问世[22]。这里还应特别提到的是，近年在汉长安城桂宫北墙外今相家巷一带出土大批秦封泥。这批秦封泥，最初见于北京古玩市场，古陶文明博物馆馆长路东之慧眼识珠，尽全力收藏，获得千余品。此后，西安市文物园林局等单位收藏了当地村民新挖出的 700 余枚，并对出土地点进行了调查和发掘，又有大的收获。路东之将所藏的这批秦封泥挑选数十枚捐赠给西北大学博物馆，并与该馆馆长周晓陆合作研究，出版了《秦封泥集》专著[23]。这批秦封泥的发现意义重大，对于研究秦史特别是秦职官制度提供了极为难得的资料。

（二）秦始皇陵及兵马俑坑的考古发现

在中国历代帝王陵墓中，秦始皇陵以其规模巨大、建筑奢华、埋藏丰富而著称，但经过两千多年的沧桑巨变，今天所能看到的地面上的标志只有一座巨大的陵丘。1974 年，一个偶然的机会，临潼西杨村的村民打井发现了秦兵马俑。从那以后，考古工作者经过二十多年的勘探和发掘，不仅将数以千计的兵马俑展现在世人的面前，而且，还发现了陵园建筑基址、铜车马坑、石质甲胄坑、陪葬墓等更多的遗迹与文物，使得秦始皇陵及兵马俑愈来愈受到世界的关注。

1. 陵园内外的建筑遗迹

陵园与陵区 秦始皇陵巨大封土堆的周围，经考古钻探发现内外两重城垣，形成一个南北长、东西宽的"回"字形陵园。据最新勘探结果，外城周长 6321.59 米，城内面积 212.94826 万平方米；内城周长 3870 米，面积 78.59 万平方米。内外城墙今在地面上已看不到任何痕迹，经探测外城墙基厚 14 米，内城墙基厚 8.3 米。内外城四边皆有城门：内城除北面有二门外，其他三面各有一门；外城每面各有一座城门。从陵园内出土的陶文可知，秦始皇陵原名"丽山"，而陵园则称之为"丽山园"[24]。这两重城垣以内，各种遗迹分布密集，其性质大都与葬制、葬仪有关，是为丽山陵园区；而外城垣以外的遗迹分布较为分散，除兵马俑坑、马厩坑等特殊设施外，大多数遗迹属于修建陵墓的从属性遗留，因而，可称之为附属区。整个秦始皇陵的陵区，东自代王镇东晏村西侧的古渔池水一带，西至姚池头、赵背户、五里沟西的古河道（或可再向西延伸），南接骊山，北达鱼池、安沟一线，纵横 7500 米，占地约 54 平方公里，规模十分巨大（图二）。

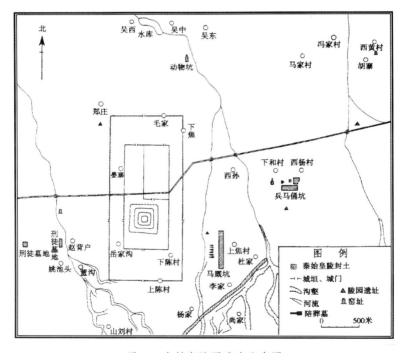

图二　秦始皇陵园遗迹分布图

坟丘与地宫　秦始皇陵的封土及地下墓穴位于内城南半部。《汉书·楚元王传》载刘向的话说："秦始皇葬于郦山之阿，下锢三泉，上崇三坟，其高五十余丈，周回五里有余。"今所看到的秦始皇陵封土是一座人工堆积起来的巨大的平顶四方锥形台体，中腰有两处向内收缩的回形平台，形成三层阶梯状，此即所谓"上崇三坟"。坟丘现存高度，因为测量点不同而有差异，从最低数字35.5米到最高77米有近十种说法，但都与刘向所说的"高五十余丈"（合今116米）有较大差距，因而有学者指出，所谓"高五十余丈"可能是"十五丈"之误（合今41.5米）[25]。

坟丘下面是秦始皇陵的墓穴，也称地宫。司马迁《史记·秦始皇本纪》曾描述了地宫的情形，其中有"以水银为百川江河大海，机相灌输，上具天文，下具地理"的记载。近年，自然科学工作者运用现代科技方法探测出秦始皇陵封土中有极强的汞异常反应，汞含量远远高于周围地区，被认为是地宫内大量使用水银挥发后所致[26]。关于地宫的形制，经物理探查和四周较浅处的铲探，初步获知，其主体部分是一座口大底小、呈多级台阶状的竖穴长方坑，坑上部南北长515米，东西宽485米，底部东西长约160米，南北宽约120米，深33米多。长方形墓穴四边皆有斜坡墓道。封土东侧探出五条墓道，中间一条长达60米；西侧墓道呈"巾"字形；北墓道有两条。每边墓道皆附有多个大型耳室，埋藏丰富。如西墓道的耳室中藏有多乘彩绘铜车马或彩绘木车马，著名的一、二号铜车马即由此出土。需要说明的是，由于秦始皇陵地宫较深，加之有高大的封土堆，探察颇为不易，因而现在的认识还是很初步的。

寝殿与便殿　坟丘以北53米处的内城西侧，发现一处南

图三 秦始皇陵园出土的夔纹瓦当

北长 62 米，东西宽 57 米，面积约 3534 平方米的夯土建筑基址。其形状近方形，外环以回廊，发现散水、大量的砖瓦、墙壁碎块、红烧土及灰烬等。根据这一基址的位置、形状及规格，一般认为它就是秦始皇陵的"寝殿"建筑。在寝殿以北 150 米至内城北墙近处，即内城西墙与小城西墙之间的东西狭长地带，密集分布着多处建筑基址。1976 年冬和 1977 年 3 月发掘了南部的 1～4 号建筑基址，这四座建筑呈东西排列，构成有分有合的一个整体，总面积达 5000 平方米。各建筑单元以承重墙隔开，室内地面经过夯筑，或铺以石板。堆积物中多见瓦当、陶屋脊等，还发现一种特大型夔纹瓦当（图三）。该处基址被认为是秦始皇陵的"便殿"建筑[27]。

丽山食官 秦始皇陵坟丘西北内外城之间有一处大型建筑基址，南北长约200米，东西宽约169米，面积达33900平方米。1981年11月至1982年5月，在其南端作了抢救性发掘。在东西长77.55米、南北宽29米的范围内，发现六座大型单元建筑。遗址内除遗留有大量的建筑材料外，还有各类器物。刻在陶器上的文字见有"丽山食官"、"丽山食官右"、"丽山食官左"、"丽邑五升"、"丽邑二斗半，八橱"、"丽山橱"等。此外，曾在遗址附近采集到一件错金银的"乐府"铜编钟。该处建筑或即"丽山食官"的所在地，也就是掌管秦始皇陵园祭祀供膳之处[28]。此外，在丽山食官遗址之北另有两处大型建筑遗址，有学者认为当属陵园管理官员、侍奉陵寝的宫人及守护、勤杂人员的园寺吏舍建筑群。

除以上外，在秦始皇陵城垣以外还有多处建筑遗存。如陵园东南骊山脚下有挡水堤坝遗址；东北鱼池村、安村发现两处面积相当大的建筑基址，可能是陵墓督建者的官邸、军防建筑；陵园西北侧的郑庄村以南有大面积的石材加工场遗址和制砖瓦窑址。这些建筑遗址，与秦始皇陵葬制、葬仪无关，是修建陵墓的从属性遗留。

2. 陵园内外的陪葬坑

地宫周围的陪葬坑 据初步钻探，秦始皇陵封土四周分布着十多个大型陪葬坑，它们有的与墓道相连，为墓道耳室。其中，东、西、南各有3座，北侧有7座。这些陪葬坑中钻探发现有铜或木质的车马以及动物骨骼、大型陶俑残块等。其中在西侧的"巾"字形坑内清理了两乘铜车马。铜车马制作精良，不仅通体彩绘，而且以大量的金银或鎏金铜构件装饰，极为富丽堂皇，当是模仿秦始皇生前乘用车而作[29]。

　　石质甲胄坑　位于坟丘东南部内外城之间的下陈村北，1997 年 4 月调查钻探发现，1998 年 10 月试掘。该坑东西长128 米，南北宽 105 米，面积 12800 平方米，为土木结构的坑道式建筑，与兵马俑坑构筑方法大体相同。1998 年夏秋在坑的东南部开 4×10 米的试掘探方五个，其中在四个探方的过洞底部清理出石质铠甲 80 多领、石质头盔甲 38 顶。石铠甲和石头盔均用质地均匀、颜色青灰的石灰岩片和铜条编连而成，四领一排有规律地摆放着。这些石质铠甲按真人的大小比例制作，较为笨重，不会用于实战，当属明器。这处石铠甲坑规模与一号兵马俑坑相当，现今只试掘了一小部分，因而，对于其内涵的全面了解还有待时日。此外，在石质铠甲坑以南 40 米处，还钻探出一个长 72 米、宽 12～16 米，两端分别有斜坡道的从葬坑，坑内分布有东西向的过洞三条。在此坑的中部过洞内出土了一件蟠螭纹大铜鼎，通高 60 厘米，重达 212 公斤，是迄今所见秦国最大的铜鼎（图四）。此外，还发现十余件大型陶俑，这些陶俑均裸露上身，着裙，动作造型各具姿态，与兵马俑严肃的风格截然不同，可能是供宫廷取乐用的倡优、角斗士之类。该坑只试掘了一小部分，其性质待定[30]。

　　马厩坑　秦始皇陵发现马厩坑两处，一在陵西内外城之间，一在陵园外墙东侧。陵西内外城之间的马厩坑只有两座，但规模较大。一座是两斜坡并行的"双门道马厩坑"，面积580 平方米；另一座为"曲尺形马厩坑"，面积 1700 多平方米。后者每三匹马置于一木栏内，作卧姿，密集排列，约有真马百匹。出土直立陶俑 11 件，当为管理马厩的官吏和守护人员。位于陵园东墙外的马厩坑，在纵长 1900 米、宽 50 米的范

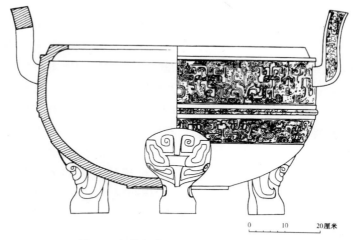

图四　秦始皇陵园 K9901 出土的铜鼎

围内估计原有 400 个马坑，但因遭到破坏，已探明的仅有 130 个坑，其中 93 个坑情况比较清楚，包括马坑 74 座、踞座俑坑 4 座、俑马同坑 6 座，不明者 9 座。这些坑基本呈东西两行并列，目前已清理了 51 座。马坑为东西向长方形竖穴土坑，一般长 2.4～3.5 米，宽 1.2～2.8 米，深 1.6～2.8 米。每坑葬一匹马，马是杀死后放入木箱的，马头前有陶盆、陶罐和陶灯，是饲养工具和照明器具。俑坑的踞坐俑亦置于木箱中，高 63～72 厘米，俑前放陶罐、铁锸、铁镰、铁斧和陶灯，是为饲养马匹的"圉人"。俑马同坑中的陶俑亦为踞坐俑。马厩坑中出土的器物中有的刻有文字，如"大厩"、"中厩"、"小厩"、"宫厩"、"左厩"等，这些厩名是研究秦代厩苑制度的珍贵资料[31]。

动物坑　发现两处，一处位于陵西内外城之间的西门以南，南北长 80 米，东西宽 25 米，面积 2000 平方米。坑呈方形或长方形，共 31 座，南北三行排列，一般长 1.6～2 米，宽 0.6～1.2 米，深 1.8～3.6 米。其中西排 8 座，东排 6 座，内放陶跽坐俑。中间一行 17 座，见有动物骨骼，为鹿、麂和杂食类动物，也有飞禽，盛放在有盖的长方形瓦棺之内。坑中还有饲养动物的陶罐、陶盆。估计这些动物是皇家苑囿中豢养的珍禽异兽。跽坐俑为负责管理的仆役。另一处动物坑位于陵园外城垣之北 750 米处。这是一座土木结构的整体性地下建筑，平面呈南北向的"甲"字形，北端有斜坡道。主室南北长 23.5 米，东西宽 10 米，深 6 米，面积 300 平方米。主室中间为甬道，两边以土隔梁为界，各有对称的八个小间。该坑曾被大火焚烧过，从残存的动物骨骼看，有类似鹤的大鸟，有鸡、猪、羊、狗、獾、鳖、鱼等十余种动物。该动物坑中还发现许多陶俑残片，当属饲养动物的"圂人"。

兵马俑坑　位于秦始皇陵陵园之东 1225 米处的西杨村，1974 年村民打井发现，随后进行了初步发掘。1979 年建成秦始皇兵马俑博物馆，1987 年联合国教科文组织将其列为"世界文化遗产"。

兵马俑坑一共有三个，另有一个尚未建成的空坑。其中，一号坑最大，平面呈长方形，位置靠南；二号坑次之，为曲尺形，居东北；三号坑较小，呈"凹"字形，处于西部；未建成的四号空坑居中。此外，在兵马俑坑之西百米处，还钻探出一座带墓道的"甲"字形大墓。这三个兵马俑坑均为地下土木结构建筑，其构筑方法是：首先在开挖大坑时就预留下一道道隔墙，是为"承重墙"（三号坑较小，无承重墙），隔墙之间形成一条条过洞，过洞底部用青砖铺地，两边立有木柱，立柱上置横梁，横梁上密排棚木，棚木上铺以苇席，最后再用泥土覆盖。俑坑从地表至坑底深5米左右，坑底至棚木顶（过洞顶）高约3.2米。过洞内放置陶俑、陶马、木质战车等。

一号坑东西长210米，南北宽62米，面积13020平方米。俑坑东西两端及南北两侧各有五个并列的斜坡门道，包括门道在内，总面积达14260平方米。俑坑四周为连通的回廊式结构，中间有东西向的十道隔墙，隔墙之间形成宽约3.25米、长210米的九道过洞，过洞和四周的边廊内皆放置兵马俑。其中，每个过洞内有四列手执兵器的步兵俑呈纵向排列，均面朝东方，每隔一定距离置战车一辆，车前有陶马，车后有车兵俑。四周边廊内均为步兵俑，面朝外，也就是面朝东西南北不同方向。这样，九个过洞共有36列纵队，再加上四周的兵俑，构成一个长210米、宽62米，有前锋、后卫、侧翼，并且以步兵和战车混合编组的大型军阵。一号兵马俑坑迄今已发掘的部分占总面积的3/5，据排列密度估算，整个俑坑内有武士俑和军吏俑约6000件，驷马战车40乘，陶马160匹[32]。

二号坑平面呈东北角突出的曲尺形，东西各有斜坡道4条，北侧2条。该坑东西通长124米，南北通宽98米，面积约6000平方米。二号坑只发掘了约1/3，其他部分已清理至棚木。根据现有的发掘及钻探，俑坑结构和俑群的分布状况还是明晰的。二号坑由四个单元构成：东北部为弩兵俑群，在其中部的四个过洞中为蹲姿弩兵俑，两两成排，周围回廊为立射袍俑和铠甲俑；北部靠西的三个过洞为骑兵俑群（前有两乘战车），四匹马为一排，前有铠甲骑士，共计十二列八排；骑兵俑群南部三个过洞是以步兵、战车为主混合编队的俑群；俑坑南部八个过洞则为纯粹的驷马战车编组，战车后站立车兵俑，

每个过洞有八乘战车。整个二号俑坑计有弩、车、步、骑俑
939 件，陶马 472 匹，战车 89 乘。与一号坑同样，陶俑、陶
马皆面向东方[33]。

三号坑平面呈向西的"凹"字形，东面正中开斜坡道一
条。不包括斜坡道在内，东西通长 17.6 米，南北通宽 21.4
米，面积 520 平方米，该坑已全部揭露。由于三号坑面积较
小，加之特有的"凹"字形结构，故中间不设承重墙，只是在
坑周筑夯土二层台，以搭建棚木。三号坑约可分为三部分：正
面前庭置驷马华盖车一乘，后有四个甲士俑；左（北）厢两
列 16 个铠甲仪卫俑除前面的两个面向东外，其余的皆相向而
立；右（南）厢 42 个铠甲仪卫俑排列疏密有别，也相向而
立[34]。

3. 陪葬墓

秦始皇陵陪葬墓群已发现三处，一处位于内城东北，一处
位于内外城之间，另一处位于陵园东墙外的上焦村。

小城内陪葬墓 墓地范围南北长 520 米，东西宽 320 米，
面积 16.64 万平方米。已探察出中小型墓 28 座。这批墓均为
南北向，由东向西作三行排列，"甲"字形墓居多。此墓区未
经发掘，情况不明，但能在陵园内辟地而葬，墓型为"甲"字
形，墓主身份应不一般，可能为秦始皇后宫妃嫔从葬墓区，小
城亦象征后宫之地。

内外城之间陪葬墓区 位于西门以北的内外城之间，墓地
范围东西长 170 米，南北宽 90 多米，面积 15300 平方米。该
墓区东部探明 61 座，有"甲"字形、长方形、曲尺形、刀形。
探察中未发现任何遗物，似为空墓，大概是预先造好墓穴，之
后不久秦亡，未能入葬而造成的。

上焦村陪葬墓 位于上焦村西，共 17 座。墓为东西向，南北一字排列。试掘 8 座，其中 7 座墓墓主身首异处，尸骨狼籍。墓主除个别较年轻外，其余的年龄均在 30 岁左右，有男有女。这批墓为"甲"字形，有棺有椁，等级较高，但身首异处，当非正常死亡。据分析，当是秦二世篡位后，杀害秦王室宗族成员而陪葬于秦始皇陵区的[35]。

4. 刑徒墓与修陵工匠墓

在秦始皇陵西南方向发现骊山刑徒墓有两处，一处在赵背户村西，另一处在姚池头村南。

赵背户村墓地 位于赵背户村南和姚池头村之间，是一处面积相当大的墓区，仅在墓地东北隅的一处南北长 180 米、东西宽 45 米的范围内，就探出 114 座，清理 32 座。发掘的墓葬大致分三行密集排列，多为长方形窄坑，一般长 1.1～1.6 米，宽约 0.5～0.76 米。除一墓有瓦棺外，余均无葬具。每墓埋一人或多人，绝大多数为屈肢葬。经鉴定除个别为妇女、小孩外，大多为 20～30 岁的青壮年男性，有的尸骨上还留有刀伤痕迹，有的身首异处，似被杀戮后而埋葬的。出土物主要有铁生产工具，如锸、锛、凿、镰、锄、刀等。陶器有罐、瓮、钵等日用生活器，另有半两钱 43 枚。这批墓最重要的是出土了 18 件瓦志刻文。瓦志中的县名有 10 个，如东武、赣榆、平阴、杨民（可能为杨氏之误）等；里名 4 个，如东间、北游等。瓦志中的刑名只见"居赀"一种，是有罪而以服劳役抵偿罚金的犯人。瓦志刻文表明这些刑徒来自关东原六国地区，其埋葬时间，上限当在秦始皇二十六年（公元前 221 年）秦统一六国后，下限年代为二世二年（公元前 208 年）[36]。

姚池头村南乱葬坟场 占地面积 1020 平方米。由于历年平整土地，已被扰动，距地表仅 50～70 厘米。现耕土之下就埋着杂乱的骨骼。上下叠压，横七竖八，无一具完整的骨架，死者的身份也应是修陵的刑徒。据史书记载，当时建造秦始皇陵的刑徒多达数十万，其中死于修陵者当不在少数，赵背户村和姚池头村墓地仅是一小部分。

电热元件厂东侧修陵工匠墓 1990 年 4 月在秦始皇陵西北方向的电热元件厂东侧发现了范围达 6 万平方米的墓地，有数百座秦代小型墓葬，已发掘 19 座。从墓葬形制、所用秦砖等判断，较赵背户村刑徒墓规格要高，据推测可能为修陵工匠的墓葬区。

5.关于秦始皇陵与兵马俑的考古资料

作为考古学的基本资料，三座秦俑坑各个阶段的发掘简报已经陆续发表，一号兵马俑坑发掘报告、秦陵铜车马发掘与修复报告、石质甲胄坑试掘报告也已经问世。但有关秦始皇陵其他遗迹的调查、钻探、发掘资料除了部分简讯、简报或是综合性的介绍外，正式报告尚未出版。关于秦始皇陵与兵马俑坑综合性的学术研究专著，代表性的有袁仲一的《秦始皇陵与兵马俑研究》[37]，王学理的《秦始皇陵研究》、《秦俑专题研究》[38]等。袁仲一曾任秦始皇兵马俑博物馆馆长，长期主持兵马俑坑的发掘，《秦始皇陵与兵马俑研究》一书是他多年研究成果的全面总结，也是第一本有关这一课题研究的专著，具有很高的学术价值。王学理的两本书则另辟蹊径，提出了许多新的观点。此外，以秦俑、秦文化丛书为题已先后出版了多部专著，秦俑综合性研究如张文立的《秦俑学》[39]、铜车马研究如张仲立的《秦陵铜车马与车马文化》[40]、文物保护方面的如张志军的《秦始皇陵兵马俑文物保护研究》[41]、秦俑艺术方面如徐人柏的《秦俑艺术研究》[42]等。至于有关秦俑、秦文化的学术论文则更是数量可观，除散见于各种期刊、报纸、会议文集、纪念文集外，秦始皇陵兵马俑博物馆编辑的《秦文化论丛》已出版了八辑。此外，选取已发表的论文集中汇编出版，此类如《秦俑研究文集》（1990年）、《秦俑艺术论集》（1995年）、《秦俑学研究》（1996年）等[43]，方便读者阅读。

秦始皇陵兵马俑是20世纪中国重大考古发现之一，因其内涵极为丰富，吸引了历史学、考古学、科技史、艺术史等诸多学科参与其研究。由秦俑博物馆等单位主办的秦俑、秦文化学术研讨会已经召开了五届。迄今国内外出版的各类研究秦俑、秦文化的学术专著、论文集、图录、普及性读物、词典等达数十部，研究论文数百篇。有关秦俑、秦文化的发现与研究资料，读者可参看田静编著的《秦史研究论著目录》，该书已于1999年由陕西人民教育出版社出版。

（三）辽宁绥中"姜女石"秦汉行宫遗址

1982年以来，在辽宁省绥中县万家镇南部姜女石附近的滨海地区发现了规模宏大的秦汉建筑遗址群。经过十多年的调查、钻探和重点发掘，现已基本弄清了遗址的分布范围、建筑特征及年代。结合文献记载，一般认为它就是秦始皇东巡的"碣石"行宫，汉代又在原来的基础上加以修缮、利用[44]。

姜女石建筑群由5处遗址点组成（另有一处窑址），占地25平方公里。靠海的3处遗址以石碑地为中心，止锚湾、黑山头为两翼，附之以瓦子地遗址；距海较远的周家南山遗址地势较高，为整体中的一特殊建筑。靠海的3处遗址中，每处对面海中都有自然形成的礁石，如同门阙，其中石碑地海中有被称为"姜女石"的三块礁石高耸矗立，最为壮观，水下有与岸上连接的石通道。这处礁石被认为就是文献中所说的"碣石"，而建筑群就是碣石宫。

姜女石建筑遗址群中，面海的 3 处遗址是其主体建筑，其中石碑地遗址面积最大，近 15 万平方米，保存亦好。该遗址于 1993～1995 年间揭露约 6000 平方米。从勘探、发掘情况看，该遗址利用原地势，以夯土垫筑成"三步台阶状"的建筑台面，台面边沿有曲尺形的宫墙，南北总长度 487 米，东西宽256～170 米。从夯土台基的分布及墙基的走向看，大致可分为十个相互连接的建筑区域，每一区域内又有多座房屋建筑。石碑地以秦代建筑为主，出土有秦都咸阳常见的板瓦、筒瓦及云纹圆瓦当，其中的大型夔纹瓦当与秦始皇陵所出相同。石碑地遗址南部在汉代曾增修过。

黑山头遗址从南向北可分为三大部分，南部为主体建筑，中间的三组十个单元为其附属建筑，北部为较宽的院落。

瓦子地遗址位于石碑地遗址以北约 500 米处。三组建筑呈品字形分布。第一组呈"H"形，在最北面；第二组为长方形，在南面；第三组呈"L"形，在东南面。

此外，在与辽宁绥中姜女石秦汉建筑群遗址相距约 30 公里的河北北戴河金山嘴也发现了一处大型秦汉建筑遗址，可能是与姜女石遗址有一定关系的另一处行宫遗址[45]。

注　　释

[1] 秦都咸阳考古工作站：《秦都咸阳第一号宫殿建筑遗址简报》，《文物》1976

年第 11 期。

[2] 秦都咸阳考古工作站:《秦咸阳宫第二号建筑遗址发掘简报》,《考古与文物》1986 年第 4 期。

[3] 咸阳市文管会等:《秦都咸阳第三号宫殿建筑遗址发掘简报》,《考古与文物》1980 年第 12 期。

[4] 王丕忠:《秦都咸阳宫位置推测及其它问题》,《中国史研究》1982 年第 4 期;王学理:《咸阳帝都记》,三秦出版社 1999 年版。

[5] 韩保全:《秦阿房宫遗址》,《文博》1996 年第 2 期;西安市文物局文物处等:《秦阿房宫遗址考古调查报告》,《文博》1998 年第 1 期。

[6] 以上诸宫殿可参见王学理:《咸阳帝都记》,三秦出版社 1999 年版。

[7] 赵化成:《从商周"集中公墓制"到秦汉"独立陵园制"的演化轨迹》(全文待刊,摘要见北京大学《古代文明中心通讯》2000 年总第 5 期)。

[8] 阎文儒:《"周陵"为秦陵考辨》,《考古与文物》1980 年第 2 期。

[9] 王建新、毛利仁美:《前漢「後四陵」につじこの考察》,(日本)茨城大学考古学研究室 20 周年纪念文集《日本考古学の基础研究》2001 年 3 月。

[10] 张海云:《芷阳遗址调查简报》,《文博》1985 年第 3 期;陕西省考古研究所等:《秦东陵第一号陵园勘察记》,《考古与文物》1987 年第 4 期;陕西省考古研究所等:《秦东陵第二号陵园调查钻探简报》,《考古与文物》1990 年第 4 期;陕西省考古研究所秦陵工作站:《秦东陵第四号陵园调查钻探简报》,《考古与文物》1993 年第 3 期。

[11] 赵化成:《秦东陵刍议》,《考古与文物》2000 年第 3 期。

[12] 秦都咸阳考古队:《咸阳市黄家沟战国墓发掘简报》,《考古与文物》1982 年第 6 期。

[13] 秦都咸阳考古队:《咸阳任家嘴秦人墓地发掘的主要收获》,《考古与文物》1982 年第 6 期。

[14] 咸阳市文物考古研究所:《塔儿坡秦墓》,三秦出版社 1998 年版。

[15] 刘庆柱:《秦都咸阳几个问题的初探》,《文物》1976 年第 11 期;《论咸阳城布局形制及其相关问题》,《文博》1990 年第 5 期。

[16] 王学理:《秦都咸阳》,陕西人民出版社 1985 年版。

[17] 王学理:《咸阳帝都记》,三秦出版社 1999 年版。

[18] 徐卫民:《秦都城研究》,陕西人民教育出版社 2000 年版。

[19] 袁仲一:《秦代陶文》,三秦出版社 1987 年版。

[20] 罗振玉:《秦汉瓦当文字》,上虞罗氏永慕园丛书,1914 年。

［21］陈直：《秦汉瓦当概述》，《文物》1963 年第 11 期。

［22］陕西省博物馆编：《秦汉瓦当》，文物出版社 1961 年版；西安市文管会：《秦汉瓦当》，陕西人民美术出版社 1985 年版；陕西省考古研究所：《新编秦汉瓦当图录》，三秦出版社 1986 年版；徐锡台等编：《周秦汉瓦当》，文物出版社 1988 年版。

［23］周晓陆、路东之：《秦封泥集》，三秦出版社 2000 年版。

［24］赵康民：《"秦始皇陵原名丽山"的再议》，《考古与文物》1982 年第 1 期。

［25］刘占成：《秦始皇陵究竟有多高》，《秦陵秦俑研究动态》1998 年第 4 期。

［26］常勇、李同：《秦始皇陵中理藏汞的初步研究》，《考古》1983 年第 7 期。

［27］赵康民：《秦始皇陵北二、三、四号建筑遗址》，《文物》1979 年第 12 期；张占：《秦始皇陵北寝殿建筑群的发现与初步研究》，《考古文物研究》，三秦出版社 1996 年版。

［28］秦俑考古队：《秦始皇陵西侧"丽山食官"建筑遗址清理简报》，《文博》1987 年第 6 期。

［29］秦俑考古队：《秦始皇陵铜车马发掘报告》，文物出版社 1998 年版。

［30］陕西省考古研究所、秦始皇兵马俑博物馆：《秦始皇帝陵园考古报告（1999年）》，科学出版社 2000 年版。凡本节未加注释的遗迹均参见该书。

［31］秦俑坑考古队：《秦始皇陵东侧马厩坑钻探清理简报》，《考古与文物》1980 年第 4 期。

［32］始皇陵秦俑坑考古发掘队：《秦始皇陵兵马俑坑一号坑发掘报告》，文物出版社 1988 年版。

［33］始皇陵秦俑坑考古发掘队：《秦始皇陵东侧第二号兵马俑坑钻探试掘简报》，《文物》1978 年第 5 期。

［34］秦俑坑考古队：《秦始皇陵东侧第三号兵马俑坑清理简报》，《文物》1979 年第 12 期。

［35］秦俑考古队：《临潼上焦村秦墓清理简报》，《考古与文物》1980 年第 2 期。

［36］始皇陵秦俑考古发掘队：《秦始皇陵西侧赵背户村秦刑徒墓》，《文物》1982 年第 3 期。

［37］袁仲一：《秦始皇陵兵马俑研究》，文物出版社 1990 年版。

［38］王学理：《秦始皇陵研究》，上海人民出版社 1994 年版；王学理：《秦俑专题研究》，三秦出版社 1994 年版。

［39］张文立：《秦俑学》，陕西人民教育出版社 1999 年版。

［40］张仲立：《秦陵铜车马与车马文化》，陕西人民教育出版社 1994 年版。

［41］张志军：《秦始皇陵兵马俑文物保护研究》，陕西人民教育出版社 1998 年版。

［42］徐人柏：《秦俑艺术研究》，西安地图出版社 1993 年版。

［43］袁仲一、张占民主编：《秦俑研究文集》，陕西人民美术出版社 1990 年版；田静主编：《秦俑艺术论集》，陕西人民教育出版社 1995 年版；《秦俑学研究》，陕西人民教育出版社 1996 年版。

［44］辽宁省文物考古研究所：《辽宁绥中县"姜女坟"秦汉建筑遗址发掘简报》，《文物》1986 年第 8 期；辽宁省文物考古研究所姜女石工作站：《辽宁绥中县"姜女石"秦汉建筑群址石碑地遗址的勘探与试掘》、《辽宁绥中县石碑地秦汉宫城遗址 1993～1995 年发掘简报》，《考古》1997 年第 10 期；华玉冰：《试论秦始皇东巡的"碣石"与"碣石宫"》，《考古》1997 年第 10 期。

［45］河北省文物研究所等：《金山嘴秦代建筑遗址发掘报告》，《文物春秋》1992 年增刊。

二 西汉长安城、东汉洛阳城和两汉帝陵

（一）西汉长安城的调查、发掘与研究

西汉是我国历史上最为强盛的朝代之一，长安作为这个王朝的首都，自公元前202年至公元16年的二百多年间，曾是中国政治、经济、文化的中心。

汉长安城位于今西安市西北郊的渭河南岸。项羽攻入咸阳时，放火焚烧宫室，咸阳渭北主体建筑变为废墟一片。汉代再利用原来秦的旧都已是不可能了，而恰好渭河南岸秦的兴乐宫幸免于难，于是汉初就将秦兴乐宫改建为长乐宫。汉高祖八年（公元前199年），萧何主持修建的未央宫也初具规模，东阙、北阙、前殿、武库都已建成。汉惠帝时，先后三次征发长安郊县数十万人筑城墙，奠定了长安城的基本轮廓。至汉武帝时，中央集权加强，国家财力充实，于是开始了大规模的扩建工程。宫殿修筑方面，在未央宫、长乐宫以北修建了桂宫、北宫、明光宫；扩建上林苑，上林苑原为秦置，武帝时期扩建为规模更为巨大的皇家园林，其范围地跨今长安、户县、周至三县，其中的离宫别馆、楼台水榭不计其数；开凿关中漕渠，修建"京师仓"，既可将关东粮食直接运抵长安，又可解决城市供水与排水问题。

关于汉长安城的考古调查，较早涉足者是日本人足立喜

六。足立氏于1906～1910年应清政府的招聘，任陕西高等学堂教习。其间，他曾调查了西安附近的古迹，其中包括对汉长安城的勘察及对未央宫前殿、城壕等遗迹的测量[1]。以后，国内外学者先后前去探访长安城者大有人在，但缺乏正式的调查报告。对汉长安城有计划、大规模的考古工作是从新中国建立后才开始的。1955年，俞伟超对汉长安城西北部进行了调查，并结合文献记载考证了一些遗迹的位置[2]。自1956年起，中国科学院考古研究所开始对全城若干地域进行钻探，首先找到了城墙及十二座城门的位置，随后发掘了宣平门、霸城门、西安门、直城门[3]；1956年7月至1957年10月，发掘了位于城南属于王莽时期的辟雍遗址[4]；1958～1960年发掘王莽修建的宗庙遗址[5]；1961～1962年间对城内进行较大规模的勘探调查，基本上查明了城内的街道、宫殿区的分布，并探明了城西建章宫的范围；1975年发掘武库遗址[6]；80年代以后，主要工作集中于未央宫，勘探了宫城城垣、宫门、宫城内道路及宫殿建筑遗址，发掘了宫城西南角楼、中央官署（可能为兵器库）、少府（或为所辖官署）、椒房殿以及前殿附属建筑等；90年代初，还发掘了未央宫内织室或是暴室的手工业作坊建筑遗址。1996年出版了《汉长安城未央宫》报告，全面报道了未央宫的调查与发掘成果[7]。90年代后半期至今，与日本奈良国立文化财研究所合作，重点发掘桂宫遗址，已取得阶段性成果[8]。此外，90年代以来，还对汉长安城内手工业遗址进行了系统勘探、发掘，发现多处陶窑、冶铸遗址等[9]。

总之，近五十年来的考古工作，已基本搞清了汉长安城城墙的方位与城门、街道、宫殿、市场等各类遗迹的分布，重点发掘了城内外一些建筑遗址。从这些勘探、发掘看，汉长安城保存状况是比较好的。但因为汉长安城占地达30多平方公里，各类遗存十分丰富，因而，目前对汉长安城的了解还是很有限的（图五）。

1. 城墙、城门及城内街道

汉长安城平面大体上呈不规则的方形，总面积约36平方公里。城墙的走向，南北两边因地形关系，多有曲折，东西两边大体呈直线。其东城墙长约6000米，西城墙长约4900米，

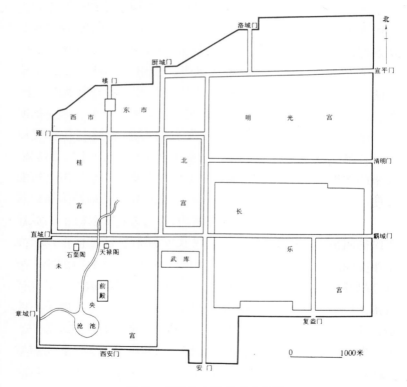

图五　西汉长安城平面示意图

南城墙长约 7600 米，北城墙长约 7200 米，合计 25700 米，与史籍记载汉长安城周长 62 里大体相当。城墙为夯土筑成，迄今在地面上还有多处遗迹可寻。城墙地基宽约为 12～16 米，推测高度约在 12 米以上。城墙外侧有城壕环绕。

全城有十二座城门，每面三门，均已探明位置。根据史书记载，东面的城门自北而南为宣平门、清明门、霸城门，南面的自东而西为覆盎门、安门、西安门，西面的自南而北为章城门、直城门、雍门，北面自西而东为横门、厨城门、洛城门。其中宣平门、霸城门、西安门、直城门于 1957 年经过发掘。从发掘情况看，每个城门都有三个门道，每个门道实宽 6 米，门道之间以夯土墙相隔，其上有木构的城门楼，这与张衡《西京赋》所说："披三条之广路，立十二之城门"正相符合。此外，在西安门和直城门地下还发现用砖石砌筑的高大的排水涵洞。汉长安城毁于王莽末年的战火，东汉以后，汉长安城已不再是首都，但仍有居民居住。在已发掘的四座城门中，发现有大量的灰烬堆积，而只有宣平门的三条门道均被清理出来供继续使用。

文献记载汉长安城内有"八街九陌"，所谓街陌，一般认为纵街叫街，横街叫陌。据钻探，长安城内之街道以十字和丁字相交隔断计，纵街为九、横街为十（宫内不计），如将个别街道隔开后很短忽略不计，大体上符合"八街九陌"的说法。八条大街按照北宋宋敏求《长安志》记载，其名称分别为华阳街、香室街、章台街、夕阴街、尚冠街、太常街、藁街和前街。据王仲殊考证，安门大街可能是章台街、直城门大街可能是藁街，清明门大街可能是香室街，横门大街可能是华阳街[10]。长安城内的主要街道一般有三条道路并行，中间的道路

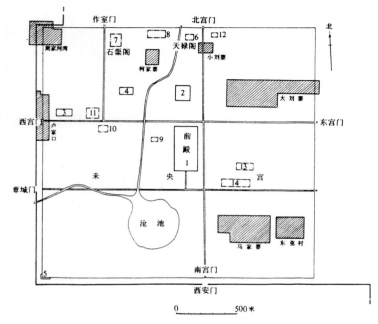

图六 西汉长安城未央宫平面图

1.前殿建筑遗址 2.椒房殿建筑遗址 3.中央官署建筑遗址

4.少府建筑遗址 5.宫城西南角楼建筑遗址 6.天禄阁建筑遗址

7.石渠阁建筑遗址 8～14.第8～14号建筑遗址

叫驰道,两边的叫旁道。三条并列的街道之间有排水沟,并栽植树木。安门大街的中央驰道宽20米,两边的旁道各宽13米。

2.宫殿与武库

汉长安城宫殿遗址中,现已探明未央宫、长乐宫、北宫、桂宫的范围,并对其中的部分建筑遗址做了发掘。至于明光宫、建章宫等略知其方位,工作尚少。

未央宫地处汉长安城的西南部,平面呈方形(图六)。勘探查明其东西墙各长 2150 米，南北墙各长 2250 米，周长 8800 米，与《西京杂记》所载"未央宫周回二十二里九十五步五尺"的长度接近。宫墙现已全部埋没在地面以下，经对南宫墙一段的试掘，可知宫墙墙基宽为 8 米。宫墙四边近中部各探出一座宫门，仅对北宫门进行了试掘，其门道宽 8 米。此外，在北宫墙西部探出一小门，当即文献中所说的"作室门"。宫墙西南角发掘了一处曲尺形的角楼建筑遗址，并发现带有"卫"字的瓦当，可知未央宫警卫归"卫尉"管辖。宫城内已探明道路多条，四座宫门皆有道路通至宫城的主体建筑——前殿。前殿南侧和北侧各有一条东西向主干道，北侧干道与东西宫门相连接，路土宽 8～12 米。前殿东侧还有一条连接南北宫门的南北向干道。

未央宫内最重要的建筑当属前殿。前殿为朝宫正殿，位于未央宫中部偏东。现存台基平面呈长方形，南北长 400 米，东西宽 200 米，北高南低，南端高出今地面 0.6 米，向北逐渐升高，北端高出今地面 15 米。经钻探，前殿台基利用龙首山丘陵的地势并加工夯筑，然后再于其上构筑殿堂建筑。已探明前殿台基之上主要由南北排列的三座大型宫殿建筑组成，另有附属建筑。已发掘的前殿 A 区、B 区遗址均属于附属建筑。前殿 A 区遗址位于前殿西南角，从出土的物品及木简看，为服务于皇室的一般人员居住的场所。前殿 B 区遗址位于前殿东北部，似属于守卫人员及达官显贵上朝前临时休息场所。

二号建筑遗址南距未央宫前殿遗址 330 米，由正殿、配殿和附属建筑三部分组成。正殿位居建筑群之南，平面呈长方形，坐北朝南。正殿南面设有二阙，反映了这一建筑的高级别。正殿之北的配殿和附属建筑分列东、西两侧，规模稍小。

从该建筑群的规模、结构及距离前殿较近的情形分析，可能为皇后所居的椒房殿遗址。

三号建筑遗址东距未央宫前殿遗址 850 米，西距未央宫西宫墙 110 米。该建筑遗址东西长 135.4 米，南北宽 71.2 米，面积为 9640.48 平方米，是一座封闭式大型院落建筑。院子四面有夯土墙围绕，中部有一南北向排水渠，将大院分为东、西两部分，共发现房屋 15 间。该遗址除发现了少量的铜、铁兵器及生活用品外，最重要的收获是出土了总数达 57000 多片的有字骨签（另有无字骨签近万片）。关于这批骨签及三号建筑的性质，发掘者认为骨签不属于器物的"标签"或"标牌"，而是西汉王朝中央政府保存备查的"供进之器"的档案资料，三号建筑属于中央官署性质的建筑[11]。笔者曾撰文提出不同意见，认为三号建筑很可能是专供宫内使用的兵器库一类建筑遗址，而骨签则属于"物勒工名"制度下兵器的"标签"或"标牌"[12]。这批骨签，发掘报告仅披露了其中的 1000 多片，其余的还在整理之中，相信随着全部资料的公布，不仅其性质能够得以澄清，而且将会大大推动汉代工官制度研究的深入。

四号建筑遗址东距未央宫前殿遗址 430 米，东距前殿北部的椒房殿遗址 350 米，它包括早晚两期建筑遗迹。早期建筑属于西汉时期，为一组大规模的建筑群，其中南北排列的两座大型殿堂为其主体建筑：南殿堂建筑面积 706 平方米，面阔七间，进深二间；北殿堂建筑面积 400 平方米，面阔五间，进深二间。此外，在南北主体殿堂的两侧各有附属的规模稍小的建筑及其他设施。该建筑群较为考究，地面铺置地板。从其所处的位置以及出土有少府所属"汤官饮监章"的封泥看，可能为少府或所辖主要官署的建筑。

未央宫内现今地面上存留的夯土建筑基址还有天禄阁和石渠阁，皆为萧何所建，是西汉王朝收藏典籍的地方。天禄阁（6 号遗址）位于未央宫北墙以南 50 米，这里曾出土"天禄"文字瓦当和天鹿纹饰瓦当。天禄阁遗址地面上的夯土台基高约 10 米，边长约 20 米，勘探的夯土基址东西长 55 米，南北宽 45 米。石渠阁（7 号遗址）东距天禄阁 520 米，地面上夯土台基高 8.74 米，台基底部东西长 77 米，南北宽 65 米，勘探的夯土面积稍大于地面所见，因出土过"石渠千秋"瓦当，遗址的性质得以确定。未央宫内探明的其他夯土建筑遗址还有多处，其性质有待查明。此外，还对文献所载的"沧池"、"明渠"遗迹进行了勘探，初步查明了其位置及范围。

长乐宫在长安城的东南部，该宫是在秦代兴乐宫基础上扩建而成的，全宫的平面形状不很规整，总面积约 6 平方公里，占长安城面积的 1/6。长乐宫初为高祖刘邦所居，后为太后常居，因其在未央宫东面，所以又叫东宫。文献记载长乐宫内有鸿台、临华殿、温室殿、长秋殿、永寿殿、永宁殿等。考古勘探出在长乐宫中部有一东西横贯的干道，干道之南有大型建筑基址三组，最东部由阶、庭、朝、寝组成，为长乐宫重要建筑之一。

桂宫在未央宫北，西邻长安城西城墙。宫城平面呈长方形，南北长约 1800 米，东西宽约 880 米。90 年代后期中日联合考古队发掘的桂宫二号建筑遗址位于桂宫南部。这是一处东西长 84 米，南北宽 56 米，有着南北两重院落的大型宫殿建筑，其布局特点与椒房殿遗址相似。发掘者认为，二号建筑及其桂宫可能是后妃的宫室居所。二号建筑的年代上限不超过西汉中期，与文献记载桂宫建于汉武帝时期是一致的。

武库为萧何所建，在未央宫与长乐宫之间，1975 年进行了较大规模的发掘。出于防卫的考虑，武库四周建有围墙，东墙和西墙各长 320 米，南墙和北墙各长 800 米，东墙和西墙各开一门。武库中部又有一道隔墙，将整个武库分为东、西两个院落。东院有四个仓库，西院有三个。西院中最大的一个仓库长约 230 米，宽 46 米，包含四个库房。在各库房中原来靠墙紧密排列着木质的兵器架，木架已朽，但础石尚存。出土的兵器以铁制的剑、刀、矛、戟、镞、弩机和铠甲为主，铜兵器较少。

3．市场、手工业遗址、居民区

《三辅黄图》等书记载，汉长安城中有东西九市，即东市六、西市三。汉惠帝六年（公元前 189 年）"起长安西市"，东市似已经存在。东西市的位置在长安城西北横门大道的两旁，其范围已探明。市的作用除货物交易外，还经营手工业生产。考古发现在西市之内及其附近有大量的陶窑分布。西市之内已发掘的 21 座陶窑专门用来烧造裸体陶俑，与景帝阳陵陪葬坑出土的陶俑完全相同，当为少府所属东园匠的官营窑址。西市西侧的 6 座陶窑分布散乱，烧造砖瓦或日用器皿，也有陶俑，或为民营性质的陶窑[13]。此外，还发现了两处冶铸遗址，一处出土了大量叠铸范，另一处发现了烘烤叠铸范的窑址和冶铸炼炉及废料堆积坑[14]。看来，东市主要从事商业活动，而西市很可能主要为手工业区[15]。

文献记载汉长安城内有一百六十闾里。从整个汉长安城的布局看，宫殿占据了全城的 2/3。居民区当集中于东北隅，但尚未进行钻探调查。

4．南郊礼制性建筑群

西汉末年王莽执掌朝政及篡汉建立新朝后，先后在长安城南郊修建了明堂、辟雍、宗庙、社稷等礼制性建筑。这些礼制性建筑已于 50 年代后期经调查发掘，但有关各建筑的定名及其性质尚有较大的争论。

礼制性建筑群最东部的一处可能为"辟雍"的建筑遗址，由中心建筑、围墙四门及配房建筑、圜水沟组成。中心建筑位于一方形的土台上，土台南北长 205 米，东西长 206 米，高 1.6 米，土台中部又有一直径约 60 米、高约 0.3 米的圆形夯土台基，为中心建筑的基座。方形土台四周筑有围墙，围墙四边相等，每边长 235 米，其正中各开一门，围墙四隅有曲尺形配房。围墙外面有近圆形的圜水沟，东西长 368 米，南北长 349 米，沟与四门相距 43～56.5 米[16]。作为该建筑群主体的中心建筑，部分虽为后代废河道所破坏，但基本形制仍可知晓。经复原研究，大体是一座上圆下方、四向多室的大型礼制性建筑。关于该建筑的定名与性质，多数学者认为属于平帝元始四年（公元 4 年）王莽奏请修建的明堂辟雍遗址。但明堂与辟雍究竟是分开的两类建筑还是一体建筑，尚有争论[17]。

辟雍遗址的西北部另有一处规模更大的建筑群。这组建筑群由十二座单体建筑组成，外边有平面呈方形的围墙，围墙每边长 1400 米。每座建筑都由中心建筑、围墙、四门和围墙四隅的曲尺形配房组成。中心建筑和围墙的平面均为方形。中心建筑在整个遗址的正中，有中央主室，四面各有一室，其形制与前述辟雍的中心建筑相近。关于这组建筑的性质，多数学者认为当属王莽为其祖先所修建的"九庙"遗址[18]。但令人不解的是，为什么九庙不是九座而是十二座。王恩田认为，按照《水经注》的记载，"王莽九庙"不在此处，而该遗址应是王莽为汉室修建的宗庙建筑，亦即"明堂"，而前述所谓明堂辟雍当为辟雍遗址[19]。他的这一说法值得重视。

5. 汉长安城周围其他建筑遗址

据史籍记载，汉长安城附近及其郊县还有许多离宫别馆、仓廪府库及礼制性的建筑等。这些建筑遗存多数已经湮没无闻，但也有一些重要发现。

上林苑是汉武帝时修建的皇家苑囿，位于长安城的西南，其范围西至周至县终南镇，东到蓝田县焦岱镇，南界到终南山北麓。苑内宫观台榭不计其数，其中在昆明池附近发现有昆明台、豫章观、白杨观、细柳观、宣曲宫等遗址[20]。此外，经调查确认的离宫别馆遗址还有黄山宫、鼎胡延寿宫、甘泉宫等[21]。

秦建民等人调查发现了位于长安城以北三原县北嵯峨乡天井岸村的巨型盆状圆坑，以及坑东 480 米处分布的平面呈"十"字形的五座建筑夯土台基，被认为是文献记载的"天齐公祠"与"五帝祠"故址，时代均属西汉时期[22]。

汉武帝时为了将关东粮食运抵长安，开凿了关中漕渠，在漕渠渠首的岸边即汉代华阴县城（秦为宁秦县）处建设大型中转粮仓"京师仓"，这处遗址已由陕西省考古研究所于 80 年代前期进行了一定规模的发掘。从发掘看，"京师仓"建于汉武帝时期，废弃于王莽末年，正与汉长安城兴衰密切相关。"京师仓"规模宏大，由仓城及若干座仓房组成。仓城依自然地势而建，大致呈长方形，经实测东西长 1120 米，南北宽 700 米，周长 3330 米，面积达 784000 平方米。已发掘面积约为 6000平方米，不足全城的 1/100，但在此范围内就发现了 6 座土木结构建筑的仓房。其中一号仓最大，其平面呈长方形，东西长 62.5 米，南北宽 26.6 米，面积 1662.5 平方米，推测其仓容量可达上万立方米。仓设三门，有坚硬的夯筑台基，高大的墙壁，内设架空地板，门外有披檐，屋面使用板瓦、筒瓦，建筑既考究又实用。出土的各种瓦当与汉长安城基本一致，其中的"京师仓当"清楚地表明了其建筑性质[23]。

6.关于汉长安城的综合研究

汉长安城遗址保存较好，勘察、发掘已做了大量工作，其总体布局也已基本明晰。有关汉长安城的综合研究，已有多位学者涉足。内容除了前面已经提到的一些细部方面的讨论外，涉及全局性的问题主要有以下几点：汉长安城的复原研究，汉长安城布局结构问题，汉长安城模拟天象问题，汉长安城在中国古代都城发展史上的地位问题。

汉长安城作为一代名都，古籍中有较多的记载，其中流传至今的《三辅黄图》对汉长安城的记述较为详细。然该书传为六朝人撰写，又经后人补缀，已非原来面目。80年代初，西北大学陈直为之校注，以便利用[24]。近年陕西师范大学何清谷据最新考古成果再次详注[25]。80年代初刘运勇撰写有《西汉长安》一书，系统论述了汉长安城的建制与文化[26]。俞伟超编写的北京大学《战国秦汉考古》讲义首次绘制出汉长安城的平面复原图[27]。近年，刘庆柱等根据最新考古发现，重新复原出汉长安城的平面布局，其中，对未央宫认识较以前更为深入[28]。

战国时期成书的《考工记》在讲到都城设计时有这样一段话："匠人营国，方九里，旁三门，国中九经九纬，经涂九轨，左祖右社，面朝后市，市朝一夫。"王仲殊认为："长安城的规划确有与《考工记》符合之处，……这可能是由于《考工记》在汉初受到重视，因而在设计汉长安城时被充分参照。相反，也可能是由于汉儒从长安城的实际情况出发，增改了《考工记》的'匠人营国'部分的关系。"[29]《考工记》一书在汉初已亡佚，汉武帝时才重新发现。那么，汉长安城在汉初修建时，是否按照《考工记》营国思想而规划设计呢？这是值得研究的问题。但无论如何，汉长安城的布局特点与《考工记》营国制度有一定相似性则是可以肯定的。或许《考工记》的暂时亡佚，并不影响人们记忆中对其设计理念的认同吧。

汉长安城以未央宫、长乐宫为代表，宫殿占了全城的2/3面积，因此，杨宽曾怀疑现今所知的长安城只是一座宫城，而在更大范围可能还有郭城的存在。此外，他还认为"九陌"应在今城郊外[30]。刘庆柱则不同意这种看法，指出根据历年来的考古调查、发掘，今长安城墙以外不大可能再有外郭城的存在[31]。笔者以为，暂且不论汉长安城是否只是宫城这一概念，汉长安城可能与秦都咸阳相似，应以"大长安"的观念视之，即城外的许多遗迹也属于广义的长安城的一部分。

汉长安城的南北城墙有许多曲折、偏斜之处，《三辅黄图》说："城南为南斗形，城北为北斗形，至今人呼汉京城为斗城也。"首次提到汉长安城建制与天象有关。但元代李好文《长安图志》以汉志及班、张二赋皆无此说为由，否定汉长安城"斗城"之说。当代学者王仲殊、马正林等也认为所谓"斗城"之说不可信[32]。但近年又有人重提此事，李小波论证汉长安城形制与星图吻合，并认为这是西汉"法天象地"文化思想在都城建制中的反映[33]。此外，前述秦建民等在论及三原县天井岸村"天齐公祠"与"五帝祠"故址的同时，提出北起"天齐公祠"，南经长陵陵园中央、汉长安城中部，至子午谷口，存在着一条全长74公里的南北超长中轴线，其与真子午线的夹角仅 0.33 度。并论证以汉长安城为中心，北至天井"天齐公祠"与南至子午谷口的距离为9:6，这恰合阳九阴六的格局，既法乎象，也合乎数。由此认为："这条建筑基线，将天、地、山川、陵墓、都城以一贯之，使之协调为一整体，自北而南以天、先王、王、地为序的宗教意味排列，其间充满法天意识。"[34]

汉长安城在中国古代都城中的地位问题，曾有多位学者从不同角度论述过。俞伟超先生将中国古代都城划分为四大阶段，其中汉长安城与东周都城同属于第二阶段，并认为这种密闭式的规划是专制主义政体下的一种都城形态。此外，他还讨论了汉长安城布局结构对后世都城建制的影响问题[35]。刘庆柱、李毓芳长期从事汉长安城考古工作，除发掘报告外，还发表过多篇有关汉长安城的论文，内容涉及都城布局、宫城建制、手工业遗迹等问题，对复原汉长安城的面貌做出积极贡献。这些论文已经结集出版[36]。

（二）东汉洛阳城的调查、发掘与研究

长安城毁于王莽末年的战火，东汉王朝建立后遂以洛阳为都。洛阳作为都城，可追溯至西周时期，周初周公在洛邑建有辅都性质的"成周城"，平王东迁后居"王城"[37]。西汉时期的洛阳城似在成周城的旧址，汉高祖五年（公元前202年）曾"置酒洛阳南宫"。东汉光武帝刘秀于建武元年（公元25年）定都洛阳，先居住在南宫，并大规模增修，以后又全面建筑城墙，扩大城的范围。至明帝时，又扩建北宫，洛阳都城格局遂大体成形。

东汉王朝从公元25年刘秀建国至公元220年曹丕以魏代汉，经历了十四代皇帝共196年。汉献帝初平元年（公元190年）董卓胁迫汉献帝迁都长安，洛阳作为都城实际只有十二代皇帝计165年。这期间，洛阳城发展为十分繁华的大都会，班固《东都赋》、张衡《东京赋》、傅毅《洛都赋》都有过生动地描写。然董卓迁都长安时，"焚洛阳宫庙及人家"，"火三日不绝，京城为丘墟矣"。曹魏继东汉之后，仍选择在这里建都，主要是在原有的基础上恢复或新建了部分宫室。其中，变化较大的是在洛阳城的西北角新筑有军事城堡性质的"金墉城"。西晋都洛阳，继续有所兴建。经过曹魏、西晋两朝七十余年的经营，洛阳城大体恢复了原来的面貌。西晋永嘉五年（公元311年），匈奴族刘聪攻入洛阳，战火中洛阳又遭焚毁。此后，过了一百八十多年，北魏孝文帝于太和十九年（公元495年）自平城迁都于此，并对洛阳城做了较大的改造。除了在东汉洛阳城基础上对城门、宫殿、街道、市场等重新规划外，还在原来洛阳城的外围建造更大范围的外郭城，设置棋盘格式的里坊居民区。北魏洛阳城延续了将近半个世纪，至公元538年废弃。此后，历朝历代再没有在此建都。洛阳作为都城以东汉、北魏最为繁盛，所以一般称之为"汉魏洛阳故城"。

汉魏洛阳城址在今河南省洛阳市以东约15公里处，这里北靠邙山、南临洛河，正符合古代建城依山傍水选址的要求。洛阳城的考古工作开始于1954年，最初的勘察只是初步确定了城垣的走向[38]。此后，中国社会科学院考古研究所对其进行了长期的调查与钻探，并重点解剖了几处地段的城墙，发掘了部分建筑遗址[39]。结合文献记载，现已能够勾画出城垣的走向、城门的位置、宫殿与街道的布局、城郊礼制建筑群及墓地的分布等[40]（图七）。从总体上看，北魏时期的遗迹保存较好，而东汉时期稍差。由于发掘工作尚少，对东汉洛阳城的了解远不如西汉长安城那样细致。

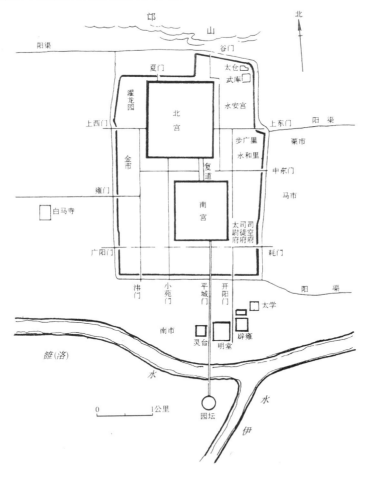

图七　东汉洛阳城平面复原图

东汉洛阳城平面大体呈长方形,其东、西、北三面的城墙,至今在地面上仍有遗迹可寻,60 年代考古工作者前往勘察时,有的地段城墙犹高达 7 米多。至于南面的城墙,由于洛河改道而被冲毁,但在城南郊所建的"明堂"、"灵台"等建筑遗址尚存,由此可推断南城墙的大体位置。经实测,东城墙残长约 3900 米,西城墙残长约 3400 米,北城墙全长约 2700 米。南城墙已不存在,其长度若按现存东墙和西墙在南端的距离计算,应约为 2460 米[41]。据王仲殊估算,东墙和西墙的长度应在现存的长度之上各增加 300 米,这样,四边城墙的总长度应约为 13000 米,约合汉代 31 里,这与文献记载基本相合[42]。

文献记载,东汉洛阳城共有十二个城门,考古勘察中,发现了东边、西边、北边的八座城门,南边的城门虽然已不存在,但从街道的走向仍可确定其位置。这十二座城门,东边三门,自北而南为上东门、中东门、旄门;北边的二门,自东而西为谷门、夏门;西边的三门,自北而南为上西门、雍门、广阳门;南边的四门,自西而东为津门、小苑门、平城门、开阳门。考古钻探中发现了多条街道,它们主要是属于北魏时期的,但北魏时期的街道多是沿用东汉以来的街道,只是因宫殿和个别城门位置的改变而有所增筑或改修而已。因此,依据东汉时期的宫城范围和城门的位置,可复原出东汉洛阳城的街道分布情形:南北纵行的大街共有五条,东西向横行的大街也是五条,这些大街分别与十二座城门连接,大街的街名暂可按照所连通的城门名命名。大街的宽度一般在 40 米左右,个别宽约 20 米。据文献记载,东汉洛阳城大街也是由三条并行的道路组成。

与西汉长安城相似，东汉洛阳城内的宫殿所占面积较大，约为全城的1/2。当时的宫殿主要有南宫和北宫，它们在西汉时期就已经存在，东汉进一步扩建。南宫和北宫的位置分别位于城南与城北的中部，两宫相距较近，有"复道"相连。南宫与北宫未经发掘，具体情形不明，仅大致知道其范围。在洛阳城的南部，即"中东门大街"之南，"旄门—广阳门大街"之北，"开阳门大街"之西，"小苑门大街"之东，有一片范围广大的长方形区域，南北长约1300米，东西宽约1000米，大约便是南宫之所在。文献记载，光武帝定都洛阳，初居"却非殿"，建武十四年（公元38年）建成南宫中最重要的"前殿"。北宫在南宫的北边稍偏西，其范围更大。北宫中的"德阳殿"据张衡《东京赋》记载，"周旋容万人，陛高二丈"。此外，在北宫西北部，1965年曾清理出一座东汉至北魏时期的圆形砖砌地下建筑，后经冯承泽、杨鸿勋复原研究，确定为一处古代藏冰的"凌阴"建筑[43]。钱国祥则进一步考证圆形建筑为文献所记载之陵云台冰井，其上的方形建筑或即北魏所建的凉风观[44]。东汉洛阳城除了南宫与北宫外，在北宫之东，还有永安宫；在北宫以西，有皇家园囿——濯龙园；在北宫东北，紧靠城的东北角，有太仓和武库。在南宫的东南，靠近旄门和开阳门，则是太尉府、司空府、司徒府这些官府所在地。达官贵族的居住区，如步广里、永和里，多在上东门内，至于平民百姓，则多居住在城外。工商业区有南市、马市和金市。南市和马市都在城外，金市在城内靠西墙的上西门与雍门之间。

光武帝定都洛阳后，在城南郊先后修建了国家最高学府"太学"、礼制性建筑"辟雍"、"明堂"和天文观测站"灵台"。

这些建筑遗址均经考古调查和发掘证实[45]。辟雍和明堂建于光武帝建武中元元年（公元56年），其位置在平城门和开阳门外约1000米处，辟雍靠东，明堂在西。辟雍遗址平面呈正方形，四面筑有围墙，每面长约170米。在这正方形的大院内均匀地配置着四组建筑物，每组由三座房屋组成。按照礼制要求，辟雍周围应有水围绕，但尚待发掘证实。不过该遗址处曾出土过晋武帝三临辟雍纪念碑，近年又发现了它的碑座。结合文献记载，可知曹魏和西晋时的辟雍是在东汉旧址上重建而成的。明堂距辟雍约150米，遗址平面亦呈正方形，四面筑有围墙，每边长约400米。在这正方形的大院正中，有一直径为62米的圆形台基，即系明堂的主体建筑，与明堂特有的"上圆下方"建构正相符合。

灵台是与辟雍、明堂同时建造的，曹魏和西晋都曾沿用，西晋末年被毁，北魏已不再使用。灵台在明堂西约80米，其主体建筑是一座平面呈正方形的高台，现残存高度约8米，顶部已塌毁。高台四周建筑有房屋，可分上、下两层，下层为回廊，周铺河卵石"散水"；上层每面各有房屋五间，地面铺砖，墙壁涂色，按照东青龙、西白虎、南朱雀、北玄武所代表的各方颜色配置。

太学始建于光武帝建武五年（公元29年），以后规模不断扩大，至顺帝阳嘉元年（公元132年）才全部完工。太学最盛时，学生多达三万余人，特别是灵帝熹平四年（公元175年）立石经于太学，观摩者"车乘日千余辆，填塞街陌"，可谓盛极一时。东汉末年董卓之乱，太学遭毁。魏文帝黄初五年（公元224年）在东汉旧址上重建太学，正始年间（公元240～249年）又立三体石经。西晋初年，太学重兴，咸宁二年（公

图八　洛阳出土东汉石经

元 276 年）又另立国子学，与太学并存。太学遗址很早就有石经出土，以后又屡经盗掘。出土的石经均已残碎，其中有字者近百块，对于经本的校勘具有重要价值（图八）。太学遗址经考古勘探和试掘，主要由两部分构成：一部分在辟雍之北，其范围东西长约 200 米，南北宽约 100 米；另一部分在它的东北 100 米处，南北长约 200 米，东西宽约 150 米。

　　1964 年在城东 2 公里处发掘的 522 座东汉刑徒墓是非常重要的发现。这些刑徒墓，墓坑窄小，很少随葬品，从出土的

800 多块铭文砖志，可确定被葬者来自全国许多地区的牢狱，是修筑东汉洛阳城而死亡的刑徒[46]（图九）。

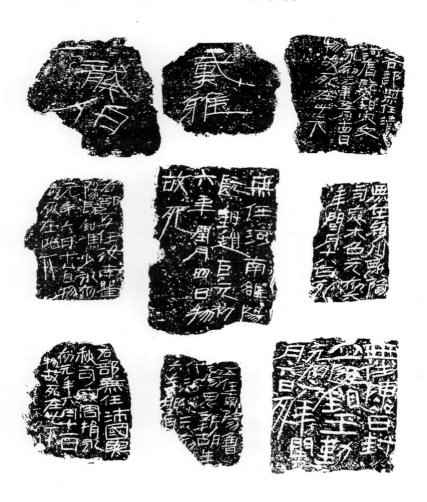

图九　洛阳出土刑徒墓砖铭文

（三）两汉帝陵的调查、发掘与研究

1．西汉帝陵

西汉十一代皇帝，死后均葬在首都长安城附近。但关于每座陵墓的具体位置，从北魏郦道元的《水经注》、唐代的《三辅黄图》、宋代宋敏求的《长安志》，到清初毕沅的《关中胜迹图志》等许多地理方志著作中，有过多种说法。其中，毕沅曾为西汉帝陵立碑勒名，错定漏定之处甚多。不过，西汉帝陵那巍然耸立的坟丘还在，地下埋藏的文物也时有出土。通过考古调查、发掘，再结合文献记载，现已基本确定了各帝陵的名称和位置。这十一座帝陵，其中有九座位于汉长安城西北渭河北岸的黄土塬上，自东向西依次是：景帝阳陵、高祖长陵、惠帝安陵、哀帝义陵、元帝渭陵、平帝康陵、成帝延陵、昭帝平陵、武帝茂陵。另两座即文帝霸陵、宣帝杜陵则位于渭河以南汉长安城东南一带。最近，有学者对渭北后四陵即渭陵、延陵、义陵、康陵的名位提出新的看法，值得重视[47]。

西汉帝陵的考古工作始于 60 年代。先后参与调查与发掘的单位有中国社会科学院考古研究所、陕西省考古研究所、陕西省文管会、陕西省博物馆、咸阳市博物馆等。60～70 年代陕西省的考古工作者初步勘察、测量了所有帝陵[48]，并对长陵陪葬墓[49]、安陵陪葬墓的陪葬坑[50]、文帝窦后陵的从葬坑[51]、武帝茂陵陪葬墓的从葬坑[52]、景帝阳陵附近的刑徒墓[53]等进行了试掘。80 年代中国社会科学院考古研究所又对所有帝陵做了进一步的调查和测量，绘制各陵的遗迹平面图[54]；重点发掘了宣帝杜陵陵园的东门阙、北门阙、寝园和一号、四号从葬坑以及皇后陵园的东门阙、寝园等[55]。90 年代以来，陕西省考古研究所对景帝阳陵展开了大规模的勘探和发掘，取得丰硕成果，目前发掘工作正在进行中[56]。以宣帝杜陵和景帝阳陵为代表的考古新发现，大大超出文献的有限记载，丰富了我们对西汉帝陵的系统认识。

从考古调查和文献记载看，西汉十一座帝陵除去文帝霸陵属于"凿山为藏"的大型崖洞墓外，其余的都是在平地上向下开挖竖穴土圹、地面上筑高大的坟丘，其形制类似长沙象鼻嘴、北京大葆台那样的"黄肠题凑"墓，但其规模远比这些诸侯王墓大得多。西汉每座帝陵都有单独的茔域（陵区），以坐西向东的坟丘为中心，建有陵园，并设置寝殿、便殿、祠庙等礼制性建筑；坟丘近处地下还有为数众多、规模巨大、埋葬丰富的从葬坑；陵园东阙门外有很长的司马道，两旁有许多功臣贵戚陪葬墓；坟丘较远处还有守陵的陵邑。

西汉帝陵的坟丘均为夯土筑造，多呈覆斗状，文献记载，其高度一般为 12 丈，合今 27 米多。经实测，坟丘现存高度在 28～31 米之间，坟丘底边长约 150～170 米。汉武帝茂陵坟丘较为高大，文献记载高 20 丈，今实测高 46.5 米，底边长约 240 米。巨大坟丘下面就是地宫，但迄今为止均没有发掘过。东汉卫宏的《汉旧仪》描述武帝茂陵的地宫时说："内置梓棺柏黄肠题凑……，其设四通羡门……。"可知西汉帝陵地宫与已经发掘的许多诸侯王墓大体相同，也是一种"梓宫、便房、黄肠题凑"式的木结构建筑。考古工作者曾对景帝阳陵、宣帝杜陵墓坑周围进行过钻探，发现每边各有一条墓道，正与"四通羡门"的记载相合。

以巨大的坟丘为中心，周有陵园夯土垣墙。西汉皇后（或

夫人）附葬于帝陵，但不同穴，即各有坟丘及陵园。汉初高祖
陵与吕后陵同在一个陵园围墙之内，自景帝阳陵开始帝陵与后
陵分置陵园，后陵多位于帝陵之东。陵园围墙平面一般呈方形
或长方形，每边墙正中设有阙门，称为司马门。高祖长陵陵园
边长780米，周长3120米。景帝阳陵陵园夯土墙边长418米，
墙宽3～3.5米；四墙中部均有阙门，其中发掘了南阙门夯土
基址，是一种只有帝王才能使用的土木结构建筑的"三出阙"。
宣帝杜陵陵园夯土垣墙边长433米，宽8～10米，其中的东阙
门遗址面阔近85米，进深约20米，由门道、左右塾、左右配
廊、散水等组成。杜陵的后陵垣墙边长335米，建筑结构同于
帝陵陵园。

　　西汉帝陵的地面上还建有寝殿、便殿、祠庙一类的礼制建
筑。《汉书·韦玄成传》记载："京师自高祖下至宣帝，与太上
皇、悼皇考各自居陵旁立庙……，又园中各有寝、便殿。日祭
于寝，月祭于庙，时祭于便殿。"寝殿为陵中的正殿，殿内陈
设皇帝生前的衣冠和起居用具，并有宫人"随鼓漏、理被枕、
具盥水、陈严具"，完全像生前那样侍奉。便殿以像"休宴之
所"。近年在长陵、阳陵、茂陵、杜陵、渭陵都发现大面积的
建筑基址。其中宣帝杜陵的寝殿建筑经过发掘，其位置紧靠陵
园东南，周围也筑有围墙，称为寝园。寝园呈长方形，东西长
174米，南北宽120米，占地20880平方米。其东侧为寝殿，
西侧为便殿。寝殿东西长74.3米，南北宽37.5米，中为殿堂
建筑，周有回廊、散水，设两门及六阶。便殿东、南、北三面
筑墙，西边有廊，分堂、室、院三组建筑。汉制陵旁立庙，但
一般距坟丘稍远。宣帝杜陵东北有一座夯土台基，平面近方
形，根据其地势、位置及出土大量的龙纹、凤纹空心砖等，发

掘者推测其可能是杜陵的庙址。除以上建筑外，高祖长陵附近曾出土过"斋园"、"斋一宫当"、"斋园宫当"等文字瓦当，可知茔域内还有行祭祀礼仪前专门用于斋戒的建筑。景帝阳陵坟丘东南 300 米处，地面上可见一人工雕凿的方座圆面大石，其表面刻有正方向的十字凹槽，一般称之为"罗经石"。近年对罗经石遗址进行了发掘，从发现的夯土基址、壕沟、水井、砖铺地面、散水及瓦片堆积的情况分析，是一处无屋顶的敞开式建筑。关于罗经石及该遗址的性质，一般认为属于建造陵墓的测量标志。有学者推论为"太社"遗迹[57]，但太社为何建在帝陵处，尚属疑问。

西汉帝陵除去地面建筑外，坟丘附近的地下都有规模巨大的从葬坑，坑内埋藏着数以万计的各类随葬品。其中，景帝阳陵从葬坑的分布范围已勘探清楚，并做了较大规模的发掘。阳陵从葬坑可分为陵园墙内和陵园墙外两大部分。陵园墙内的从葬坑以坟丘为中心，向外呈辐射状分布，计 86 座。各坑的长度不等，最长的在 100 米以上，最短的仅有 4 米。坑宽 3～4 米，坑口距地表深 5～11 米，坑深 3 米左右。从初步的试掘和钻探可知，坑内埋葬有数量十分惊人的骑步兵人俑、动物俑以及车马、兵器、生活用器等。陵园东墙外的从葬坑以司马道为界，分为南北两大区。南区在 96000 平方米的范围内分布有 24 座坑，90 年代对其中的 14 座坑进行了试掘，发现密集排列的陶质人俑、家畜家禽俑以及陶、铜、铁质的生活用器。陶俑出土时所穿丝绸之类的衣服已朽，故多为裸体俑。像这样有大量陶俑随葬的从葬坑，其他帝陵也有发现。武帝茂陵陵园的西、南、北三面也有数量颇多的陪葬坑，估计不少于阳陵。文帝霸陵的窦皇后陵园西墙以外曾发掘陪葬坑 47 座，也出土了一批陶俑、禽兽遗骨等。

帝陵之东,沿司马道两侧又有为数众多的功臣贵戚陪葬墓。其中,高祖长陵有63座,武帝茂陵12座,而宣帝杜陵多达107座。陪葬墓的封土较帝陵小得多,有覆斗形、圆锥形、山形等。从对阳陵的钻探情况看,陪葬墓的数量当远远超过地上已知的封土数。阳陵陪葬墓区以司马道为中心,南北宽达1500米,占地3.5平方公里。在这一范围内钻探出大中小型墓葬5000余座(包括陪葬坑)。这些墓葬以壕沟相隔,形成若干不很规则的棋盘格式墓园。墓园一般呈正方形,少数为长方形,墓园内有数量不等的墓葬和陪葬坑[58]。这种墓园或属于家族茔园,即功臣贵戚陪葬于阳陵,而子孙也附葬于此。

西汉帝陵的陪葬墓中,以武帝茂陵霍去病墓最具特点。其坟冢建成山形,坟冢上下矗立着数十尊大型动物石圆雕,有卧虎、跃马、蹲象等,其中以"马踏匈奴"最为有名[59]。这些石圆雕,借助石材的原形,以简练的手法稍加雕琢,即成生动而逼真的形象。茂陵东南1000米处,有汉武帝的姐姐阳信长公主墓,墓前曾发掘了30多座陪葬坑,出土了一批"阳信家"铜器,其中的鎏金铜马、鎏金铜竹节熏炉华丽无比,属于国宝级的文物[60]。西汉帝陵的陪葬墓只有少数几座经过发掘。60年代中期在今咸阳杨家湾发掘了两座属于高祖长陵的陪葬大墓,可能是汉初功臣周勃夫妇的墓葬。在该墓墓前的多座陪葬坑中出土了3000多件高约七八十厘米的彩绘骑兵俑,虽不如秦始皇陵兵马俑那样高大,但也阵容庄严,气势非凡。

西汉帝陵附近除去陪葬墓外,还有一类与葬制葬仪无关的墓葬,这就是修陵的刑徒墓。1972年,在景帝阳陵坟丘西北约1500米处发现了面积达8万平方米的刑徒墓地。刑徒墓墓坑窄小，坑内埋一人或多人，发掘出的尸骨，颈上或脚上带有铁制的刑具[61]。像这类刑徒墓在其他帝陵也有发现。

西汉从高祖长陵至宣帝杜陵，还在陵墓附近设置陵邑，并迁徙天下"吏两千石、高赀富人及豪杰兼并之家"到陵邑居住，既可守山陵，又削弱地方豪强势力，达到巩固中央集权之目的。这项措施，至汉元帝永光四年下诏废止，东汉之世，未再恢复。宣帝杜陵的陵邑北去帝陵约 2000 米，有夯土城墙，东西墙各长约 700 米，南北墙各长约 2250 米。陵邑内发现许多建筑遗址。景帝阳陵的陵邑也已经找到其位置，并进行了部分钻探。陵邑直属中央管辖，西汉一代，陵邑人口多者可达数万户，与长安城互为呼应，共同造就了京师的繁华景象。

在考古调查、发掘的基础上，有不少学者对西汉帝陵的陵园布局、陵寝制度、陵邑的建制、陪葬墓的等级、从葬坑的性质、陵园出土物等方面进行了深入的研究[62]。其中，涉及全局性的问题之一是：西汉帝陵是否实行昭穆制度？早在 70 年代，北京大学《战国秦汉考古》讲义就认为：高祖长陵、惠帝安陵、景帝阳陵按"先王之葬居中，以昭穆为左右"的方式排列，而汉武帝以后公墓制遭到破坏，昭穆排列亦不复存在[63]。后来又有学者进一步论证整个西汉帝陵皆存在着昭穆排列[64]。对此，有学者提出异议，主要的理由有三条：一是周代王侯墓地迄今未能证实有昭穆制度存在；二是西汉帝陵坐西向东，无法按昭穆排列；三是西汉实行"陵旁立庙"，宗庙既无昭穆序列，帝陵昭穆又从何谈起[65]。这些论据当是有说服力的。其实，西汉帝陵与商周那种"集中公墓制"不同，每座帝陵的陵园与茔域有相当的规模，各类建筑设施一应俱全，形成完善的管理功能，是一种"独立陵园制"。汉代"独立陵园制"在继承秦始皇陵园的基础上又有所发展，并奠定了以后两千多年帝陵陵园制度的基础[66]。

2．东汉帝陵

东汉十四代皇帝，其中少帝被废，废帝被贬，只修建了十二座帝陵，除献帝禅陵葬山阳（今河南焦作市）外，其余的十一陵均在都城洛阳附近。关于这些帝陵的具体方位，清代恭菘林曾考订东汉十一陵皆在邙山，并于陵前立碑为记，但多不可信。从唐章怀太子李贤注《后汉书》、宋徐天麟《东汉会要》引西晋皇甫谧《帝王世纪》等较早文献记载看，东汉帝陵以洛河为界可分为北南两大陵区。北区位于邙山山麓地带，即今洛阳西北的孟津县东，北起新庄、南到平乐的洛孟公路一线，分布有光武帝原陵、安帝恭陵、顺帝宪陵、冲帝怀陵、灵帝文陵；南区即今洛阳东南的偃师县大口和高龙乡一带，分布有明帝显节陵、和帝慎陵、章帝敬陵、殇帝康陵、质帝静陵、桓帝定陵。关于东汉帝陵的具体方位，迄今只对北区邙山五陵有过一些考察，但意见也不统一。陈长安认为：所谓今孟津县铁谢村俗称"刘秀坟"的大冢并非原陵，而是北魏孝文帝所筑的方泽坛，原陵应是新庄西南的刘家井大冢；今三十里铺村边的"大汉冢"是安帝恭陵；在其南的"二汉冢"为顺帝宪陵；"三汉冢"为冲帝怀陵；灵帝文陵在恭陵之西，即护驾庄西南的大土冢[67]。但又有学者根据刘家井发现有"建宁"、"熹平"纪年铭黄肠石，认为刘家井大墓是灵帝文陵[68]。也有学者主张光武帝原陵应在洛阳老城东北十里的蟠龙冢[69]。总之，由于洛阳建都朝代较多，洛阳附近特别是邙山一带大冢林立，目前还很难确定东汉帝陵的位置，还有待于今后进一步的勘察。从目前所发掘的东汉诸侯王墓看，东汉帝陵已经不使用"黄肠题凑"木结构墓,而是以"黄肠石"代替"黄肠木"。这种"黄肠石"在邙山一带常有出土,清代以来的金石学著作多有著录。黄肠石上刻有东汉帝王年号,是寻找帝陵方位的重要线索。

注　释

[1] (日)足立喜六:《长安史迹考》,商务印书馆1935年版。

[2] 俞伟超:《汉长安城西北部勘察记》,《考古通讯》1956年第5期。

[3] 王仲殊:《汉长安城考古工作的初步收获》,《考古通讯》1957年第5期;《汉长安城考古工作收获续记》,《考古通讯》1958年第4期。

[4] 唐金裕:《西安西郊汉代建筑遗址发掘报告》,《考古学报》1959年第2期。

[5] 中国科学院考古研究所汉城发掘队:《汉长安城南郊礼制建筑群发掘简报》,《考古》1960年第7期。

[6] 中国社会科学院考古研究所汉城工作队:《汉长安城武库遗址发掘的初步收获》,《考古》1978年第4期;李遇春:《汉长安城考古综述》,《考古与文物》1981年第4期。

[7] 中国社会科学院考古研究所:《汉长安城未央宫遗址》,科学出版社1996年版。

[8] 中国社会科学院考古研究所、日本奈良国立文化财研究所(中日联合考古队):《汉长安城桂宫二号建筑遗址发掘简报》,《考古》1999年第1期;《汉长安城桂宫二号建筑遗址B区发掘简报》,《考古》2000年第1期。

[9] 中国社会科学院考古研究所汉城队:《汉长安城窑址发掘报告》,《考古学报》1994年第1期;中国社会科学院考古研究所汉城工作队:《汉长安城1号窑址发掘简报》,《考古》1991年第1期;中国社会科学院考古研究所汉城工作队:《汉长安城23～27号窑址发掘简报》,《考古》1994年第11期;中国社会科学院考古研究所汉城工作队:《1992年汉长安城冶铸遗址发掘简报》,《考古》1995年第9期。

[10] 王仲殊:《汉代考古学概说》,中华书局1984年版。

[11] 李毓芳:《汉长安城未央宫骨签述略》,《人文杂志》1990年第2期;《略论未央宫三号建筑与汉代骨签》,《文博》1993年第2期;《汉长安城未央宫遗

址》发掘报告，科学出版社 1996 年版。

[12] 赵化成：《未央宫三号建筑与骨签性质初探》，《中国文物报》1995 年 5 月 14 日。

[13] 中国社会科学院考古研究所汉城考古队：《汉长安城窑址发掘报告》，《考古学报》1994 年第 1 期；《汉长安城 23～27 号窑址发掘简报》，《考古》1994 年第 11 期。

[14] 中国社会科学院考古研究所汉城考古队：《1992 年汉长安城冶铸遗址发掘简报》，《考古》1995 年第 9 期。

[15] 李毓芳：《汉长安城的手工业遗址》，《文博》1996 年第 4 期。

[16] 同 [4]。

[17] 黄展岳：《汉长安城南郊礼制建筑的位置及其有关问题》，《考古》1960 年第 9 期。

[18] 黄展岳：《关于王莽九庙的问题——汉长安城南郊一组建筑遗址的定名》，《考古》1989 年第 3 期。

[19] 王恩田：《"王莽九庙"再议》，《考古与文物》1992 年第 4 期。

[20] 胡谦盈：《汉昆明池及其有关遗存踏察记》，《考古与文物》1980 年创刊号。

[21] 姚生民：《汉甘泉宫遗址勘察记》，《考古与文物》1980 年第 2 期；《关于汉甘泉宫主体建筑位置问题》，《考古与文物》1992 年第 2 期。

[22] 秦建民等：《陕西发现以汉长安城为中心的两汉南北超长建筑基线》，《文物》1995 年第 3 期。

[23] 陕西省考古研究所：《西汉京师仓》，文物出版社 1990 年版。

[24] 陈直：《三辅黄图校证》，陕西人民出版社 1980 年版。

[25] 何清谷：《三辅黄图校注》，三秦出版社 1995 年版。

[26] 刘运勇：《西汉长安》，中华书局 1982 年版。

[27] 北京大学历史系考古教研室（俞伟超执笔）：《战国秦汉讲义》（上册，61 页、图四十六），内部铅印本，1973 年 6 月。

[28] 同 [7]。

[29] 同 [10]。

[30] 杨宽：《西汉长安布局结构的探讨》，《文博》1984 年第 1 期；《西汉长安城布局结构的再探讨》，《考古》1989 年第 4 期。

[31] 刘庆柱：《汉长安布局结构析辩——与杨宽先生商榷》，《考古》1987 年第 10 期；《再论汉长安城布局结构及其相关问题——答杨宽先生》，《考古》1992 年第 7 期。

［32］王仲殊：《汉代考古学概说·西汉的都城长安》，中华书局 1984 年版；马正林：《汉长安城形状辨析》，《考古与文物》1992 年第 5 期。

［33］李小波：《从天文到人文——汉唐长安城规划思想的演变》，《北京大学学报》（哲社版）2000 年第 2 期。

［34］同［22］。

［35］俞伟超：《中国古代都城规划的发展阶段性》，《先秦两汉考古学论集》，文物出版社 1985 年版。

［36］刘庆柱：《古代都城与帝陵考古学研究》，科学出版社 2000 年版。

［37］关于西周“成周”城及平王东迁后的“王城”遗址的地理位置有不同说法，一般认为在今洛阳市区，即汉代河南县城附近发现的东周城址。但有学者认为应在汉魏洛阳故城一带。参见周永珍：《关于洛阳周城》，《洛阳考古四十年》，科学出版社 1996 年版。

［38］阎文儒：《洛阳汉魏隋唐城址勘查记》，《考古学报》1955 年第 9 期。

［39］中国科学院考古研究所洛阳工作队：《汉魏洛阳城初步勘查》，《考古》1973 年第 4 期；中国社会科学院考古研究所洛阳汉魏队：《汉魏洛阳故城城垣试掘》，《考古学报》1998 年第 3 期；冯承泽、杨鸿勋：《洛阳汉魏故城圆形建筑遗址初探》，《考古》1990 年第 3 期。

［40］王仲殊：《汉代考古学概说·东汉的都城洛阳》，中华书局 1984 年版；段鹏琦：《汉魏洛阳城的几个问题》，《中国考古学研究——夏鼐先生考古五十年纪念论文集》，文物出版社 1986 年版；徐金星：《关于汉魏洛阳故城的几个问题》，《华夏考古》1997 年第 3 期。

［41］中国科学院考古研究所洛阳工作队：《汉魏洛阳城初步勘查》，《考古》1973 年第 4 期。

［42］王仲殊：《东汉的都城洛阳》，《汉代考古学概说》，中华书局 1984 年版。

［43］冯承泽、杨鸿勋：《洛阳汉魏故城圆形建筑遗址初探》，《考古》1990 年第 3 期。

［44］钱国祥：《汉魏洛阳故城圆形建筑遗址殿名考辨》，《中原文物》1998 年第 1 期。

［45］中国社会科学院考古研究所洛阳工作队：《汉魏洛阳城南郊的灵台遗址》，《考古》1978 年第 1 期；段鹏琦：《汉魏洛阳城的调查与发掘》，《新中国的考古发现和研究》，文物出版社 1984 年版。

［46］黄士斌：《汉魏洛阳城刑徒坟场调查记》，《考古通讯》1958 年第 6 期；中国科学院考古研究所洛阳工作队：《东汉洛阳城南郊的刑徒墓地》，《考古》

1972 年第 4 期。

[47] 王建新、毛利仁美：《前漢「後四陵」につじこの考察》，（日本）茨城大学
　　　考古学研究室 20 周年纪念文集《日本考古学の基础研究》2001 年 3 月。

[48] 王志杰等：《汉茂陵及其陪葬冢附近新发现的重要文物》，《文物》1976 年第
　　　7 期；咸阳市博物馆：《汉景帝阳陵调查简报》，《考古与文物》1980 年第 1
　　　期；李宏涛等：《汉元帝渭陵调查简报》，《考古与文物》1980 年创刊号；咸
　　　阳市博物馆：《汉平陵调查简报》，《考古与文物》1982 年第 4 期；石兴邦、
　　　马建熙等：《长陵建制及其有关问题——汉刘邦长陵勘察记存》，《考古与文
　　　物》1984 年第 2 期。

[49] 陕西省文管会等杨家湾汉墓发掘小组：《咸阳杨家湾汉墓发掘简报》，《文物》
　　　1977 年第 10 期。

[50] 咸阳市博物馆：《汉安陵的勘察及其陪葬墓中的彩绘陶俑》，《考古》1981 年
　　　第 5 期。

[51] 王学理、吴镇烽：《西安任家坡汉陵从葬坑的发掘》，《考古》1976 年第 2
　　　期。

[52] 咸阳地区文管会、茂陵博物馆：《陕西茂陵一号无名冢一号从葬坑的发掘》，
　　　《文物》1982 年第 9 期。

[53] 秦中行：《汉阳陵附近钳徒墓的发现》，《文物》1972 年第 7 期。

[54] 刘庆柱、李毓芳：《西汉诸陵调查与研究》，《文物资料丛刊》第 6 辑，1983
　　　年。

[55] 中国社会科学院考古研究所：《宣帝杜陵陵园遗址》，科学出版社 1996 年版。

[56] 陕西省考古研究所汉陵考古队：《汉景帝阳陵南区从葬坑发掘第一号简报》，
　　　《文物》1992 年第 4 期。

[57] 韩伟：《罗经石乎？太社乎？——西汉阳陵“罗经石”性质探讨》，《考古与
　　　文物》2001 年第 2 期。

[58] 陕西省考古研究所调查、钻探资料，待刊。

[59] 梁佐：《汉武帝茂陵与霍去病墓》，《文博》1985 年第 3 期；何汉南：《霍去
　　　病冢及石刻》，《文博》1988 年第 2 期。

[60] 同 [52]。

[61] 同 [53]。

[62] 刘庆柱、李毓芳：《关于西汉帝陵形制诸问题探讨》，《考古与文物》1985 年
　　　第 5 期；李毓芳：《西汉陵墓封土渊源与形制》，《文博》1987 年第 3 期；马
　　　正林：《咸阳原与西汉诸陵》，《人文杂志》1987 年第 2 期；刘伟：《西汉陵

寝概谈》，《中原文物》1985 年第 2 期。

[63] 北京大学历史系考古教研室：《战国秦汉考古》（上），1981 年铅印本。

[64] 李毓芳：《西汉帝陵分布的考察——兼谈西汉帝陵的昭穆制度》，《考古与文物》1989 年第 3 期。

[65] 焦南峰、马永赢：《西汉帝陵无昭穆制度论》，《文博》1999 年第 5 期；叶文宪：《西汉帝陵的朝向分布及相关问题》，《文博》1988 年第 4 期。

[66] 赵化成：《从商周"集中公墓制"到秦汉"独立陵园制"的演化轨迹》（摘要），北京大学古代文明研究中心编：《古代文明研究通讯》总第 5 期，2000 年 6 月。

[67] 陈长安：《洛阳邙山东汉陵试探》，《中原文物》1982 年第 3 期。

[68] 李南可：《从东汉"建宁"、"熹平"两块黄肠石看灵帝文陵》，《中原文物》1985 年第 3 期。

[69] 黄明兰：《东汉光武皇帝刘秀原陵浅谈》，《中州今古》1982 年第 2 期。

三 汉代诸侯王与列侯大墓的
发掘与研究

汉承秦制，实行二十等爵制，最高一级为列侯。实际上，在列侯之上还有诸侯王一级。楚汉相争之时，刘邦为分化瓦解项羽的势力，把各地的重要军事将领陆续封为诸侯王。西汉王朝建立后，由于社会经济凋敝，统治秩序尚待重建，汉高祖不得不维持原来的分王封侯的政策，"立二等之爵"[1]，封功劳大者为王，小者为侯。当时共分封了七个异姓诸侯王和一百四十多个列侯。后来，异姓诸侯王的势力逐渐对汉中央政权构成严重威胁，于是，汉高祖在吕后的协助下，除比较弱而不能谋逆的长沙王吴芮外，将其他六个异姓诸侯王逐一剪除，并改封同姓诸侯王。同姓诸侯王均是皇室子弟，同样势力强大，霸据一方，"大者跨州兼郡，连城数十，宫室百官同制京师"[2]，成为文、景时期中央王朝的严重隐患。文帝采纳"众建诸侯而少其力"之计[3]，景帝又行"削藩"之策，企图削弱诸侯王国势力。武帝时颁"推恩令"，使各王国分为若干小国，又"作左官之律，设附益之法，诸侯惟得衣食税租，不与政事"[4]。到此时，才缓解了各王国与中央皇权的尖锐矛盾。

西汉初期所封的列侯，多是跟随刘邦定天下的开国元勋，其后也只有诸侯王子弟等望室宗戚及少数重臣才能封侯。高祖曾下诏："重臣之亲，或为列侯，皆令自置吏，得赋敛。"[5]可见，初期的列侯有封邑，甚至有封国，也可自置官吏，其地位仅次于诸侯王。汉武帝在削弱诸侯王势力的同时，又借口列侯所献酎金分量和成色的不足，夺爵 106 人。至此，列侯虽有封邑或封国，但无治民之权，也只有衣食租税。

经过文、景、武三代对诸侯王及列侯的一系列削弱政策，使其势力日显衰落，加强了中央皇权。尽管如此，终汉之世，对皇亲国戚、达官显贵分王封侯的政策没变，一直到东汉时期仍然沿用。

关于汉代王侯的丧葬制度，在《汉旧仪》和《后汉书·礼仪志》中有专门记载，也散见于其他有关汉代历史的文献中。20 世纪 30 年代，杨树达著《汉代婚丧礼俗考》，比较系统地整理了文献材料，研究了汉代的丧葬制度。但当时可以与文献相印证的考古材料实在是寥寥无几。50 年代，发掘了为数极少的诸侯王墓或列侯墓，但比较多地发掘则是进入 70 年代之后的事。到目前为止，已发掘汉代诸侯王或王后墓 41 座，能确认的列侯或列侯夫人墓 17 座。随着考古资料的不断丰富，对诸侯王、列侯墓丧葬制度的研究也得以全面深入地展开，在墓葬形制演变、黄肠题凑葬制、殓服制度、随葬品制度、殉葬车马制度、墓上建筑制度以及有关丧葬礼仪等方面的研究，均取得了可喜的成果。

（一）汉代诸侯王墓

1.50 年代末至 60 年代初诸侯王墓的发掘与研究

1959 年，河北省文物工作队在河北定县北庄发掘了一座大型汉墓[6]，出土鎏金铜缕玉衣片，有些玉片的背面墨书"中山"二字，一件铜弩机上刻有"建武卅二年二月……"，又据其他一些石刻文字材料，推定此墓是东汉前期中山简王刘焉夫妇墓。

这是首次考古发掘的汉代诸侯王墓，第一次了解了东汉前期诸侯王墓独特的墓葬形制。该墓是一座以石材围固的竖穴土坑砖室墓，由斜坡墓道、耳室、墓门、甬道、前室、后室、回廊等部分组成，耳室、甬道、前室、后室、回廊均是砖筑券顶。在砖室外围筑一方形石墙，每边长 20 米，厚 1 米，高8.4 米。在砖室顶部又平铺石块三层，厚约 80 厘米。整座墓共用石材 4000 余块，大部分琢磨成方形，长宽各 1 米左右，厚约 25 厘米。发现 174 块石材上有铭刻或墨书题字，其内容多是石材的供地及工匠名。墓葬早年被盗，棺椁已毁，除残存数量不等的陶器、铜器、铁器及玉石器等随葬品外，还出土有属于两个个体的鎏金铜缕玉衣片 5000 余片。根据墓葬所在地望、墓葬的规模、形制以及石材、玉衣片、铜弩机上的铭刻题记等推断，此墓应是中山简王刘焉与其妻的合葬墓。

在当时发掘的大型汉墓有限的情况下，刘焉墓的形制颇为特殊，特别是在砖室外设回廊和石墙的做法，是汉墓中少见的一例，首次证实汉代诸侯王墓中所用的"黄肠石"葬制。《后汉书·中山简王刘焉传》载，刘焉死后，"发常山、钜鹿、涿郡柏黄肠杂木，三郡不能备。复调余州郡工徒及送致者数千人，凡征发摇动六州十八郡，制度余国莫及"。这样大肆征调各郡国黄肠木及工徒修陵墓的举动，与此墓石材刻铭包括数十个不同王国、郡、县等供材地名和工匠名的情况是非常吻合的，只不过范晔将"黄肠石"写成了"黄肠木"。在 20 世纪二三十年代，就有许多金石学家开始收藏黄肠石。端方著《陶斋藏石记》、周进著《居贞草堂汉晋石影》、罗振玉著《松翁近稿·汉黄肠石拓本跋》、王国维著《观堂集林·南越黄肠木刻字跋》、郭玉堂著《洛阳出土石刻时地记》等书中，对汉代的黄肠石都有收录和研究。被收录的一些黄肠石刻有年号及监造黄肠石的官吏，如"建宁五年三月十四日更黄肠椽王条主"、"熹平元年十月二十九日更黄肠椽王条主"等。罗振玉指出，这些刻有永初、阳嘉、元嘉、建宁、熹平等年号的石材，为东汉顺帝宪陵、桓帝宣陵、灵帝文陵所用之物。王国维也认为，这些石材即郑玄注《周礼·方相氏》所云"天子之椁，柏黄肠为里，而表以石"的汉代帝陵所用黄肠石。但这些黄肠石均是收集品，在墓内的实际建制并不清楚。中山简王刘焉墓的发掘，第一次证实了东汉诸侯王墓所用黄肠石的构筑形制。

关于汉代丧葬所用殓服玉衣，《汉书》、《后汉书》等文献中多有记载，一般称"玉匣"或"玉柙"，也称"玉衣"。《后汉书·礼仪志》记载了玉衣的使用制度：皇帝死后用"金缕玉柙"；"诸侯王、列侯始封、贵人、公主薨，皆令赠印玺、玉柙银缕；大贵人、长公主铜缕"。文献中虽记载了玉衣的使用制度，但并没有讲玉衣的具体形制。注家刘昭、颜师古、李贤注"玉衣"时，皆据卫宏《汉旧仪》所记的简略文字，可见汉以后的注家对玉衣的形制已不甚清楚了。

定县北庄刘焉夫妇墓出土5000余枚分属两个个体的玉衣片，首次明确地证实了东汉诸侯王及王后死后用玉衣的制度。所出为"鎏金铜缕"，虽不在文献所记的"金缕"、"银缕"、"铜缕"三等之列，但可能或相当于"金缕"，或相当于"银缕"。刘焉是光武帝刘秀少子，以诸侯王的身份用"银缕"，符合玉衣等级之制；如用"金缕"，则是皇帝的特赐。

由于50年代末只发掘了这一座诸侯王墓，只能初步了解东汉诸侯王墓的部分墓葬形制及所用玉衣制度，属于对诸侯王墓研究的初始阶段。

2.60 年代末至 70 年代诸侯王墓的发掘与研究

60 年代末至 70 年代，比较多地发掘了两汉诸侯王墓，对其研究也有了突破性的进展，主要集中于对诸侯王墓墓葬形制的认识及相关埋葬制度的探讨。

从这一时期发掘的西汉诸侯王墓形制看，主要是凿山为藏的崖洞墓和构筑"黄肠题凑"的竖穴坑墓两类。

1968 年发掘的中山靖王刘胜墓和王后窦绾墓[7]，属首次发现的诸侯王崖洞墓形制。两座墓营建于河北满城县西南的陵山主峰东坡接近山顶处。两墓墓口向东，南北并列，均向山内凿成山洞。刘胜墓全长 51.7 米，最宽处 65 米，最高处 7.9 米。两墓的形制、结构基本相同，全墓可分为墓道、甬道、南耳室、北耳室、前室和后室等部分。墓道为较长的斜坡式，填以石块和黄土。墓门以砖坯封堵，再用铁水浇铸成铁墙。墓门之后是甬道，在其两侧有对称的南北耳室。再往里是宽大的前室。前室和后室之间设有石门。刘胜墓的后室设在前室之西，窦绾墓的后室设在前室之南。在刘胜墓的甬道、南耳室、北耳室和前室以及窦绾墓的前室内，原建有瓦顶木结构的房屋，已塌毁。两墓的后室均是在岩洞中用石板建成的石屋，有门道、主室和侧室三部分。环绕刘胜墓的后室还开凿一周回廊（图一〇）。

从各室内随葬品的放置情况，可以看出这种崖洞墓设计的意图。刘胜墓的后室内于一侧设棺床，上置一椁一棺，墓主穿金缕玉衣。室内还放置许多珍贵物品，有鎏金银嵌玻璃"长乐食官"锺、鎏金银蟠龙纹"楚大官糟"锺、错金银鸟虫书壶、错金薰炉等铜器，有雕琢精美的玉器，有铜、铁兵器以及金饼

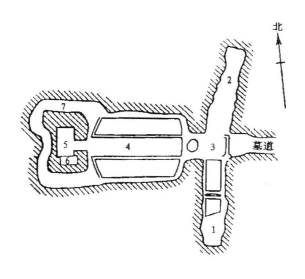

图一〇　满城中山靖王刘胜墓平面示意图
1.南耳室　2.北耳室　3.甬道　4.前室　5.主室　6.浴间　7.回廊

和大量五铢钱等。在小侧室内置有青铜沐盘、盛水铜罍、铜薰炉、铜灯等物，还有一件搓澡石和一件石男仆俑。小侧室象征沐浴之处。整个后室是仿自墓主生前卧居的后寝之所。前室内放置蒸煮食物用的鼎、釜、甑，盛酒用的锺、罍、壶，日常生活用的铫、盆、灯、薰炉等大量铜器，各种铁器、金银器、漆器和陶器，还有陶、石制作的侍从奴仆俑，以及出行时使用的仪仗。在中部位置张设两具帷帐，帷幕和木质帐架已朽烂，只有铜质帐构件。这些物品的放置，似表明此室象征墓主生前宴饮待客的前堂。前部的南耳室及甬道内放置车6辆，马16匹，狗11只，鹿1只。北耳室放置大量不同类型的陶器，有盛酒的大缸，装盛鱼肉、粮食的壶、瓮，还有鼎、釜、甑、盘、耳杯等炊器和饮食用具。耳室南部还有一盘石磨，磨旁有一具推磨牲畜的遗骸。从出土情况看，南耳室象征车马厩，北耳室象征仓厨库。窦绾墓随葬品的布置情况，与刘胜墓基本相似，只是随葬物品略少。

刘胜、窦绾二墓的形制，已摆脱了先秦的多重棺椁制度，是完全模仿生前所居前堂、后寝、左右仓厨和车马厩的形式设计的。这是自西汉开始的一种新的埋葬形式。

1972 年，在山东曲阜九龙山发掘的 4 座大型崖洞墓[8]，与刘胜墓、窦绾墓大体相似。共发现 5 座，东西并列，墓门皆向南，依山凿洞于半山腰处。发掘的 4 座，均由墓道、墓门、甬道、墓室和耳室组成。5 号墓较小，墓室为单室，余皆作前、后室。与刘胜墓、窦绾墓不同的是，前室两侧又各设二侧室，墓道、甬道侧共有四个耳室。墓道侧的二耳室主要放置 3 辆真车马，甬道侧的二耳室主要放置粮食、禽畜和食品。前室侧的四个侧室主要放置礼乐器、生活用具及钱币等。3 号墓封门塞石上刻有"王陵塞石广四尺"字样，殓服为银缕玉衣，又出有"王未央"、"王庆忌"铜印。发掘者据《汉书·景十三王传》推定该墓主是鲁孝王刘庆忌。这 4 座排列一致、形制相同的大型崖洞墓，应是西汉时期的鲁王或王后墓。其墓形也是仿自生前居室而设计的，只是车马厩、仓厨室、储藏室比刘胜墓、窦绾墓增多了一些。

"黄肠题凑"葬制，是 70 年代发现的西汉诸侯王墓所用的另一种墓形。这一时期先后发掘了黄肠题凑墓共 8 座，即北京大葆台广阳顷王刘建夫妇并穴墓、河北定县八角廊中山怀王刘修墓、石家庄小沿村赵王张耳墓、长沙陡壁山吴姓长沙王后曹嬿墓、象鼻嘴吴姓长沙王墓、江苏高邮天山广陵厉王刘胥夫妇并穴墓[9]。这些墓的发掘，印证了文献所记西汉大贵族所用黄肠题凑葬制。其主要特征是用大量规整的枋木垒筑方形木墙，又在枋木墙内构筑椁室、棺室等。大概因地域或时期的不同，各墓的具体构筑形式又有些差异。

据现有的考古材料，汉代黄肠题凑葬制以 1978 年发掘的河北石家庄小沿村汉初赵王张耳墓为最早。由于该墓被盗，保存不好，只能据痕迹知其大概。竖穴土坑内置有棺椁，为一椁二棺。木椁四周与椁壁呈垂直方向垒筑枋木墙，木头皆向内。其他葬制不甚清楚。

1973 年发掘的河北定县八角廊中山怀王刘修墓，属西汉中期。整个竖穴墓室呈“凸”字形，分成墓道、前室、后室三部分。前室用大木构成，内部又用立木横向分隔成左、中、右三室。右室放置三辆实用真车马，象征车马厩；左室放置大量生活用陶器，象征炊厨室；中室放置四辆偶车马饰件。后室最外围是枋木垒筑的方形木墙，内部又用木板分隔成前堂、后室和左右室。前堂放置铜器等，后室置五层套棺（也可能是二椁三棺），棺内殓服为金缕玉衣。左右室中放置大量的丝织品、漆器、竹简等。

1974~1975 年发掘的北京大葆台广阳顷王刘建夫妇墓，属西汉后期。刘建墓的葬具保存比较好。最外部用大木构成两层外回廊，外回廊内是用 15000 余根枋木垒筑的方框形木墙，枋木长 90 厘米，宽厚都为 10 厘米，木头皆向内。木墙之内用木板从三面围筑棺室，内置二椁三棺。棺室与木墙形成内回廊。棺室前为前室，残存有漆床、陶器及各种食品等，在内外回廊内残存有陶器、俑、车马饰件、马、豹等。在墓道内又有用大木板构成的椁室,内置三辆实用真车马(图一一)。广阳顷王王后墓的形制与刘建墓相似。

南方的长沙王墓和广陵王墓葬具保存得也比较好。西汉文景时期的长沙象鼻嘴长沙王墓,所用黄肠题凑形制比较清楚。在竖穴岩坑底部先铺白膏泥,再铺大木板作为整个椁室的底,上部筑有内、外两层椁室和棺室,形成两层回廊,外回廊以隔门分隔成 12 室及前部的门室,内回廊以隔门分隔成 7 室和前堂。棺室内置三层套棺。在整个椁室的外围用长 150 厘米左右、宽 20~33 厘米的 908 根柏木枋叠垒于外椁四周,形成巨大的框形枋木墙。前壁正中留出甬道,也用大木板构成,前与墓道相通(图一二)。长沙陡壁山曹𡢖墓与此墓基本相似。

高邮广陵王刘胥夫妇墓葬制较为复杂。两墓东西并列,坐北朝南。封土残高 5~6 米。墓地上遍布汉代瓦片,推测原有陵园、寝庙一类建筑。两墓均为设有一条墓道的竖穴岩坑墓。刘胥墓深 24 米。在墓底先铺碎石、夯土、木炭,再用大木铺筑成整个椁室的底。紧贴墓圹四壁并立木板形成外椁墙。在外椁墙之内用长 94 厘米、宽厚各 40 厘米左右的枋木筑成框形木

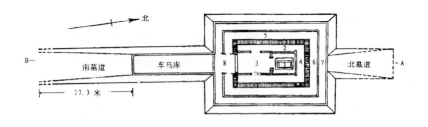

图一一 北京大葆台 1 号墓平面示意图

1. 棺椁 2. 棺房 3. 前室 4. 内回廊 5. 黄肠题凑 6、7. 外回廊 8. 过道

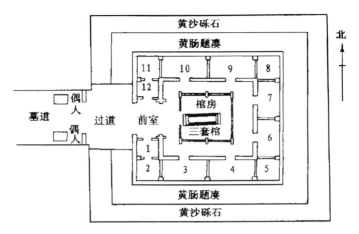

图一二 长沙象鼻嘴1号墓平面示意图

1~12. 外回廊分隔的藏室

墙。木墙与外椁墙之间形成宽 1.6~1.7 米的外回廊，或称外椁房。框形木墙之内又筑有三层椁房和棺房。紧贴木墙内壁的椁房又分隔成 15 间小房，每间小房均设门楣、门框、门槛和双扇门。在双扇木门上漆书"食官第×内户"、"中府第×内户"等字样。内两层椁房呈回廊形式。中央棺房分前后两部分，后部置二套棺；前部为前室，前后设门。刘胥之妻墓的形制与刘胥墓基本相同，但规模略小。没有外回廊，框形木墙内的椁房间数较少。在木墙南壁到墓道尽端处用木板筑成车马库，内置车马器具。墓主身着金缕玉衣，又有"广陵私府"封泥和木牍出土。木牍中有一枚墨书"六十二年八月戊戌"字样。据《汉书·诸侯王表》，广陵王中在位超过六十二年的只有第一代王刘胥（在位六十三年），据此推定，此二墓为刘胥夫妇墓。

　　根据这些墓葬材料，学者们研究了有关"黄肠题凑"的一系列葬制内容。鲁琪的《试谈大葆台西汉墓的"梓宫"、"便房"、"黄肠题凑"》、单先进的《西汉"黄肠题凑"葬制初探》、刘德增的《也谈汉代"黄肠题凑"葬制》等论文，均对"黄肠题凑"葬制作了专门研究[10]。"黄肠题凑"一名，最初见于《汉书·霍光传》，记述了霍光死后，汉宣帝赐其"璧、珠玑、玉衣、梓宫、便房、黄肠题凑各一具，枞木外藏椁十五具。"颜师古注引苏林曰："以柏木黄心致累棺外，故曰黄肠。端头皆向内，故曰题凑。"据此可知，这一葬制主要包括"黄肠题凑"、"梓宫"、"便房"、"外藏椁"等部分，是汉代皇帝、皇后、诸侯王、王后等大贵族用的葬制。对于"黄肠题凑"、"梓宫"、"外藏椁"，论者观点基本一致。"黄肠题凑"即上述墓中用枋木构筑的框形墙，经鉴定的北京大葆台刘建墓所用黄肠木确是柏木。这种框形墙所用木质及构筑方法与苏林所释完全相符。"梓宫"即梓木制成的棺。《汉书·霍光传》颜师古注云："以梓木为之，亲身之棺也。为天子制，故亦称梓宫。"同制京师的诸侯王也可用天子之制，大葆台刘建墓的外椁和外棺是用梓属楸木制成，正可视为梓宫。又颜师古注引服虔云："外藏椁"是"在正藏外，婢妾之藏也，或曰厨、厩之属也"。"外藏"是对"正藏"而言，"正藏"是指放置梓宫的藏室，即内椁室。那么，诸侯王墓中用以存放车马、禽兽、金帛、食品、用具及陶、木俑等的外椁室或外回廊即为外藏椁。对于"便房"的认识，意见不一。鲁琪最初认为墓中的前室为"便房"，主要据《后汉书·礼仪志》载皇帝参加丧葬仪式时的一段内容："羡道开通，皇帝谒便房。太常导至羡道，去杖，中常侍受，至柩前，谒，伏哭止如仪。"认为皇帝"谒便房"，"至柩前"，

即"梓宫"之前，也就是前室为"便房"。鲁琪后来又认为
"凹"字形的内回廊为"便房"[11]。俞伟超先生认为，墓的
"正藏"之内分明堂、后寝和"便房"，那么，只有棺室两侧的
侧室或内回廊为"便房"[12]。单先进认为内椁和棺室总称为
"便房"，主要依据《汉书·霍光传》及如淳注在叙述这些葬具
顺序时，"便房"是处于"梓宫"和"黄肠题凑"之间，而黄
肠题凑墓中的内椁与棺室正处在"黄肠题凑"和"梓宫"之
间。又颜师古注"便房"为"小曲室"，黄肠题凑内的"凹"
字形内椁房正像曲室形。刘德增、黄展岳则据《汉仪注》所记
天子陵中"内梓宫，次楩椁，柏黄肠题凑"之文，认为内椁或
棺房是用楩木作成，故称"便（楩）房"或"便（楩）
椁"[13]。虽然对便房的认识还没有定论，但总的看来，经过
70 年代的考古发现和研究，已基本了解了诸侯王所用"黄肠
题凑"葬制。

这一时期发现的东汉诸侯王墓有两座，一是 1969 年发掘
的河北定县北陵头中山穆王刘畅夫妇墓[14]，一是 1970 年发掘
的江苏徐州土山彭城王或王后墓[15]。定县北陵头中山穆王刘
畅夫妇墓，是一座东汉晚期的大型砖券墓。由墓道、墓门、甬
道、左右耳室、前室、中室和二后室组成。二后室象征刘畅夫
妇各居的后寝，中室象征前堂，前室则象征庭院。这种三室砖
券墓是东汉后期普遍流行的，不仅诸侯王是这样，二千石的官
吏墓也多用三室者。如河北望都一号墓为前、中、后三室及两
侧耳室[16]，望都二号墓为前后五室和两侧八耳室。内蒙古和
林格尔新店护乌桓校尉墓，是前、中、后三室和三个耳室[17]。
另外，河南密县打虎亭弘农太守墓、山东沂南的相当于千石官
吏的画像石墓等，均筑成前、中、后三室墓[18]。从以上几座

大型墓的形制看，东汉后期，从诸侯王到二千石甚至千石的官吏，均用三室或多室墓。说明此时期随着各地方官吏和豪强势力的发展，诸侯王势力的衰落，其葬制也几乎相同了。

徐州土山墓是东汉晚期的砖石合砌墓，由墓道、墓门、甬道、前室、后室组成，与东汉中晚期的大型双室砖墓无别。只是墓石整齐划一，多刻文字，并有"官十四年省"字样。墓中出银缕玉衣一套。这些又表现出墓主的特殊身份。根据墓葬所在地域及随葬品所提供的年代范围，推测该墓为东汉晚期的某代彭城王或王后墓。

通过 70 年代对两汉诸侯王墓的发掘和研究，基本上了解了诸侯王墓墓葬形制的发展演变情况，对其特殊的丧葬制度也有了较为清楚的认识。

3. 80 年代至 90 年代诸侯王墓的发掘与研究

80 年代至 90 年代，又先后发掘了大批两汉诸侯王墓，进一步充实了对诸侯王墓丧葬制度的认识。

这一时期发掘的西汉诸侯王墓有：江苏徐州龟山楚襄王刘注夫妇墓、徐州东洞山楚王夫妇并葬墓、徐州北洞山楚王墓、徐州狮子山楚王墓、徐州驮篮山楚王墓、河南永城芒砀山保安山梁孝王刘武夫妇并葬墓、芒砀山柿子园梁王墓、芒砀山僖山楚王或王后墓、山东昌乐菑川王后墓、长清双乳山济北王墓、长沙望城坡长沙王后渔阳墓、广州象岗山南越王墓[19]。从这些诸侯王和王后墓的形制看，除了 70 年代发现的崖洞墓、黄肠题凑墓外，还有石室墓和木椁墓。并且楚王和梁王的崖洞墓比中山靖王刘胜墓、鲁孝王刘庆忌墓更为复杂。

1981～1995 年间，在徐州附近共发掘 8 座楚王或王后墓，均为凿山为藏的崖洞墓，以北洞山楚王墓、狮子山楚王墓、龟山楚襄王刘注夫妇墓的规模最大，结构最复杂。

北洞山楚王墓的时代属西汉前期，由于墓内出土四铢半两而不出五铢钱，墓主应是文、景至武帝前期的某代楚王。墓全长 66.3 米以上。墓道露天开凿，由南至北分为三段。中段墓道两侧壁凿有七个小龛，龛内共放置侍卫俑、仪仗俑 222 个，象征守卫。北段两侧壁有二耳室。再向北开凿山洞，山洞全长 21.3 米，洞口设墓门，门后设甬道，甬道两侧各凿一侧室。甬道向北直通前室、后室。前室东北角有走廊，走廊北侧设二厕间。在中段墓道东壁北端凿出通道台阶，通往 11 个露天开凿的石室。从出土遗物看，这 11 个石室应是车马库、仓库、饮食库和庖厨之属，也即"外藏室"（图一三）。从被盗后所遗的玉衣片看，墓主是用金缕玉衣。

狮子山楚王墓的时代也属西汉前期。全长 117 米。墓道也分三段，在中段墓道的北端东侧底部发现一座陪葬墓，墓内出有一枚"食官监印"铜印，墓主应是负责楚王饮食的官员。该墓西侧墓道壁下还发现彩绘陶俑 25 件。后段墓道上方为天井，是汉墓中仅见的一例。在天井下墓道两侧凿有三个耳室。从天井向北开凿山洞，洞口设墓门，门内接甬道、前室、后室及四侧室、二陪葬室。二陪葬室内陪葬的是二女性。此墓早年被盗，仅天井下三耳室幸免，出土遗物 2000 余件。其中最引人注目的有官印和封泥 240 多枚，玉器 200 多件，半两钱 20 余万枚。从出土遗物看，三耳室、四侧室应是御府库、钱库、兵器库、炊厨库、贮藏库、杂物库。与其他诸侯王墓不同的是，该墓前室象征寝室，室内一侧筑出棺床，尚存镶玉漆棺一具，金缕玉衣一袭。后室则象征宴饮乐舞之室。另外，在狮子山墓地之上还有陵园、寝园一类的建筑遗迹。在陵园外有陪葬墓和

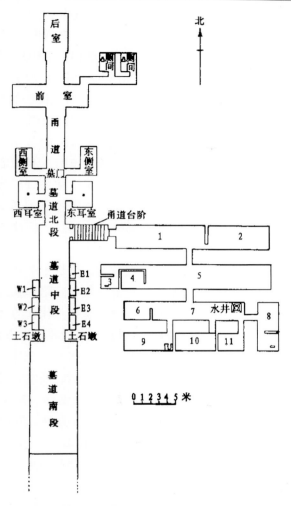

图一三　徐州北洞山汉墓平面示意图

E1～E4、W1～W3.仪卫室　　1、2.武库　　3、4.盥洗室　　5.宴乐室

6、7.炊厨　　8.厕间　　9、11.饮食库　　10.凌阴

陪葬坑。已发掘二座兵马俑坑，出土兵马俑 2300 多件。

龟山楚襄王刘注夫妇墓，实际上是由两座南北并列的墓连接而成，是诸侯王夫妇墓由并穴合葬至同穴合葬的过渡形制。二墓结构基本相同，均由墓道、甬道、前室、中室、后室和若干侧室、耳室组成。南墓全长 82.5 米，北墓全长 83.5 米。二条墓道均露天开凿，斜坡式，各长 10 余米。甬道和墓室全部凿筑在山腹中。两墓除耳室外，其他各室都有瓦顶木构房屋，而且都有排水沟槽。北墓的前室与南墓的中室之间有壸门过道相通，使二墓构成一体（图一四）。从残存的器物和禽畜果品判断，前中后室象征前庭、中堂、后寝，耳室、侧室为车马库、仓库、饮食库、庖厨室之属。由于南墓出土"刘注"龟钮银印一方，遂确认南墓墓主为刘注，北墓墓主是其夫人。刘注是第六代楚王，卒于武帝元鼎元年（公元前 116 年），谥为襄王。

河南永城芒砀山是西汉梁国王陵，有数代梁王葬于此。已发现大型陵墓区八处，其中保安山是梁孝王刘武及其王后的陵墓区。梁孝王刘武是汉文帝之子，卒于景帝中元六年（公元前 144 年）。梁孝王妻李后可能卒于武帝元朔六年（公元前 123 年）前不久。梁孝王陵及王后陵是目前发现的最大诸侯王陵，在许多方面都是模仿的西汉帝陵。梁孝王陵位于保安山南峰，王后陵位于北峰，两墓相距约 200 米，以山为陵，墓顶都有封土，并发现大面积的建筑遗迹。整个陵区用夯土筑成平面近方形的大型陵园，南北长约 900 米，东西宽约 750 米。在东门外还有类似门阙的建筑遗迹。在梁孝王陵的东部有一大型寝园遗址，由围墙、前朝、后寝、廊庑等多组建筑组成，出土的大量建筑用瓦上模印有"孝园"二字。在寝园之东还有许多大、

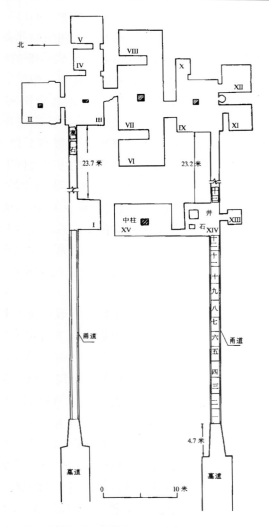

图一四　徐州龟山汉墓平面示意图

Ⅰ～ⅩⅤ.墓室　一～十三.塞石

中、小型陪葬墓。

两墓均是开凿在山岩之中的大型崖洞墓，由墓道、甬道、耳室、主室、回廊及许多侧室构成。梁孝王墓的甬道两侧有三个耳室、一个侧室。甬道后通主室，主室两侧有六个侧室，四周凿成回廊，回廊四角有四个角室。墓内原有木构建筑。由于墓室早年被盗，发现时已空无一物，各室的性质已难以判断。估计耳室可能是车马之室，各侧室应是库藏室，或有饮食室、沐浴室及厕间等。李后墓比梁孝王墓规模还要大，由东西两墓道、三甬道、前庭、前室、后室、回廊及三十个侧室构成。墓道及前庭是露天开凿，前庭北壁有两个侧室，其石门阈底面分别刻有"东车"、"西车"，此应是车马厩室。在东甬道两侧有四个侧室，出有成束的剑、镞等兵器及车马器，此应是前藏室。东甬道向里进入前室，根据甬道塞石上多刻有"东宫东南旁第×"等字样判断，前室即为"东宫"，室内原有瓦顶木结构建筑，并清理出了大量釉陶器、陶器等生活用具，此"东宫"象征墓主人饮宴待客之所。在"东宫"两侧有六个侧室，应是庖厨或贮藏之室。前室与后室之间为中甬道，两侧有四个侧室，四室之内被盗掘已空，从中甬道的位置及各侧室的布局结构看，此四室可能是放置大型礼器的内藏室或中藏室。中甬道通入后室，后室四周有一近方形回廊，并附设九个侧室。据西甬道各侧室门道塞石上多刻有"西宫西南旁第×"等字样，此后室即为"西宫"，象征墓主的后寝之所，其他各室应为寝卧室、更衣室、沐浴室、厕间及贮藏室等。"西宫"西部是西甬道和西墓道，甬道两侧附设六个侧室，各室器物多盗掘已空，有的仅剩车马饰件及"半两"钱等。以此推测，西甬道各室应属后藏之室。不难看出，此种墓结构完全是模仿墓主人生前的宫殿建筑。

从 80 年代以来发掘的徐州楚王墓和永城梁王墓来看，这种凿山为藏的崖洞型诸侯王墓，在文景时期就很盛行了。《史记·文帝本纪》载文帝遗诏曰："霸陵山川因其故，毋有所改。"由此推测，文景时期出现的诸侯王崖洞墓，应是仿效文帝霸陵因山为藏的葬制。陵墓又有陵园、寝园、陪葬坑、陪葬墓等，也应是仿效西汉帝陵。

这一时期发掘的黄肠题凑墓，只有长沙咸家湖望城坡西汉前期的吴姓长沙王后渔阳墓。墓葬形制基本与 70 年代发掘的象鼻嘴墓和陡壁山墓相似。在该墓题凑木墙上，首次发现"题凑"木的自名刻文。毫无疑问，这种短木垒筑的木墙确是《汉书·霍光传》所说的黄肠题凑。

西汉晚期，还发现了以石材代替黄肠木的黄肠石墓，反映了诸侯王墓中一种新型葬制开始出现。如河南永城僖山一号墓，是一座凿山竖穴石坑墓。地面上有 10 余米高的封土。有一条墓道，墓道后段用 408 块塞石封堵，大部分石块上刻有文字，内容为石块的方位、编号和工匠的姓名等。墓室是用方形石块垒砌成四壁，墓口用 14 块长条石封盖。这种石筑石墙代替了木质黄肠题凑，演变成为黄肠石墓。据墓内出土金缕玉衣及精美鎏金器、玉器等推测，这应是一座西汉末期的梁王墓。

山东长清双乳山西汉武帝时期的济北王墓，则是凿山竖穴石坑木椁墓。葬具是二椁三层套棺，沿用先秦的棺椁旧制。

1983 年发掘的广州象岗山南越王墓，是岭南地区的一种独特葬制。据墓中所出印章（图一五）推知，墓主是第二代南越王"赵眜"，卒于汉武帝元朔至元狩年间（公元前 128～前 117 年）。此墓是一座大型竖穴岩坑石室墓，整个墓室用红砂

图一五　广州象岗南越王墓出土的玺印

岩石板砌筑，只是前室两侧耳室掏洞而成。分前后两部分，共七个室。前部为前室、东耳室、西耳室；后部四室，有主室、东侧室、西侧室，在主室的后端隔出一个后藏室。主室内置一椁一棺，棺内墓主着丝缕玉衣。东侧室内有三至四个殉人，出有多枚夫人之玺，此室为婢妾藏室。西侧室主要放置两类物品，一类是墓主享用的牺牲，另一类是各类器物，另外还有殉人七具。据缄封陶器口的封泥篆书"厨丞之印"四字，此室是庖丁厨役之室。后藏室内放置铜、陶器皿一百余件，多饮食器皿之类，有鼎、釜、瓿、鍪、鉴、蒜头壶、提筒及陶瓮、罐等，器皿中多盛满猪骨、牛骨、鳖甲、介壳等，并出有不少篆书"泰官"的封泥。泰官乃是掌管皇帝饮食和朝廷设宴之官吏。那么，后藏室乃象征墓主的饮宴之所。前室遗物多属木车构件，大概原来随葬三辆车及一些车具，另有殉人棺一具，出有"景巷令印"龟钮铜印一枚。"景巷令"殉人可能是仿效汉廷詹事属官"永巷令",掌南越王室家事。前室顶部、门楣、门扉及四壁都绘有卷云纹,此室可能象征庭院,备车马以出行。东耳室主要放置乐器,钮钟14件,甬钟5件,铙8件,编磬两套18件。铜铙上刻有"文帝九年乐府工造第×"字样。《汉书·百官公卿表》载,乐府属少府,此当为南越王之乐府,职掌礼乐,此室象征礼乐宴饮之室。西耳室放置物品最多,有铜礼器、生活用器、兵器、车马饰、金银玉饰、丝织品等,总计500余件。此室象征贮藏之室。研究者指出,南越王墓的结构布局与其他诸侯王墓既有相似之处,但也表现出了南越王国的独特葬制。

80年代以来发掘的东汉诸侯王一级的墓有4座,即东汉前期的江苏邗江甘泉山广陵思王刘荆夫妇合葬墓、山东临淄金岭镇齐炀王刘石墓、东汉中期的河南淮阳北关陈顷王刘崇墓、东汉晚期的山东济宁任城王或王后墓[20]。通过对这几座墓的发掘与研究,再结合以前发掘的几座东汉诸侯王墓,东汉诸侯王墓墓葬形制的发展演变规律基本理清。

邗江甘泉山2号墓中出有"广陵王玺"龟钮金印,一件铜雁足灯上铭文有"山阳邸"和"建武廿八年造"等字样,则此广陵王应为明帝永平元年(公元58年)由山阳王徙封为广陵王的刘荆。刘荆是光武帝刘秀的第九个儿子,明帝时几度谋反,败露后于永平十年(公元67年)被迫自杀。该墓为大型砖券墓,由墓道、墓门、甬道、前室、二棺室和回廊组成。前室为横长方形,与二棺室、回廊之间无间隔;二棺室在墓室中部偏后,砌筑二个砖券室,后面无间隔;在二棺室的左、右、后三面形成回廊。

临淄金岭镇 1 号墓被推断为东汉前期的齐炀王刘石墓。墓葬形制与广陵王刘荆夫妇墓相似，也为大型砖券墓，由墓道、封门、甬道、左右耳室、前室、主室（即棺室）和回廊组成。比刘荆墓多出左右耳室，主室为一个完整的大砖券室。另外，在甬道、前室、主室及回廊内侧均平铺基石一周，此应是象征性铺筑的黄肠石。此种形制至东汉晚期还沿用，如山东济宁任城王或王后墓的格局与金岭镇 1 号墓相似，只是整个墓室用石材筑成。

以上三墓的平面布局与河南唐河新莽始建国天凤五年（公元 18 年）郁平大尹冯孺人墓相类似[21]。东汉皇族发起于河南南阳地区，东汉前期诸侯王墓应是吸取了西汉末至王莽时期南阳地区豪族墓葬的形制特点。另外，此三墓与 50 年代发掘的河北定县北庄中山简王刘焉墓的中部砖室格局也基本相同，只是没有外围的黄肠石。总的看来，东汉前期诸侯王墓的主要特点是外围设回廊的前后室砖券墓，有没有黄肠石，大概是依墓主的财力、物力及实际地位等原因来决定的。

东汉中期的河南淮阳北关陈顷王刘崇墓的墓葬形制，可以把东汉前后期诸侯王墓的演变轨迹衔接起来。该墓也是带回廊的砖石多室墓，由墓道、墓门、甬道、左右耳室、前室、后室和回廊组成。四周是砖券回廊，回廊四角及东、西、北三面设有七个长方形券室，有券门与回廊相通。回廊中部沿中轴线筑有甬道、左右耳室、前室和后室。石块用于铺地，垒砌甬道壁和后室内壁，也没有像定县北庄刘焉墓那样的外围黄肠石墙。这是一种全新的形式，也是一种承前启后的形式。外部单独砌筑的砖券回廊，实际上也是仿黄肠题凑葬制中的回廊，只是西汉用黄肠木，东汉前期用黄肠石，此时则用砖券筑成。而中部的左、右耳室和前、后室，则是自西汉后期以来中层官吏所用的墓葬形制。不难看出，这是一种早期诸侯王墓葬制与中层官吏墓葬制的结合形式。至东汉后期的诸侯王墓，外部的回廊取消，中部则变成了前、中、后三室墓。这样，从墓葬形式上也就模糊了诸侯王与地方豪族墓葬的界限。

（二）汉代列侯墓

1.50 年代至 60 年代列侯墓的发掘与研究

这一时期对列侯墓的认识，是从出土的玉衣片开始的。1954 年，江苏睢宁九女墩一座东汉晚期的前、中、后三室画像石墓出土 200 余枚玉片，但当时报道者并没有认定为玉衣，而推测为一般的服饰之物。直到 1958 年，李蔚然对九女墩玉片的用途进行考察，对照文献记载，认为这些四角有孔的方形玉片，即文献记载的汉代"玉匣"，"推测九女墩墓为诸侯王大贵人或长公主同等级的墓葬"[22]。从而首次以考古实物印证了汉代高级贵族丧葬所用的玉衣，但此墓究竟是哪一等级并没有确定。

50 年代最早确定的列侯墓是邯郸郎村西汉墓。郎村汉墓是 1946 年发现的，1958 年才报道[23]。墓葬形制已不清楚。所出玉片穿孔内残留铜绿，应是铜缕玉衣。同出有"刘安意印"铜印。《汉书·王子侯表》载，刘安意是赵敬肃王刘彭祖之孙，汉景帝之曾孙，嗣封为象氏侯，死于汉昭帝始元六年（公元前 81 年）。又《汉书·地理志》载，巨鹿郡有象氏县，为侯国。刘安意为象氏侯嗣侯，用铜缕玉衣，与文献所记制度相符。

这一时期发现的相当于列侯等级、出土玉衣片的东汉墓除睢宁九女墩汉墓外，还有山东东平王陵汉墓、河北望都二号汉墓等[24]。睢宁九女墩汉墓、望都二号汉墓、东平王陵汉墓均出有铜缕玉衣片。从三墓的形制看，九女墩是前、中、后三室画像石墓；望都二号汉墓为前后五室，另有八个耳室，实际上是前、中、后三室中的前、后室一分为二，与中室一起为五室；东平王陵汉墓为前、后二室附左右耳室。这三座墓尤其是前二墓，在东汉时期是比较大的墓型。据望都二号墓所出买地券记载，墓主是太原太守刘公，可能是皇族。推测东平王陵汉墓是被封为列侯的东平王刘苍子孙的墓。睢宁九女墩汉墓出土铜缕玉衣及所用三室墓形，墓主身份不会低于另外两座墓，可能也属列侯或皇族。

总之，50年代至60年代对列侯墓的认识还是相当模糊的。

2.70年代列侯墓的发掘与研究

70年代，西汉时期的列侯墓有非常重大的发现，有陕西咸阳杨家湾绛侯周勃（或周亚夫）夫妇并穴合葬墓、河北邢台南曲炀侯刘迁墓、湖南长沙马王堆轪侯利仓家族墓、安徽阜阳双古堆汝阴侯夏侯灶夫妇并穴合葬墓等[25]。另外，广西贵县罗泊湾两座汉墓，据其规模及墓内文字材料，墓主的身份也相当于列侯[26]。对比这些列侯墓的形制，发现黄河流域、长江流域和岭南地区不尽相同，各有特点。

1970～1976年发掘的咸阳杨家湾汉墓（编号为4号墓、5号墓）可作为黄河流域列侯墓的代表。位于高祖长陵的东部，应是长陵的陪葬墓。两座墓南北并列，形制相似，都有高大的封土，墓道呈曲尺形，墓坑与墓道的边壁设有多级台阶。4号墓墓室平面近方形，长、宽各约20米，深24.5米，墓道长

80余米。墓室和墓道内有复杂的木构建筑，连同棺、椁全部遭焚毁，原形制已不清。在墓道内和墓道外有用砖或木垒砌成的陪葬坑18个，计车马坑5个、陶器坑3个、兵马俑坑10个。研究者认为，这座墓也有"正藏"和"外藏"之分，墓室应是"正藏"，而18个陪葬坑应是"外藏椁"。两墓均出土银缕玉衣片。根据两墓的规模及葬制，墓主地位不会低于列侯。有人依北魏郦道元《水经注》所记方位，推测为汉初绛侯周勃（或周亚夫）夫妇墓。

1978年发掘的邢台南曲炀侯刘迁墓的规模比较小。刘迁是清河纲王之子，汉昭帝始元六年（公元前81年）封为南曲侯，在位三十年，卒于汉宣帝甘露三年（公元前51年）。该墓为长方形竖穴土坑墓，只有一个墓室，东西长7.05米，南北宽2.85米。四壁平砖砌墙，木板盖顶。墓室前有墓道。在墓室南1.5米处有一随葬牛、猪的陪葬坑。刘迁虽为列侯，但其地位无法与开国元勋周勃或周亚夫相比。因此，该墓规模比杨家湾汉墓小得多，只是墓内出土金缕玉衣残片表明其特殊身份。

1972～1974年发掘的长沙马王堆轪侯利仓家族墓，是长江流域最具代表性的列侯墓。2号墓出土"长沙丞相"、"轪侯之印"和"利仓"3颗印章，表明该墓墓主即轪侯利仓本人。据《汉书》记载，利仓是汉惠帝二年（公元前193年）以长沙王国丞相受封为轪侯，死于吕后二年（公元前186年）。1号墓发现年龄50岁左右、保存完好的女性尸体，墓内又出"妾辛追"名章，墓主应是利仓的妻子。3号墓墓主遗骸属30多岁的男性，可能是利仓儿子的墓葬。据所出木牍，3号墓下葬年代为汉文帝十二年（公元前168年）。三座墓的形制基本相同，均是上有封土、下设墓道的竖穴土坑木椁墓。1号墓的规

模最大，墓口长 20 米，宽 17.9 米。墓口下有四层台阶，再下
是斗形墓坑，墓底长 7.6 米，宽 6.7 米，深 16 米。巨大的椁
室构筑于墓坑底部正中。椁室平面呈井字形，中间是棺室，四
周隔出头箱、足箱、左边箱、右边箱。椁底承托三条垫木。椁
室上下四周填塞木炭和白膏泥。棺室内置四层漆绘套棺。内棺
盖板上覆盖帛画一幅。棺内死者仰身直肢，全身裹殓各式衣
着、衾被及丝麻织物共二十层。随葬器物集中放置于四个边箱
中，有漆器、衣物、陶器、竹木器、木俑、乐器、铜镜、农畜
产品、食品、瓜果、中草药、竹简和印章等，总数 1000 余件。
2 号墓和 3 号墓规模略小，2 号墓只用了二层棺，3 号墓用了
三层棺。3 号墓出土大批帛书和竹简，则是空前的重大发现。

　　马王堆汉墓葬制与北方地区的汉墓有所不同，学者对其进
行了深入研究。总的来看，马王堆汉墓比较多地继承了先秦礼
制及楚国的葬俗。如椁四周填白膏泥、椁内分箱等均是楚国的
传统。《礼记》等文献对先秦棺椁使用制度多有记载，但汉唐
经学家对其注释并不十分清楚。由于马王堆汉墓保存完好的棺
椁的出土，我们才真正理解了文献中的记述。俞伟超先生对马
王堆汉墓所用棺椁制度作了考证[27]，认为一号墓用了先秦
"诸公"的二椁四棺之制，说明西汉前期长沙王国的贵族仍沿
用先秦旧制。并指出，由外至内的四层棺正是《礼记》所载的
"大棺"、"属棺"、"椑棺"和"革棺"之名。1 号墓内棺上的
帛画，研究者多认为即遣册中所记的"非衣"，实际上应是
"三礼"所载用于表明死者名份的"铭旌"[28]，也是先秦旧制。
据《仪礼·士丧礼》、《礼记·丧大记》记载，先秦丧仪中有将死
者用多层衣衾包裹后再加以捆扎的"绞衾"制。对于这一葬
制，历代注释家都没有解释清楚，而马王堆汉墓则首次提供了

例证。1号墓女尸身上，先着丝锦袍和麻布单衣，脚穿青丝履，面盖酱色锦帕，又用丝带将两臂及两脚捆扎起来。然后包裹十八层衣衾，再用丝带横束九道。此正是"绞衾"之制。后来在江陵马山、九店战国楚墓中也发现了"绞衾"实例[29]。俞伟超先生还对马王堆汉墓用鼎制度进行了研究，根据遣册所记，认为1号墓用了大牢九鼎一套、七鼎二套和陪鼎三套，是用的先秦上卿之礼[30]。总之，通过对马王堆汉墓的研究，大大促进了对"周制"、"楚制"和"汉制"的了解。

1978年发掘的阜阳双古堆汝阴侯夏侯灶夫妇墓，形制与马王堆汉墓有些类似，也是竖穴土坑木椁墓。1号墓主夏侯灶是汉初名将夏侯婴之子，死于汉文帝前元十五年（公元前165年）。2号墓的墓主应是夏侯灶的妻子。两墓东西并列，墓道向南，上有高大封土，椁室四周及上下填有木炭和青膏泥。1号墓的椁室南北长6.2米，东西宽3.8米。椁室中部偏南处有一道横隔板，把椁室分成前后两部分，棺床置于后部中间，棺两侧则成为两侧室。前室、两侧室及棺后部放置随葬品。2号墓的椁室比1号墓略小，结构相似。两墓均被盗，棺木已朽，尸骨无存，葬式已不清，但并没有残留北方地区王侯墓所用的玉衣片。总的来看，双古堆汉墓与马王堆汉墓属同一类型。只是棺椁结构略有差异。

1976年和1979年先后发掘的广西贵县罗泊湾两座汉墓，具有岭南地区的特点。2号墓出土"夫人"玉印和"家啬夫印"封泥。据《汉书》记载，汉代皇帝之妾、列侯之妻称夫人；侯王有家令，列侯有家丞。研究者认为，此墓墓主有可能是赵氏王国派驻本地的相当于王侯一级官吏的配偶，也有人认为两墓是西瓯君夫妇墓。两座均属大型竖穴土坑木椁墓。尤其

1号椁室结构复杂，椁室用木板隔成前、中、后三部分，前、中部分各隔成三个椁箱，后部隔成六个椁箱。前部中室置一具殉葬棺，东西边箱出有漆器、竹笥、木尺、果核等。中部的中室已空，东边箱堆积大量木炭，西边箱出土大量木牍、漆器、果核种子等。后部中间为棺室，内置双层套棺。东边箱有殉葬棺一具，随葬有木梳、木尺、玉璧等。西边箱出铜镜、木瑟等。后部三个箱，出土铜镞、木鼓、六博棋盘、耳杯、漆盘等。椁室底下有7个陪葬坑，殉葬7人，1男6女。在陪棺北端，还有两个器物坑，出土大量随葬品。2号墓的结构略简单些。两墓的形制受到楚文化的影响。随葬品虽也有中原文化的因素，但更主要的是体现了当地越文化的独特风格。

70年代发现的东汉列侯墓不多，能确定的只有安徽亳县董园村曹侯墓[31]。1974～1977年，在亳县元宝坑、董园村、马园村、袁牌坊等地发掘了5座曹氏墓。墓的形制基本相同，规模都很大，为砖石结构的多室墓，由前室、中室、后室以及数量不等的耳室组成。董园村2号墓全部用石块砌成，其余4座除墓门为石结构外，墓室都用砖砌筑而成。部分墓室残存彩绘壁画，有些墓门的门扉、门框、门额为画像石。墓均被盗，只残留一些随葬品。马园村2号墓出土有"曹宪"、"曹宪印信"铜印。比较重要的是，在元宝坑1号墓和董园村1号墓发现300余块带字墓砖，内容有的是记录砖的数量、造砖的时间，有的是记曹氏宗族成员或地方官吏的姓名等。所见曹氏宗族成员姓名有曹腾、曹褒、曹炽、曹鼎、曹勋、曹鸾等。刻字中所见纪年，有延熹七年（公元164年）和建宁三年（公元170年），都属东汉晚期。董园村1号墓出土银缕玉衣和铜缕玉衣各一套，墓砖刻字有"曹侯"字样，有人认为可能是东汉桓帝时封为费亭侯的曹腾夫妇合葬墓。2号墓的规模更大，并葬以铜缕玉衣，墓主身份也应相当于列侯。通过对曹氏宗族墓的发掘，更进一步证实了，列侯墓与诸侯王墓发展到东汉晚期，在埋葬制度方面已没有太大差别。

（三）关于诸侯王与列侯墓的综合研究

由于两汉诸侯王墓考古资料的不断丰富，学者们开始对这类墓进行综合性或专题性的研究。

80年代初，俞伟超先生对诸侯王墓墓葬形制的发展演变作了系统的阐述[32]。将这类墓划分出前后发展的三个阶段。论证了西汉前期诸侯王墓实行的"梓宫"、"明堂"、后寝、"便房"、"黄肠题凑"的"正藏"与"外藏椁"这种汉制的产生及其渊源，认为汉初的"汉制"是由"周制"演化而来，它们的基本制度即模拟的内容是一致的，而其表现形式则发生了一定的变化。从汉武帝至东汉前期，诸侯王墓基本是两种发展系统，即凿山为藏的崖洞墓和穿土为圹的"黄肠题凑"墓。着重指出，崖洞墓的格局同样是由"明堂"和后寝形式的"正藏"与左右耳室形式的"外藏"构成。"黄肠题凑"墓大体继续汉初形式，只是到后期出现用石材作"题凑"的形式。东汉后期，诸侯王墓与地方豪强墓的形制已相混淆，基本上是用砖砌筑前、中、后三室之制。表明当时的强宗豪右几乎可随便使用原来的诸侯王之制。并指出这一变化的社会根源，是由于东汉后期大土地所有制的膨胀，地方豪强势力的极度发展所致。俞伟超先生大体上理清了诸侯王墓墓葬形制的发展轨迹。

高崇文对长沙王墓和南越王墓的特点及形成的诸因素进行

了研究[33]。认为吴姓长沙王墓所用"黄肠题凑"葬制，既反映了与中原诸侯王墓葬制的统一性，也表现出了许多特殊的方面。如长沙王墓题凑之内的回廊均为分室形式，象鼻嘴墓外回廊分了12个室，内回廊分了7个室；陡壁山墓和望城坡墓的回廊都分为4个室。这种回廊分室的形式，应与战国时期楚墓椁内分室的形式有关。还有一些特点也表现出楚制的传统。如长沙王墓所用的套棺，其外棺棺盖均作弧形，战国楚墓正是流行弧形棺；陡壁山墓发现有雕花笭床，这种葬具在楚墓中也是比较流行的。广州象岗山南越王墓也有浓厚的地方风格，如墓室分成前后两部分，后部又纵向并排分成三室的平面布局，与两广地区西汉前期的大型木椁墓的形制是一致的；墓内随葬品的放置、各室的用途以及殉人情况，与广西贵县罗泊湾汉墓也大体相似。这些特点应是本地传统文化因素所造成的。就多数墓葬的特点而言，在长沙地区，是汉制之中糅以楚制，以楚制为主。在两广地区，则是一种汉制、楚制、越制的融合体，尤以百越葬制糅以楚制为其特色。

李如森、刘振东对汉代诸侯王墓中的外藏椁进行了专门研究[34]。认为外藏椁一词虽晚至汉代才见诸文献，但它的实际存在则可溯源到殷商时代。商代晚期的大墓中多有大量殉人，一般置于墓圹内的棺椁之外、二层台、墓道或墓外。相对于墓主棺椁的正藏系统，已具备了外藏特征。另外，这类大墓还流行殉葬车马，多在墓道内或墓外单独坑而葬，也具备了外藏椁的特征。至春秋战国时期，有些大墓如山东莒南大店镇莒国国君墓、河北平山中山王墓，在棺椁之外或墓室之外另筑椁室，内置礼器、宴饮用品或车马船等，已经成为规整的外藏椁。至汉代，外藏椁已成为皇帝、诸侯王等大贵族丧葬制度中不可缺少的一部分。

高崇文还对西汉诸侯王墓外藏椁中的车马殉葬制度进行了探讨[35]。西汉早中期，仍沿袭先秦殉葬真车马旧制，一般均埋葬三辆真车马，形成了一套特定礼制。这三辆真车马的性质，应是承袭先秦丧葬过程中载死者旌旗、衣冠等物至墓穴的乘、道、槀三魂车。

卢兆荫对汉代玉衣制度进行了研究[36]。认为玉衣的出现可能是在西汉文景时期，但严格的分级使用制度尚未形成。根据文献记载，当时皇帝和王侯的玉衣都可以使用金缕。出土资料中，西汉诸侯王、列侯的玉衣多数是金缕的，但也有使用银缕、铜缕、丝缕者。到了东汉时期，玉衣分级使用的制度已经确立。《后汉书·礼仪志》记载了东汉时期的玉衣使用制度，皇帝使用金缕玉衣，诸侯王、列侯始封、贵人、公主使用银缕玉衣，大贵人、长公主使用铜缕玉衣。考古发现的东汉玉衣，其等级制度与《后汉书·礼仪志》所载基本相符。玉衣是汉代皇族的专用殓服，而外戚、宠臣皆非皇族，有些虽为列侯，也需要朝廷特赐才能使用玉衣，这在当时属于一种特殊的礼遇。

黄展岳对汉代诸侯王墓进行了综合性的论述，是目前对诸侯王墓收集资料最全的[37]。文章分门别类地梳理了各类型墓的发展变化规律，并对某些丧葬制度提出了新的见解，对全面了解诸侯王墓的丧葬制度有一定的参考价值。

注　释

[1]《汉书·诸侯王表·序》。
[2] 同 [1]。

[3]《汉书·贾谊传》。

[4] 同［1］。

[5]《汉书·高帝纪》。

[6] 河北省文化局文物工作队:《河北定县北庄汉墓发掘报告》,《考古学报》1964 年第 2 期。

[7] 中国社会科学院考古研究所等:《满城汉墓发掘报告》,文物出版社 1980 年版。

[8] 山东省博物馆:《曲阜九龙山汉墓发掘简报》,《文物》1972 年第 5 期。

[9] 北京市古墓发掘办公室:《大葆台西汉木椁墓发掘简报》,《文物》1977 年第 6 期;河北省文物研究所:《河北定县 40 号汉墓发掘简报》,《文物》1981 年第 8 期;石家庄市图书馆文物考古小组:《河北石家庄市北郊西汉墓发掘简报》,《考古》1980 年第 1 期;长沙市文物局文物组:《长沙咸家湖西汉曹㜮墓》,《文物》1979 年第 3 期;湖南省博物馆:《长沙象鼻嘴一号西汉墓》,《考古学报》1981 年第 1 期;梁白泉:《高邮天山一号汉墓发掘记》,《文博通讯》第 32 期,1980 年;《高邮天山二号汉墓的秘密被揭开》,《新华日报》1980 年 5 月 26 日。

[10] 鲁琪:《试谈大葆台西汉墓的“梓宫”、“便房”、“黄肠题凑”》,《文物》1977 年第 6 期;单先进:《西汉“黄肠题凑”葬制初探》,《中国考古学会第三次年会论文集》,文物出版社 1981 年版;刘德增:《也谈汉代“黄肠题凑”葬制》,《考古》1987 年第 4 期。

[11] 鲁琪:《北京大葆台汉墓·结语》,文物出版社 1989 年版。

[12] 俞伟超:《汉代诸侯王与列侯墓葬的形制分析》,《先秦两汉考古学论集》,文物出版社 1985 年版。

[13] 黄展岳:《释“便房”》,《中国文物报》1993 年 6 月 20 日。

[14] 定县博物馆:《河北定县 43 号汉墓发掘简报》,《文物》1973 年第 11 期。

[15]《徐州土山东汉墓清理简报》,《文博通讯》第 15 期,1977 年。

[16] 北京历史博物馆等:《望都汉墓壁画》,中国古典艺术出版社 1955 年版。

[17] 内蒙古自治区博物馆文物工作队:《和林格尔汉墓壁画》,文物出版社 1978 年版。

[18] 河南省文物研究所:《密县打虎亭汉墓》,文物出版社 1993 年版;曾昭燏等:《沂南画像石墓发掘报告》,文化部文物管理局 1956 年版。

[19] 南京博物院、铜山县文化馆:《铜山龟山二号西汉崖洞墓》,《考古学报》1985 年第 1 期;南京博物院:《铜山龟山二号西汉崖洞墓一文的重要补充》,

《考古学报》1985 年第 3 期；徐州博物馆：《江苏铜山县龟山二号西汉崖洞墓材料的再补充》，《考古》1997 年第 2 期；徐州博物馆：《徐州石桥汉墓清理报告》，《文物》1984 年第 11 期；徐州博物馆等：《徐州北洞山西汉墓发掘简报》，《文物》1988 年第 2 期；狮子山楚王陵考古发掘队：《徐州狮子山西汉楚王陵发掘简报》，《文物》1998 年第 8 期；《徐州市驮篮山西汉墓》，《中国考古学年鉴》（1991 年）第 173 页，文物出版社 1992 年版；河南省文物考古研究所：《永城西汉梁国王陵与寝园》，中州古籍出版社 1996 年版；潍坊市博物馆等：《山东昌乐县东圈汉墓》，《考古》1993 年第 6 期；山东大学考古系等：《山东长清县双乳山一号汉墓发掘简报》，《考古》1997 年第 3 期；宋少华、李鄂权：《西汉长沙王室墓发掘概述》，中国考古学会第九次（1993）年会论文；《长沙发掘西汉长沙王室墓》，《中国文物报》1993 年 8 月 22 日；广州市文物管理委员会等：《西汉南越王墓》，文物出版社 1991 年版。

[20] 南京博物院：《江苏邗江甘泉二号汉墓》，《文物》1981 年第 11 期；山东省文物考古研究所：《山东临淄金岭镇一号东汉墓》，《考古学报》1999 年第 1 期；周口地区文物工作队等：《河南淮阳北关一号汉墓发掘简报》，《文物》1991 年第 4 期；济宁市博物馆：《山东济宁发现一座东汉墓》，《考古》1994 年第 2 期。

[21] 南阳地区文物队等：《唐河汉郁平大尹冯君孺人画像石墓》，《考古学报》1980 年第 2 期。

[22] 李蔚然：《江苏睢宁九女墩汉墓出土玉牌用途的推测》，《考古通讯》1958 年第 2 期。

[23] 黎晖：《玉衣片》，《文物参考资料》1958 年第 11 期。

[24] 山东省博物馆：《山东东平王陵山汉墓清理简报》，《考古》1966 年第 4 期；河北省文化局文物工作队：《望都二号汉墓》，文物出版社 1959 年版。

[25] 陕西省文管会、博物馆等：《咸阳杨家湾汉墓发掘简报》，《文物》1977 年第 10 期；河北省文物管理处：《河北邢台南郊西汉墓》，《考古》1980 年第 5 期；湖南省博物馆等：《长沙马王堆一号汉墓》，文物出版社 1973 年版；湖南省博物馆等：《长沙马王堆二、三号汉墓发掘简报》，《文物》1974 年第 7 期；安徽省文物工作队等：《阜阳双古堆西汉汝阴侯墓发掘简报》，《文物》1978 年第 8 期。

[26] 广西壮族自治区博物馆：《广西贵县罗泊湾汉墓》，文物出版社 1988 年版。

[27] 俞伟超：《马王堆一号汉墓棺制的推定》，载《先秦两汉考古学论集》，文物出版社 1985 年版。

[28] 金景芳：《关于长沙马王堆 1 号汉墓帛画的名称问题》，《社会科学战线》1978 年创刊号。

[29] 湖北省荆州地区博物馆：《江陵马山一号楚墓》，文物出版社 1985 年版；湖北省文物考古研究所：《江陵九店东周墓》，科学出版社 1995 年版。

[30] 俞伟超：《马王堆一号汉墓用鼎制度考》，载《先秦两汉考古学论集》，文物出版社 1985 年版。

[31] 安徽省亳县博物馆：《亳县曹操宗族墓葬》，《文物》1978 年第 8 期。

[32] 俞伟超：《汉代诸侯王与列侯墓葬的形制分析》，载《先秦两汉考古学论集》，文物出版社 1985 年版。

[33] 高崇文：《西汉长沙王墓和南越王墓葬制初探》，《考古》1988 年第 4 期。

[34] 李如森：《汉代"外藏椁"的起源与演变》，《考古》1997 年第 12 期；刘振东：《中国古代陵墓中的外藏椁》，《考古与文物》1999 年第 4 期。

[35] 高崇文：《西汉诸侯王墓车马殉葬制度探讨》，《文物》1992 年第 2 期。

[36] 卢兆荫：《试论两汉的玉衣》，《考古》1981 年第 1 期；卢兆荫：《再论两汉的玉衣》，《文物》1989 年第 10 期。

[37] 黄展岳：《汉代诸侯王墓论述》，《考古学报》1998 年第 1 期。

四　汉代中小型墓葬的发掘与分区、分期研究

两汉国祚久长、幅员辽阔、经济富庶、人口众多，世人又重视丧葬，因而，遗留下来的墓葬数量极多。迄今为止，经科学发掘的汉墓就有数万座，除帝陵尚未全面揭露外，其他上自王侯，下至平民，各等级墓葬都已为数不少。

20 世纪初至 40 年代末，近代田野考古学刚刚传入我国，考古发掘的重点集中在史前及商周时期，而汉墓的发掘无论是数量还是地域范围都很有限。自 1905 年起至二战结束，伴随着日本对中国东北乃至华北和长江中下游的侵占，日本人对辽宁南部的旅顺、大连、金州和山西阳高等地的汉墓进行了一些发掘，以后陆续出版了《牧羊城》、《南山里》、《营城子》、《阳高古城堡》等报告[1]。与此同时，从 1909 年起还对平壤附近乐浪郡时代的汉墓进行了有计划的发掘，此后出版了《乐浪王光墓》、《乐浪彩箧冢》、《乐浪——五官掾王旴の坟墓》、《乐浪郡时代の遗迹》等考古报告[2]。我国学者这一时期则有前中央研究院、北平研究院在河南辉县、汲县、安阳、陕西宝鸡、四川彭山、重庆等地发掘了 100 多座汉墓。其中，苏秉琦先生在宝鸡斗鸡台发掘的 10 多座汉墓发表了全部资料[3]。李文信先生曾调查过辽阳北园壁画墓和发掘沈阳南湖汉墓群[4]。

新中国建立后，中央和省地县相继成立了文物管理和考古研究机构，各地零星暴露以及基本建设工程中发现的大量汉墓得到及时清理。据不完全统计，在 50 年代初至 70 年代前期，经科学发掘的汉墓总数已在万座以上。这其中，除去一些王侯豪强大型墓外，中小型墓则以洛阳烧沟汉墓[5]、长沙汉墓[6]的发掘最为重要。综合研究方面，70年代初，俞伟超执笔编写的北京大学考古专业《战国秦汉考古》讲义，首次对汉墓进行了全面的整理与分析。该讲义尽管未正式出版，但铅印本流传较广（80年代又经过修订），在以后的较长时间里一直是人们认识汉墓的最基本的参考书[7]。

　　70年代后期至20世纪末，"文革"政治运动结束后，同其他学科一样，考古学也迎来大发展时期。各地发掘的汉墓数量成倍地增长，除《考古》、《文物》、《考古学报》等十多种文物考古类杂志发表了大量的汉墓资料外，还出版了十多部汉墓发掘报告。其中，中小型汉墓报告有《广州汉墓》[8]、《上孙家寨汉晋墓》[9]、《内蒙古中南部汉墓》[10]、《尹湾汉墓简牍》[11]、《陕县东周秦汉墓》[12]、《西安龙首原汉墓》[13]、《荆州高台秦汉墓》[14]、《罗州城与汉墓》[15]等。汉代诸侯王、列侯大型墓葬的发掘，让人们领略到汉代文明的灿烂辉煌；而中小型汉墓的大规模发掘，又为认识汉代区域文化特征、建立地区分期编年奠定了基础。汉墓资料的大量积累，使得综合研究跃上新的台阶。迄今，国内外发表的各类研究汉墓及其出土文物的论文数百篇，专著十余部，内容涉及汉墓的分区、分期，重要墓葬年代与墓主的考订，汉代丧葬礼俗与制度的探讨，汉墓出土文物研究等。就汉墓的综合研究而言，80年代中国社会科学院考古研究所编著的《新中国的考古发现和研究》[16]、《中国大百科全书·考古卷》[17]、王仲殊的《汉代考古学概说》[18]对汉墓进行了概括性的论述。90年代，山东大学、南京大学、四川大学分别出版了各自的《战国秦汉考古》讲义，其中有关汉墓的内容不仅更为充实，而且在分区、分类、分期研究方面也更加细化[19]。吉林大学李如森的《汉代丧葬制度》一书，囊括大量资料，对汉墓进行了全面、系统的梳理[20]。韩国河的博士学位论文《秦汉魏晋南北朝墓葬制度研究》，侧重从纵向观察汉晋墓制的源流演变[21]。汉墓出土文物研究方面，日本学者林巳奈夫于 80 年代著有《汉代的文物》一书，对汉代若干类墓葬出土文物进行了归纳考证[22]。90 年代，孙机更囊括大量资料，完成《汉代物质文化资料图说》一书。这两本书是汉代文物研究的集大成之作。

汉墓所涉及的内容很多，本书前两章中，已经就帝陵、诸侯王列侯大墓的发现与研究做了综述，本章则侧重介绍汉代中小型墓葬的发掘及分区、分期研究成果。所谓中小型汉墓，是指王侯身份以下的墓葬。其实，许多地方豪强葬埋逾制，其墓葬规模也是巨大的，这种情况尤以东汉中晚期为甚。

1．以洛阳为中心的中原地区汉墓

狭义的中原地区主要是指现在的河南省大部、山西省南部一带。其中，汉墓发掘较为集中，且分期编年研究较为深入的有洛阳汉墓、晋南秦汉墓等。

洛阳地处中原腹地，西汉时期为河南郡治所在，也是关中东出的门户，东汉更一跃为首都。两汉时洛阳经济发达，人口繁盛，因而遗留下来的汉墓数量很多。迄今已经发掘的有 3000 多座，其中见之于报道的有：1953 年在烧沟发掘的 225 座；1953～1955 年中州路（西工段）和汉代河南县城城垣附近的 50 座；1954 年涧西周山的 81 座；1955 年涧西十六工区等处 80 余座；1957～1958 年洛阳金谷园和七里河的 217 座；1957～1959 年洛阳烧沟等地再次发掘 200 多座；1984 年在偃师县杏园村发掘 27 座；历年来零星报道的有 20 多座。此外，已发掘但尚未发表资料的还有 2000 多座[23]。

1953 年洛阳烧沟发掘两汉墓葬 225 座，1959 年由蒋若是主持编写的《洛阳烧沟汉墓》出版。报告对这批汉墓进行了系统的类型学研究，建立了洛阳地区两汉墓葬分期编年序列。由于两汉时期各地文化统一性的加强，因而烧沟汉墓分期不仅可作为中原汉墓分期断代的一把标尺，同时对其他地区也具有重要的参考价值。尤其是对汉代钱币、铜镜的最初研究，更具有普遍意义[24]。洛阳汉墓在狭义的中原地区具有一定的代表性（图一六），如其中的空心砖墓，以洛阳、郑州、新郑、密县、巩县、禹县为中心，广泛分布于河南境内的十多个县市，邻近的晋南一带也有发现。这种空心砖墓最早出现于战国晚期郑州一带的韩地，西汉时期成为中原地区特有的一种墓葬形制[25]。但是，中原其他地区在西汉时期也有原来的文化传统的延续以及后来形成的具有地域特点的葬制。如洛阳以西的陕县及晋南一带，西汉前期墓有较多的秦文化因素，文化特征与关中地区更为接近，而这里空心砖墓较少见，洞室木椁墓延续时间相对较长；南阳一带，自西汉中期以降，画像石墓流行；河南北部的安阳一带也不见空心砖墓。洛阳地区东汉中晚期墓中流行的朱书解除文，除陕西关中外，很少见于中原其他地区。尽管如此，自西汉中期以降，中原其他地区的汉墓与洛阳地区还是有着相当多的共性。

位于晋南侯马曲沃的天马—曲村遗址是晋国早期都城所在，1980～1989 年在发掘两周时期晋国墓葬的同时，也发掘了 82 座秦汉墓葬。发掘报告将其分为六期十三段，年代从战国末期到东汉晚期，其中绝大多数为西汉墓[26]。天马—曲村

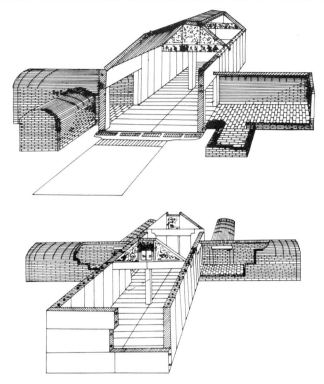

图一六 洛阳烧沟 61 号墓墓室结构示意图

秦汉墓可作为晋南西汉墓断代的一把标尺，至于东汉墓还有待
今后的工作。与洛阳汉墓相比，这里空心砖墓甚少，竖穴土坑
和洞室的木椁或木棺墓延续时间较长；秦代前后和西汉前期墓
普遍随葬茧形壶等具有秦文化特征的器物。这些特点，正与秦
人占领该地区较早，并有大量秦移民有关。

2．关中汉墓

陕西关中汉墓发掘的历史可追溯至 30 年代，前北平研究

院苏秉琦在宝鸡斗鸡台发掘先周与周代墓葬的同时，还清理了十多座汉墓[27]。新中国成立后，关中汉墓发掘的地点很多，但直到 80 年代前期，仍多是一些零星的随工清理，缺乏像洛阳烧沟那样大规模的揭露。80 年代后期至 90 年代，为配合基建工程，由多家考古单位分别在汉长安城郊区一带先后清理了近 2000 座汉墓，但这一大批汉墓资料多数尚在整理之中[28]。最近，西安市文物保护考古所编著的《西安龙首原汉墓》出版，该报告重点报道西汉早期的墓葬资料，是计划中三部报告之一的甲编。相信随着乙编、丙编以及其他地点汉墓发掘报告的问世，将会对关中汉墓有一个更加全面的认识。关于关中汉墓的综合研究，呼林贵的《关中两汉小型墓简论》、刘军社的《常兴汉墓的分期》、韩国河、程林泉的《关中西汉早期中小型墓析论》、侯宁彬的《陕西汉墓形制试析》等[29]，从不同角度对关中汉墓进行了探讨。韩国河的硕士学位论文《关中汉墓的研究》，在大量掌握第一手资料的基础上，为建立关中汉墓的分期编年作出了积极贡献[30]。

关中汉墓与洛阳汉墓相比，西汉时期存在明显差别，如竖穴木椁墓和洞室木椁墓可延续至西汉中期，小砖券顶墓出现稍早，并在西汉中晚期逐步流行，空心砖墓只偶尔发现几座；随葬陶器中，仓、灶在文景时期就已流行，这是承袭秦文化的风尚。此外，釉陶器出现于西汉中期，早于洛阳及其他地区（图一七）。总之，关中在西汉时期为首都所在，一些新的丧葬礼俗与制度首先在这里兴起，尔后才传播至洛阳及关东地区。但关中汉墓也受到洛阳汉墓的较多影响，特别是东汉时期洛阳成为首都后，应当是更多地影响了关中。

3. 河西及青海东部地区汉墓

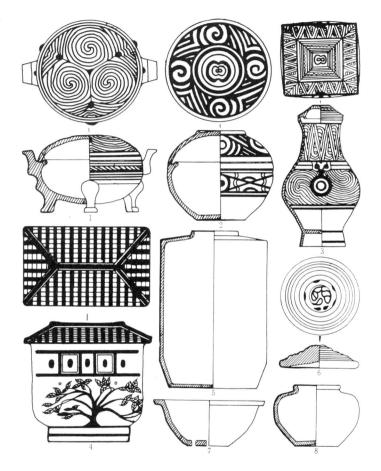

图一七 西安白鹿原西北医疗设备厂M2出土器物

1.陶鼎 2.陶盒 3.陶钫 4.陶房仓 5.陶缸 6.陶饼 7.陶甑 8.陶瓿

　　甘肃河西走廊在先秦时期为羌、戎居地，西汉前期为匈奴所占。汉武帝时，取得了对匈奴作战的胜利，为隔离匈奴与羌人的联系，断匈奴右臂，遂在该地区构筑边塞、驻军屯垦，并设置武威、张掖、酒泉、敦煌四郡。武帝以后乃至东汉，汉王朝继续经营这一地区。因而，河西地区汉墓墓主多为中原移民及其后代，其墓葬特点与中原特别是关中地区较为相似。

河西地区自 50 年代后半期以来，先后发掘汉墓一百多座，其中以武威、酒泉较多，时代从西汉晚期延续至东汉晚期，多数为东汉墓[31]。由于河西的气候较为干燥，一些墓随葬的丝绸、简牍、木器、纸张等保存较好。需要说明的是，河西地区以及下文将要谈到的青海东部地区，汉末至魏晋墓葬较多，其形制、随葬品大体沿袭中原汉墓的传统。如洛阳和关中东汉墓葬中常见的朱书解除文，至魏晋时期已经绝迹，但在河西敦煌一带却流行起来；又如中原魏晋墓趋向单室构筑，但这里多室砖墓仍然盛行等。究其原因，中原地区战乱频繁，经济凋敝，葬俗也随之发生了较大的变化，而相对安定的河西及青海东部则延续原来的文化传统，或者有一部分中原居民为躲避战乱，迁徙至河西地区，带来了中原地区的葬俗。

两汉时期的青海主要是羌人居住的区域，也有一部分匈奴人、月氏人杂居其间。汉武帝时，汉朝势力进入湟中，并在湟水流域设县，隶属陇西郡。又置护羌校尉，驻临羌县。昭帝时分置金城郡。宣帝时又在西宁一带设西平亭，并设金城属国管理诸羌。后来还在乐都设破羌县，在湟源设临羌县，在贵德设榆中县等。王莽时在青海湖以东的三角城设立西海郡，后废，东汉永元年间（公元 89～105 年）复置。随着郡县的设置，以及汉朝在此屯垦戍边，青海东部一带又有许多汉人移民居住。

青海汉代考古起步较晚，但成绩却很显著。近五十年来，共调查发现 200 多处汉至魏晋时期的遗址、墓地和城址，并在大通、互助、乐都、西宁、湟中、平安等地清理了 200 余座汉墓。其中大通县上孙家寨发掘的 182 座汉至魏晋初期的墓葬，已经整理出版了报告，为青海汉代墓葬的分期与编年树立了标尺[32]。

上孙家寨汉晋墓总体上是沿着中原墓葬的变化轨迹而发展的，特别是与关中及甘肃河西更为接近，但某些新葬俗明显晚于中原或与中原有所不同。此外，上孙家寨汉晋墓还有浓厚的土著文化特点：如夹砂陶器、双耳器较为发达；在西汉墓葬中，仍存在着当地青铜文化中流行的二次扰乱葬、截肢葬、俯身葬的葬俗；普遍盛行殉牲风俗；随葬品较为简陋等。

上孙家寨东汉晚期乙 M1 曾出土"汉匈奴归义亲汉长"铜印，直接表明墓主人的族属与身份。但上孙家寨汉晋墓的族属，相当部分可能是汉化了的羌人，还有与羌人风俗相同的"月氏胡"，也可能有汉人，汉末魏晋初则有归化的匈奴别部"卢水胡"等。

4. 北方长城地带汉墓

北方长城地带大体包括今内蒙古中南部以及宁夏、陕西、山西、河北的北部地区。两汉时期，汉王朝在抵御匈奴、屯垦戍边的三四百年间，在这一广大地区筑长城、置郡县、修障塞，留下了诸多的古城和墓葬遗存。其中汉墓发掘较多、编年序列清楚的以内蒙古中南部汉墓和山西北部朔县汉墓为代表。

内蒙古中南部地区的范围北起阴山南麓，南抵晋陕，东接张北坝上草原，西迄鄂尔多斯高原西北的河套平原，行政区划上包括伊克昭盟和乌海市全境，以及巴彦淖尔盟、包头市、呼和浩特市和乌兰察布盟的阴山以南地区。两汉时期，汉王朝在这里设有朔方、五原、云中、西河、定襄和雁门诸郡，在这些郡治及所辖的各县，如临戎、窳浑、三封、五原、云中、定襄等古城周围，都发现了大量的汉式墓葬。这些墓葬与中原地区的汉墓基本相同，但也有一些地域特点。

内蒙古中南部地区汉墓的调查与发掘始于 50 年代，80 年代中期以前在数十个地点清理了 300 余座汉墓，如著名的和林格尔壁画墓便是其中的代表，这些材料大多已经发表。80 年代后期至 90 年代前半期，又在巴彦淖尔、鄂尔多斯、包头、呼和浩特、乌兰察布五大区域的 18 个地点清理了 300 多座汉墓，内蒙古文物考古研究所魏坚已将发掘报告汇编出版[33]。

山西省北部的朔县，在秦汉时期为雁门郡马邑县，这里内连中原，外控长城，是当时著名的军事重镇。1982～1986 年间，为配合平朔露天煤矿的工程建设，山西省考古研究所、中国历史博物馆等单位在此进行了大规模的发掘，共清理古代墓葬 2000 多座，其中属于秦汉时期的 1285 座。这批墓葬现已基本完成资料整理工作，并已有长篇简报发表。朔县汉墓可分为六期：第一期为秦至西汉初期，第二期为西汉前期，第三期为西汉中期，第四期为西汉晚期，第五期为西汉末至东汉初期，第六期为东汉中晚期[34]。后来黄盛璋撰文，对出土的文字资料作了进一步的考证，并对部分墓葬的年代提出了不同意见[35]。

北方长城地带的汉墓，西汉时期洞室木椁墓、竖穴木椁墓均较发达，并且延续至东汉初期。这两类墓的墓室以及其中的木椁均较窄长，而不像长江流域那样宽短。与洛阳汉墓相比，小砖墓出现较晚，不见空心砖墓，东汉中晚期较大的墓常见多室穹隆顶墓，少见前堂横置墓。随葬陶器中，日用陶器较为常见，模型明器远不如中原地区发达，仓、灶、井等出现稍晚，陶楼阁、陶院落、风车、碓房等以及家畜家禽俑较少见。陶器以泥质灰陶为主，釉陶器相对较少。其他如铜镜、钱币与中原地区基本相同。北方长城地带的汉式墓葬，在不同时期其墓葬数量、规模、随葬品的丰富程度有较大的变化。这从一个侧面反映了该地区汉匈势力的消长，以及汉王朝移民戍边、经济发展的状况。此外，陕西北部及山西西北部东汉时期还流行画像石墓。

5. 东北及冀东、北京地区汉墓

东北历来是多民族居住的区域，两周时期，燕国势力开始进入。秦汉以降，特别是汉武帝东却秽貊，略定朝鲜，增设郡县，汉文化迅速扩展，留下丰富的遗存。两汉之际至东汉初年，随着鲜卑、高句丽等土著民族的兴起，汉的势力有所削弱，东汉时期的遗存相对较少。

东北地区汉墓的调查与发掘开展较早，日本人对东北及朝鲜平壤汉墓的发掘已如前述，总数约有40余座。新中国成立后至"文革"前，东北地区汉墓的发掘多达1300座以上，但发表资料的数量并不多。"文革"后至90年代末，又发掘汉墓数百座。东北地区汉墓发掘尽管数量已经相当可观，但由于资料零散，造成研究工作的相对滞后，特别是基础性的分期编年还较薄弱。最近，吉林大学考古系郑君雷的博士学位论文以此为选题，对东北地区汉墓进行了全面梳理。论文将东北汉墓分为大连、朝阳、锦州、辽阳四个区域，在对墓葬形制、随葬器物所做类型学分析的基础上，分别进行了编年分期。论文在与周邻汉墓比较的基础上，提出东北、北京、冀东、平壤同属于"汉墓幽州文化区"的观点。论文最后还简略回顾了东北地区汉代土著文化墓葬的情况，并简要分析了其中存在的汉文化因素[36]。

北京地区在 60 年代至 80 年代，曾在怀柔、昌平、平谷等地发掘汉墓 160 多座。90 年代，在海淀上地信息产业基地清理汉墓 523 座，是北京地区汉墓发掘数量最多的一次。这批资料尚在整理中[37]。

6. 山东、苏北及邻近地区汉墓

从汉墓的总体特点看，山东、苏北及邻近的豫东、皖北可视为同一大的文化区。在这一广大地域内，汉代曾先后分封过多个诸侯王国，迄今已经发现的汉代诸侯王特大型墓有数十座，数量居全国之冠。如临淄的齐国王陵、长清的济北国王陵、曲阜的鲁国王陵、永城的梁国王陵、徐州的西汉楚国王陵和东汉彭城国王陵、扬州的两汉广陵国王陵等。这些王陵，西汉时期为大型崖洞墓和黄肠题凑墓，东汉则为大型砖室墓。该区又是汉画像石最发达的地区，已经发现并发掘的大中小型画像石室墓约有百多座，画像祠堂二十多座。关于诸侯王墓、画像石墓，前章中已经叙及，这里简要介绍其他种类的中小型汉墓。

本区的汉墓发掘较早，30 年代，前中央研究院历史语言所曾在山东滕县发掘传"曹王"画像石墓，后因资料丢失，未能发表报告[38]。50 年代至今，该区域已经发掘的汉墓约 5000 多座，其中山东地区就有近 4000 座。80 年代在临淄齐鲁石化厂生活区一处墓地就发掘小型汉墓 1700 座[39]。

本区汉墓因地域、年代、等级不同，墓葬形制多种多样，除去前叙的崖洞墓、画像石墓外，还有土坑（岩坑）墓、木椁墓、砖椁墓、石椁墓、砖室墓等。小型无棺或有棺的竖穴土坑（或岩坑）墓数量最多，分布地域较广，其中在临淄、潍坊、济南等鲁北地区多见。竖穴土坑（岩坑）木椁墓则在鲁东南的莱西、文登、临沂等地有较多发现。苏北、皖北的木椁墓相当发达，其中在江苏扬州、连云港，安徽阜阳、天长一带发现较为集中。本地区的木椁墓，椁室多有分箱，当是楚文化葬制的延续。扬州一带木椁墓的木棺往往用整段楠木凿成，为其他地区所少见。石椁墓流行于鲁南、苏北及邻近的豫东、皖北地区，西汉早期就已出现，一直延续到东汉早期。这种石椁墓是仿木椁墓而来，有素面无装饰的，也有在石板材上凿刻画像，是为汉画像石墓的前奏。燕生东的《苏鲁豫皖交界区西汉石椁墓及其画像石的分期》[40]一文，对此进行了综合研究。砖椁墓是在墓底及四周砌砖椁壁，顶部加盖石板或木板，流行于西汉晚期，东汉则为砖室墓所代替。砖室墓则是整个墓室用小砖砌筑，也常见用砖、石两种材料混合构筑的，西汉晚期至东汉早期多为单室或前后室的双室墓（或附耳室），东汉中晚期常见前中后三主室并附侧室的大型多室墓。前者多为券顶，后者常见叠涩顶或穹隆顶。砖室墓分布地域广泛，各地都有较多发现。

　　山东地区汉墓随葬品组合的变化大体与中原保持相似的发展轨迹。但西汉前期鲁南、苏北地区似受楚文化的一定影响，而鲁北一带则延续齐文化乃至当地土著文化的一些遗风。苏北、皖北西汉墓中随葬漆器相当丰富，从漆器的风格看，应属于当地的产品。其中，扬州一带常发现覆盖在人头上的一种"漆面罩"，为其他地区所少见。本地区曾有多座汉墓出土简牍，如临沂银雀山汉简、安徽阜阳双古堆汝阴侯墓汉简、江苏连云港花果山汉简、连云港尹湾汉简等，都是极为重要的发现。

7. 长江中游地区汉墓

长江中游主要包括湖北、湖南两省及其邻近地区。其中，湖北省的江汉地区、东部的黄冈市蕲春县、湖南省的长沙地区汉墓发掘较为集中，研究也较深入。

以湖北江陵为中心的江汉地区，东周时期为楚国政治中心区域，战国晚期后段（公元前278年）为秦所占，汉代主要为南郡、江夏郡辖地。江汉地区在汉代经济较为发达，是全国重要的商业中心之一。因而，汉墓分布较广，其中西汉墓发掘数量较多，约有500余座，东汉墓也有200多座，集中发现于江陵、云梦、宜昌、襄阳、老河口等地。江汉地区汉墓中，西汉墓不仅数量多，且保存较好，随葬品丰富，特别是常伴有简牍出土，因而为人们所重视。相应地，分期编年的研究也多侧重于西汉[41]。

江汉地区较早为秦人所占领，战国末年至秦代留下丰富的秦文化遗存，云梦睡虎地秦墓即是其代表。至西汉初期，仍可见到浓厚的秦文化遗风，如随葬铜器中的矮足鼎、蒜头圆壶、蒜头扁壶、鉴，陶器中的釜、盂、瓮、罐日用器组合，皆为典型的秦式风格，与当地秦代墓几乎难以区分。文景时期，随葬品种类大致与前相同，但铜器明显减少。西汉初期就已出现的陶灶、圆形陶仓此时更为流行，这种仓、灶在关中东周秦墓中出现较早，因而也属于秦文化因素。西汉中晚期，出现夫妇合葬，陶器组合大致同前，鼎少出，新出现陶井，家畜、家禽等木质俑较流行。因为特殊的自然环境，江汉地区西汉墓葬的简牍、漆木器保存较好。从凤凰山168号墓所出土漆器的戳印文字看，与马王堆汉墓漆器同样都来自于蜀郡成都。江汉地区的东汉墓发掘相对较少，主要为砖室墓，与中原地区发展趋于一致。

为配合京九铁路建设，湖北省黄冈市博物馆等单位对湖北东部蕲春县汉代罗州城外的七处汉代墓地进行了发掘。这批汉墓共计115座，其中西汉墓77座、东汉墓38座。近期出版的报告将这批汉墓分为六期九段，由此建立了该地区汉墓分期编年序列[42]。这批汉墓总体上与江汉地区有所不同，而与湖南长沙更为接近。如西汉早期墓以楚文化因素为主，秦文化因素少见，整个两汉时期硬陶器较为发达等。

长沙地处湖南省的中部，战国时期为楚国南部疆域。汉代初年封吴芮为长沙王，建立长沙国，都临湘，即今长沙市一带。吴芮传五世，景帝二年（公元前155年）刘发继封为长沙王，国都仍治临湘，传七世至王莽时国除。东汉为长沙郡地。长沙地区已发掘的汉墓数量也很可观，除去属于诸侯王、列侯一级的十多座大型墓外，绝大多数为中小型墓。关于长沙地区汉墓的分期，早在50年代，《长沙发掘报告》就对56座西汉墓进行过初步的划分，依据出土的货币，将其分为前后两大期[43]。1984年宋少华发表《试论长沙西汉中小型墓葬的分期》一文，进一步做了较为细致的研究[44]。此外，一些发掘报告也涉及到分期问题。但总的来说，包括东汉墓葬在内的系统的分期编年工作，还有待于今后进行。

8. 长江下游（江南）地区汉墓

长江下游（江南）地区主要包括江苏、安徽两省长江以南部分以及上海市、浙江省全境。两汉时期，这里是扬州刺史部的会稽郡、吴郡和丹阳郡所辖之地。有关该地区汉墓的考古发掘，尽管是解放后才开始的，但解放前因墓葬常被盗掘，出土的青瓷器和铜镜已见之于著录。解放后，经科学发掘的汉墓近

2000座，其中在同一地点发掘数量较多的有：上海福泉山、龙游东华山、龙游仪冢山、绍兴漓渚、杭州老和山、湖州杨家埠、芜湖贺家园、南京栖霞山等二十多处，较为集中分布在长江三角洲、宁镇地区、宁绍平原、金衢盆地一带。

该区汉墓与长江北岸的苏北相比，无论是墓葬形制还是随葬品都有明显差别，而与长江中游的长沙一带较为接近。墓葬形制主要有小型竖穴土坑墓（有棺或无棺）、竖穴木椁墓、砖室墓。竖穴土坑墓和木椁墓流行于西汉，并延续至东汉早期，木椁墓中少见大型墓葬。东汉时期以砖室墓为主，并经历了从小型券顶单室砖墓向大中型多室券顶（或有穹隆顶）砖室墓的变化过程。本区石椁墓和画像石墓也有发现，但数量较少。随葬品中，西汉至东汉中期硬陶或施釉硬陶发达。西汉时期流行鼎、盒、壶、瓿的礼器组合，王莽至东汉中期则以罍、壶、罐、碗（钵）等日用器组合为主，新出现了具有地域特色的五联罐，模型明器的使用亦较为普遍。东汉晚期以降，青瓷器大量用于随葬，多为日用生活器皿。

关于该区汉墓的综合研究，除发掘报告和某些综合性的论著有所涉及外，黎毓馨的《论长江下游地区两汉吴西晋墓葬的分期》一文，在对墓葬形制和随葬陶瓷器进行类型学研究的基础上，将该区两汉吴西晋墓分为三大期九小期，即：西汉时期（早中晚）、王莽至东汉中期（王莽、东汉早、东汉中）、东汉晚期至吴晋，由此建立了该地区汉墓分期编年序列[45]。

9. 西南地区汉墓

四川及重庆地区古代为巴蜀文化区，战国中期晚段秦人占领后，土著的巴蜀文化与秦文化并存，及至汉代，其文化面貌迅速向中原地区靠拢。汉武帝前后，巴蜀文化已基本上与中原汉文化融为一体。汉武帝以后，尽管与中原文化关系密切，但因为环境及交通因素，该地区的汉墓又形成许多自身的特点，属于相对独立的文化区域。

这一地区汉墓的发掘可追溯至抗战时期。当时的中央博物院和营造学社曾在四川彭山清理过几十座崖洞墓。此外，暂居重庆的一些文化人，曾对重庆市附近的汉墓做过零星发掘[46]。50年代以来，这一地区已发掘的汉墓约有2000多座，其中，以成都平原一带较为集中。近年来，随着三峡水库工程的上马，在水库淹没区调查发现了百余处汉代墓地。其中，在重庆、丰都、忠县、云阳、巫山等地集中发掘了数百座汉墓，从而为重庆峡江地区汉墓的编年提供了重要资料[47]。在四川、重庆地区汉墓的综合研究方面，何志国曾对四川西汉土坑木椁墓做了初步探讨[48]，罗二虎的《四川地区崖墓研究》，对这一地区做了专题研究[49]。但从总体上看，该地区汉墓研究，特别是分期编年还较薄弱。

四川及重庆地区汉墓的形制种类较多，其中竖穴土圹墓、竖穴木椁墓主要分布在平原及山地较平坦的地带，流行于西汉及王莽时期，重庆峡江地区可延续至东汉早期。四川及重庆地区的砖室墓流行于东汉，多为单室或多室的小砖券顶墓。成都一带的砖室墓往往在墓壁上镶嵌实心的方形或长方形模印画像砖，被称为画像砖墓。崖洞墓（或称崖墓）是四川、重庆及其邻近地区最具特点的墓葬形制，多开凿在江河两岸背水面山的峭壁和山坡上，其分布中心区域为岷江、沱江、涪江、嘉陵江中下游和长江沿岸，邻近的鄂西乃至云南、贵州部分地区也有分布。四川的崖洞墓出现于西汉末至东汉早期，发达于东汉晚期，并一直延续至三国两晋南北朝时期。这种崖洞墓规模相差悬殊，大型墓为带长墓道的多室墓，但墓主身份并不很高，为地方官吏或富户，因多代合葬的需要，故墓室规模庞大；小型墓多为单室，有的仅能容身，为一般平民墓葬。较大的崖洞墓中有的在墓壁、墓顶凿刻画像，或是仿照房屋建筑设施雕刻斗栱、梁柱、壁龛、灶台等，墓内或置木棺、石棺，石棺上也有画像。关于这种崖洞墓的族属，过去以为属于当地少数民族的墓葬，但现在已经知道被葬者绝大多数应是汉人。

云贵地区在先秦及汉代为西南夷少数民族居住地区，颇具特色的滇文化、昆明文化、夜郎文化为人们所熟知。但汉武帝平定西南夷以后，先后设置郡县，迁徙汉民，汉文化开始进入该地区，与西南夷土著文化并存。汉式墓葬也相当多见，除自身文化特点外，总体上与四川汉墓较为接近[50]。

10. 两广地区汉墓

两广地区在先秦为百越居住之地，秦统一后，置桂林、象郡、南海诸郡，任嚣为南海郡尉，郡治在番禺（今广州市）。秦二世时，真定人赵佗继任南海尉，乘秦末之乱，割据岭南，建南越国，都番禺。汉武帝元鼎六年（公元前111年）平灭南越赵氏王国，增置南海等九郡，两广遂入汉朝版图。两广地区汉墓的发掘以广州一带最为集中，研究也较深入。

广州汉墓的零星出土文物在抗战以前已被注意到，但正式发掘主要是新中国建立后才开展的。1953～1960年间，先后在广州市郊数十个地点发掘两汉墓葬409座，其中部分墓葬先期发表了简报或报告，后来又经过全面整理研究，于1981年由文物出版社出版了《广州汉墓》发掘报告。60年代以后，又陆续清理了近400座汉墓。其中，80年代初在广州象岗山发掘的第二代南越王墓是一次极为重要的发现。广州以外地区，以韶关、乐昌、徐闻、佛山、封开、番禺的发现较为集中，其中，乐昌对面山发掘汉墓200座，是广州以外地区最大的一处汉墓群。此外，在揭阳、普宁、澄海、梅县也有发现。

《广州汉墓》发掘报告对409座汉墓进行了系统的类型学分析，从而建立了该地区汉墓分期编年序列。

广西汉墓主要集中在贵港、合浦、梧州及桂北各县市，迄今已发掘约200多座，文化特征与广州汉墓相似。广西曾发掘几座较为重要的大型汉墓，如70年代发掘的贵县（今贵港市）罗泊湾一、二号墓，1980年发掘的贵县（今贵港市）风流岭31号墓、贺县（今贺州市）金钟一号墓。这些墓规模宏大，随葬品丰富，墓主可能是西汉前期南越王派驻当地相当于王侯一级的封君或官吏。此外，1971年发掘的合浦望牛岭一号墓，有两件陶提桶内朱书"九真府"等字，墓主可能是西汉后期九真郡太守。

两广地区为百越居地，但战国时期就受到楚文化的较大影响。秦统一后，又有大批中原移民进入该地区。因而，西汉前期的南越国为越、汉杂居共处，文化既保留土著文化传统，又有浓厚汉文化因素。汉武帝统一岭南后，加快了与中原内地的文化联系，在那些汉代郡县治所邻近地区，汉、越民族很快走向融合，文化面貌与中原地区日趋接近。两广地区的广州又是我国古代最早与外界通商的口岸，自西汉中期以降，经常发现用玛瑙、鸡血石、拓榴石、煤精、琥珀和玻璃等不同质料制成的串珠，还有蜻蜓眼玻璃珠、蓝色玻璃碗、玉红石髓珠等舶来品，体现了与南亚诸国海路贸易的畅通。

以上就20世纪中小型汉墓的发掘与研究历史做了简要回顾。因为汉墓数量极大，各地区情况又很复杂，本文疏漏之处

一定不少。为弥补本文的缺陷，读者可参看文物出版社 1999
年出版的《文物考古五十年》各篇文章中有关汉墓的章节。20
世纪汉墓的发掘与研究已经取得很大成果，概括起来主要有如
下几点：①积累了极为丰富的汉墓资料，为今后深入研究奠定
了良好的基础；②在某些汉墓发掘较为集中的区域，已大体建
立了该地区的汉墓分期编年序列；③除汉墓本身基础性的研究
外，还广泛涉及汉代思想、文化等深层次的内容，其中像汉代
画像石墓及画像石的研究、汉代诸侯王和列侯大墓的研究、四
川崖墓的研究等方面较为深入；④研究队伍扩大，研究水平提
高，一些大学的硕士、博士学位论文开始选择汉墓为研究课
题，国外也有许多学者积极参与这方面的研究。

　　汉墓的发掘与研究尽管已经取得诸多成果，但还存在一些
问题，如已经发掘的汉墓数量很多，但还有很多资料尚未整理
发表。在研究方面，人们比较注重随葬品丰富的大型王侯墓，
而中小型汉墓的基础性研究还较薄弱，以至于许多地区的汉墓
分期编年至今尚未建立。此外，有关汉代墓葬所涉及的深层次
的思想、信仰、文化方面的研究还很不够。

注　　释

[1] 东亚考古学会：《牧羊城》，昭和 6 年（1931 年）；《南山里》，昭和 8 年
　　（1933 年）；《营城子》，昭和 9 年（1934 年）；八木奘三郎：《满洲考古学》，
　　昭和 19 年（1944 年）；《阳高古城堡》。

[2] 朝鲜总督府：《乐浪郡时代の遗迹》，大正 14 年（1925 年）；东京帝国大学文
　　学部：《乐浪——五官掾王盱の坟墓》，昭和 5 年（1930 年）；朝鲜古迹研究
　　会：《乐浪彩箧冢》，昭和 9 年（1934 年）；《乐浪王光墓》，昭和 10 年（1935
　　年）。

[3] 苏秉琦：《斗鸡台沟东区墓葬》，中国科学院出版，1954年。

[4] 李文信：《辽阳北园壁画古墓记略》，《李文信考古文集》，辽宁人民出版社 1992年版。

[5] 中国科学院考古研究所：《洛阳烧沟汉墓》，科学出版社 1959年版。

[6] 中国科学院考古研究所：《长沙发掘报告》，科学出版社 1957年版。

[7] 北京大学历史系考古专业（俞伟超执笔）：《战国秦汉考古》讲义，1973年铅印本。

[8] 中国社会科学院考古研究所等：《广州汉墓》，文物出版社 1981年版。

[9] 青海省文物考古研究所：《上孙家寨汉晋墓》，文物出版社 1993年版。

[10] 魏坚：《内蒙古中南部汉代墓葬》，中国大百科全书出版社 1998年版。

[11] 连云港市博物馆等：《尹湾汉墓简牍》，中华书局 1997年版。

[12] 中国社会科学院考古研究所：《陕县东周秦汉墓》，文物出版社 1993年版。

[13] 西安市文物保护考古所：《西安龙首原汉墓》，西北大学出版社 1999年版。

[14] 湖北省荆州博物馆：《荆州高台秦汉墓》，科学出版社 2000年版。

[15] 黄冈市博物馆等：《罗州城与汉墓》，科学出版社 2000年版。

[16] 中国社会科学院考古研究所：《新中国的考古发现和研究》，文物出版社 1984年版。

[17] 《中国大百科全书·考古学》，中国大百科全书出版社 1986年版。

[18] 王仲殊：《汉代考古学概说》，科学出版社 1991年版。

[19] 李发林：《战国秦汉考古》，山东大学出版社 1991年版；查瑞珍：《战国秦汉考古》，南京大学出版社 1994年版；宋治民：《战国秦汉考古》，四川大学出版社 1993年版。

[20] 李如森：《汉代丧葬制度》，吉林大学出版社 1995年版。 、

[21] 韩国河：《秦汉魏晋南北朝墓葬制度研究》，吉林大学考古学系博士学位论文打印稿。

[22] 林巳奈夫：《汉代の文物》，朋友书店 1996年版。

[23] 朱亮：《新中国建立以来洛阳秦汉魏晋北朝考古发现与研究》，洛阳市文物工作队编《洛阳考古四十年》，科学出版社 1996年版。

[24] 中国科学院考古研究所：《洛阳烧沟汉墓》，科学出版社 1959年版。

[25] 叶小燕：《洛阳汉墓之管见》，洛阳市文物工作队编《洛阳考古四十年》，科学出版社 1996年版。

[26] 北京大学考古学系商周组、山西省考古研究所：《天马—曲村》的第四部分《秦汉时代墓葬》，科学出版社 2000年版。

[27] 同 [3]。

[28] 参见《新中国考古五十年·陕西省文物考古五十年》，文物出版社 1999 年版。

[29] 呼林贵：《关中两汉小型墓简论》，《文博》1989 年第 1 期；刘军社：《常兴汉墓的分期》，《文博》1989 年第 1 期；韩国河、程林泉：《关中西汉早期中小型墓析论》，《考古与文物》1992 年第 6 期；侯宁彬：《陕西汉墓形制试析》，《远望集》，陕西人民美术出版社 1999 年版。

[30] 韩国河：《关中汉墓的研究》，待刊。

[31] 蒲朝绂：《武威汉墓的分期与年代》、《酒泉汉代墓葬》，分别见《西北史地》1990 年第 1、2 期；杜斗城：《河西汉墓记》，《敦煌学辑刊》1992 年第 2 期。

[32] 同 [9]。

[33] 同 [10]。

[34] 平朔考古队：《山西朔县秦汉墓发掘简报》，《文物》1987 年第 6 期。

[35] 黄盛璋：《朔县战国秦汉墓若干文物与墓葬断代问题》，《文物》1994 年第 5 期。

[36] 郑君雷：《东北地区汉墓研究》，吉林大学考古学系博士学位论文打印稿，待刊。

[37] 参见《新中国考古五十年·北京市考古五十年》，文物出版社 1999 年版。

[38] 董作宾：《山东滕县曹王墓汉画像残石》，《大陆杂志》第 21 卷 12 期，台北 1960 年。

[39] 山东省文物考古研究所：《山东省文物考古五十年》，载《新中国考古五十年》，文物出版社 1999 年版。

[40] 燕生东、刘智敏：《苏鲁豫皖交界区西汉石椁墓及其画像石的分期》，《中原文物》1995 年第 1 期。

[41] 陈振裕：《湖北西汉墓初析》，《文博》1988 年第 2 期。

[42] 同 [15]。

[43] 同 [6]。

[44] 宋少华：《试论长沙西汉中小型墓葬的分期》，《湖南考古辑刊》第 2 辑，1984 年。

[45] 黎毓馨：《论长江下游地区两汉吴西晋墓葬的分期》，《浙江省文物考古研究所学刊》，长征出版社 1997 年版。

[46] 郭沫若：《关于发现汉墓的经过》，《说文月刊》，1941 年 10 月第 3 卷第 4 期。

[47] 重庆、忠县、丰都发掘资料待刊；丰都发掘简报见《丰都县汇南两汉—六朝墓发掘简报》，《四川文物》1996 年增刊；其他地点的汉墓资料见《三峡考

古之发现》，湖北科学技术出版社 1998 年版。

［48］何志国：《四川西汉土坑木椁墓初步研究》，《远望集》，陕西人民美术出版社
1999 年版。

［49］罗二虎：《四川地区崖墓研究》，《考古学报》1982 年第 2 期。

［50］宋世坤：《贵州汉墓分期》，《中国考古学会第五次年会论文集》，文物出版社
1988 年版。

五

帛画的发现与研究

汉代画像石、画像砖、壁画和

在 20 世纪的百年中，通过考古调查与发掘出土了大批汉代画像石、画像砖、壁画和帛画，不仅为考察汉代绘画艺术提供最直接的材料，而且因为其图像涉及汉代物质生活和精神文化的许多方面，使得我们对于汉代历史有了更富有感性、更为全面的认识。经过学者们的努力，汉画像石、画像砖、壁画和帛画的研究日益深入，已成为中国历史考古学和美术考古学研究的一项重要的内容。

（一）　画像石[1]

考古发现的汉代画像石常见于石质建筑物或葬具上，如石材建造的阙、祠堂、墓室、棺椁等。在 20 世纪之前的上千年中，人们曾经注意到一些偶然发现的汉画像石。东晋戴延之《西征记》、北魏郦道元《水经注》中即提及今山东、河南等地的一些汉画像石墓葬和祠堂，宋代的许多金石学著作如赵明诚的《金石录》、洪适的《隶释》和《隶续》等都对当时所见的汉画像石进行了著录，特别是《隶续》还摹录有山东嘉祥东汉武氏祠的画像。乾隆五十一年（公元 1786 年）、五十四年（公元 1789 年）黄易、李克正将长期埋没于地下的武氏诸祠堂重新发掘出土，引起了人们对于汉画像石极大的兴趣，出现了大量著录武氏祠画像或榜题的金石学著作，较重要的有阮元、毕沅的《山左金石志》（公元 1797 年）、王昶的《金石萃编》（公元 1805 年）、冯云鹏和冯云鹓的《金石索》（公元 1821 年）、瞿中溶的《汉武梁祠画像考》（公元 1825 年）等。

19 世纪末至 20 世纪初，部分外国学者在中国调查获得了大量汉画像石资料，如法国人沙畹于 1891 年、1907 年两次访问了山东的武氏祠和孝堂山等遗址。大约同一时期，日本人大村西崖、关野贞等也在山东、河南、四川等地调查。这些实地的调查所运用的手段包括摄影、测量、捶拓、文字记录等，已初步具有了近代考古学的性质。1893 年沙畹的《中国两汉石刻》[2]一书出版，首次将汉画像石艺术的资料介绍到西方。稍后出版的著录汉画像石资料的著作还有沙畹《中国北部考古调查》[3]、大村西崖《支那美术史·雕塑卷》[4]、关野贞《中国山东汉代墓葬的装饰》[5]和法国人色伽兰《中国西部考古记》[6]等，这些著作大多记录详明，图版清晰，至今仍有参考价值。

受西学的影响，二三十年代国内出现了一大批美术史著作，往往将汉画像石作为一项重要的内容进行介绍，在一定程度上弥补了文献记载和传世品中汉代艺术的空白。波西尔（Stephenw Bushell）的《中国美术》、大村西崖的《中国美术史》等著作在 20 年代先后被翻译出版[7]。二三十年代中国学者的著作，如滕固的《中国美术小史》、秦仲文的《中国绘画学史》、朱杰勤的《秦汉美术史》、郑昶的《中国美术史》、史岩的《东洋美术史》等，都采用了较多汉画像石的材料[8]。这些材料大多取自个人收藏的拓片、以前的金石学著作或国外学者的著作，往往比较粗疏，某些议论也未突破旧说。但这批著作充分注意到了汉画像石的艺术价值，并试图将其置于历史框架中考察，已不同于金石学以榜题为主的传统研究方法。

旧的金石学著作在摹刻图像时往往走形失真，随着印刷技术的发展，照相制版得以运用，新出版的图集刊布的拓片印刷较精，为研究者提供了可靠的资料。30 年代，关百益的《南阳汉画像集》[9]和孙文青的《南阳汉画像汇存》[10]两书先后出版，刊布了南阳画像石墓的百余幅图像，使得河南南阳一带的汉画像石引起世人瞩目。当地官员罗震于 1935 年创建了南阳汉画馆，收集陈列南阳画像石 118 块，建立了我国第一座汉画像石博物馆。鲁迅也在 30 年代购藏了河南南阳、山东、江苏、四川等地的汉画像石拓片数百幅，并希望以此作为他所倡导的新木刻艺术活动的借鉴[11]。图集的出版至 40 年代一直是国外汉画像石研究的主流，较重要的著作有奥托·菲舍（O. Fischer）的《汉代中国绘画》[12]和林仰山（F. S. Drake）的《汉代画像石》[13]。

随着中国考古学的发展，中国学者也开始对画像石墓进行田野调查与发掘。1933 年中央研究院历史语言研究所发掘了山东滕县大型汉画像石墓——传曹王墓，这是第一座经科学发掘的汉画像石墓。抗日战争期间，营造学社的学者还对四川省的彭山、重庆、乐山一带的汉代崖墓和石阙进行了调查。但是相对于对史前遗址和殷墟的发掘而言，汉画像石并不是当时中国考古学研究的重点课题，这些田野工作尚不够系统，所得资料长期不能整理发表甚至被丢失[14]。

20 世纪初对于汉画像石的研究，较多地延续了金石学的传统，重视榜题的考释，或以画像与文献相对照，考证画像的内容。1936 年出版的容庚《汉武梁祠画像和图录》一书，是一部较重要的著作。该书包括画像起源、武梁祠拓本之流传、原石之发现、武梁碑与画像之关系、石室形制、画像故事等方面[15]，比以往的研究大有拓展。但是其基本方法仍不出金石学的范畴，因此在考释中出现了一些错误。当时就有评论指出应对原石"作进一步之实地考察，将其现在情况，全部详加测量"[16]。

另一方面，有的学者在研究方法上力求取得新的突破，开始注意到画像石的雕刻技法、建筑形制等方面的问题，沙畹与关野贞最早对画像石的雕刻技法进行了探讨。滕固在 1937 年《南阳汉画像石刻之历史的风格的考察》一文中，提出汉画像石的雕刻技法可以分为"拟浮雕的"和"拟绘画的"两大类[17]。数年之后，中国营造学社的外籍社员、美国人费慰梅（Wilma Fairbank）在对山东金乡东汉祠堂（旧说朱鲔祠堂）实地考察的基础上，详细讨论了汉画像石雕刻技法的渊源，提出可分为模仿绘画和模仿模印砖两类，其说至今仍具有启发性[18]。费慰梅 1941 年发表《汉"武梁祠"建筑原形考》一文，注意到武氏祠画像石在清代出土后失去建筑原状的事实，对武氏祠进行了尝试性复原，尽管限于条件她只能根据拓片复原，不免出现错误，但其研究方法却具有重要影响。她还特别指出在研究画像主题时要充分注重画像位置的意义，即把画像与建筑形式结合起来考察[19]。这些观点至今仍不失其价值。由于学术传统的差异，西方学者对于汉代画像石的研究除了上述实地考察和著录以外，综合研究是从形式分析入手的。巴卡霍芬（L. Bachhofer）在 1931 年把汉代画像的材料分为若干发展阶段[20]，但由于拘泥于单线形式演进论，在处理材料时出现了不少错误。其后乔治·诺理（G. Rowledy）引进了视觉心理学的理论[21]，亚历山大·苏培（A. Soper）则注意到汉画风格的地区性问题[22]。与中国学者的思路有些类似，图像主题的探索也是国外汉画像石研究的一个重要方面。在这一方面，早期的也运用文献结合题记考证画像故事。有的学者认为汉画像石表现了特定的历史人物或事件，并与墓主的身份、生平相关。如学者们关于"桥上战役"的讨论就表现出这种倾向。

50 年代初，傅惜华《汉代画像全集》"初编"与"二编"出版，限印 200 部[23]。该书原拟编写四编，后未得以实现。所出版的两编，共收录巴黎大学北京汉学研究所及编者个人收藏的山东汉画像石拓片 500 多种，是当时山东地区汉画像石最为完整的资料。该书印刷精良，卷首叙录记拓片名称、年代、原石发现地点、收藏处所、画像题材类别、榜题释文、拓本尺寸等内容。该书所收拓本，有的原石今已不存，弥足珍贵。所不足的是书中收入了少量年代较晚的石刻。

新中国成立以后，随着各地考古工作的开展，大批汉画像石墓被发现。在山东，1954 年华东文物工作队和山东省文物管理委员会联合发掘了山东沂南县北寨村的一座大型东汉画像石墓（图一八），发现画像石多达 44.2 平方米[24]，是代表汉画像石较高艺术水平的作品。发掘简报发表后，学术界围绕其年代问题展开讨论。1956 年发掘报告出版，详细公布了该墓的资料[25]。1959 年山东省博物馆发掘的安丘董家庄汉墓画像达 146 平方米[26]。与此同时，山东各地文博单位也清理、收集了大量汉画像石，其中以鲁南的济宁、枣庄、临沂以及鲁中的济南、淄博、潍坊等地的资料最为丰富。比较重要的有1968 年发掘的诸城前凉台墓[27]、1970 年发掘的济宁南张墓[28]、1972 年发掘的临沂白庄墓[29]、1973 年发掘的苍山城前村东汉元嘉元年(公元 151 年)墓[30]、1978 年和 1980 年在嘉祥

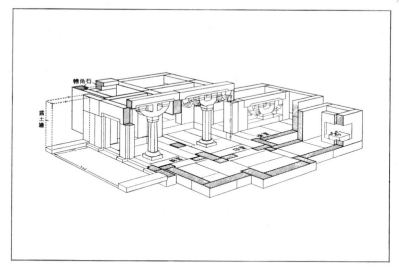

图一八　沂南汉画像石墓鸟瞰

图一九　铜山洪楼祠堂天井画像石

宋山出土的两批画像石墓[31]、1986年发掘的平阴孟庄墓[32]以及80年代在枣庄、微山等地发现的一批早期画像石椁墓[33]。

苏北的徐州地区毗邻鲁西南，50年代以后也有大批的汉画像石出土，较完整的墓葬约30余座，还有部分祠堂资料。较重要的有1952年清理的徐州茅村东汉熹平四年（公元175年）墓[34]、1957年清理的铜山洪楼祠堂（图一九）与墓葬[35]、1965年发掘的铜山白集墓[36]、1954年发掘的睢宁九女墩墓[37]、1982年发掘的邳县燕子埠东汉元嘉元年（公元151年）墓[38]。此外在江苏南京、常州、淮阴等地也发现了一些规模不一的画像石墓。邻近地区比较重要的发现还有安徽定远县坝王庄墓[39]、1956年清理的宿县褚兰墓[40]。1973年在浙江海宁发掘的海宁中学墓[41]则是长江以南的东南沿海地区首次发现的汉画像石墓，其华美流畅的线刻极富个性。

新中国成立以后，河南南阳汉画像石的发掘工作进展较大。考古工作者在南阳、唐河、方城、邓州、新野等县市发掘画像石墓近40座。重要的有1962年发掘的南阳杨官寺墓[42]、1963年发掘的襄城茨沟东汉永建七年（公元132年）墓[43]（图二〇）、1973年发掘的南阳李相公庄东汉建宁三年（公元170年）许阿瞿墓[44]、1976年发掘的南阳赵寨墓[45]、1977年发掘的唐河新店村新莽天凤五年（公元18年）冯孺人墓[46]。此外，在湖北随州、当阳、枣阳一带也发现了相同风格的汉画像石。1959～1960年发掘的密县打虎亭1号墓发现了大面积的画像石[47]。考古工作者还对中岳汉三阙进行了详细的调查测绘[48]。

陕北地区汉画像石在20世纪初即有所发现，但未见报道。1959年陕西省博物馆与陕西省文管会编写的《陕北东汉画像

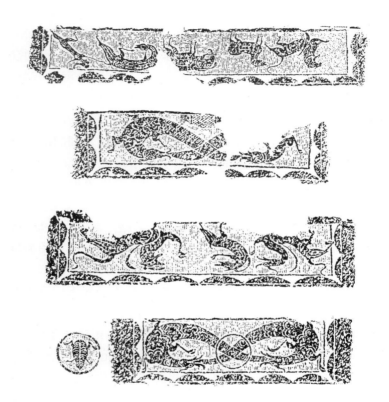

图二〇　襄城茨沟汉墓画像石

石刻选集》一书刊布了绥德、米脂、榆林等地零散出土汉画像石 157 块，使人们第一次看到陕北画像石的面貌[49]。1971 年在米脂清理 4 座画像石墓，其中以东汉永初元年（公元 107年）牛文明墓最为重要[50]，这是该地区较早进行科学发掘的一批画像石墓。七八十年代，考古工作者还在绥德、子洲、神木、清涧、榆林等地发掘了画像石墓数十座，其中 1982 年发现的绥德苏家岩杨孟元墓[51]、1986 年发现的绥德呜咽泉墓[52]等，均具有重要的研究价值。1996 年发现的神木大保当墓出土的彩绘画像石则是一批全新的资料[53]。此外，晋西北离石等地的发现也与陕北关系密切。

四川（包括重庆）的汉画像石材料主要见于崖墓、石棺和石阙上。在新中国成立之后，陆续又有不少新的发现。考古工作者通过调查，在川西平原的乐山、彭山一带发现了带画像的崖墓一百多座，时代从汉安帝至蜀汉时期[54]。晚期的崖墓中有的使用画像石棺，这些石棺全部分布在长江、岷江、沱江、涪江流域[55]。此外，还发现了一些砖石混合结构的墓葬，如成都曾家包 1 号墓[56]、成都扬子山 1 号墓[57]也出土画像石。考古工作者还对四川的石阙进行了调查和测绘，发现有画像的石阙 14 座[58]。

新中国成立以来的上述考古发现使汉画像石出土的数量大大增加，除了发掘报告和简报的出版和发表，历年来还出版了一些图集，这些图集以拓片为主，除了精选一些较完整的墓葬、祠堂、石阙的资料外，更重要的意义在于收录了许多零散发现的画像石。常任侠的《汉代绘画选集》[59]、王子云的《中国古代石刻画选集》[60]、《中国美术全集·绘画编·画像石画像砖》[61]等都收录了部分汉画像石，山东地区的图集有山东省博物馆与山东省文物考古研究所合编的《山东汉画像石选集》[62]、朱锡禄的《武氏祠汉画像石》[63]和《嘉祥汉画像石》[64]等。徐州画像石图集有江苏省文物管理委员会的《江苏徐州汉画像石》[65]和徐州博物馆的《徐州汉画像石》[66]等。南阳画像石的图集出版较多，重要的有南阳汉代画像石编辑委员会编《南阳汉代画像石》[67]、闪修山等《南阳汉代画像石刻》[68]、南阳汉画馆的《南阳汉代画像石刻（续编）》[69]、王建中与闪修山的《南阳两汉画像石》[70]、南阳汉画馆的《南阳汉代画像石墓》[71]等。陕北地区的画像石图集除了上文已提到的《陕北东汉画像石刻选集》外，陕西省博物馆的《陕北东汉画像石》[72]一书也收录不少新的资料。四川汉画像石的图集有闻宥的《四川汉代画像选集》[73]、高文的《四川汉代画像石》[74]、重庆市文化局等编的《四川汉代石阙》、龚廷万等编的《巴蜀汉画像石》[75]等。此外，高文、高成刚的《中国画像石棺艺术》一书收录了大量四川画像石棺的材料。

50年代以后的国内汉画像石研究，主要有以下几个方面：

一、以文献与图像相对照，进行画像题材的考释。这方面的成果十分丰富，解决了不少基础性的问题。如《沂南古画像石墓发掘报告》，对于车马出行、乐舞百戏、历史故事、神话人物和奇禽异兽等内容——考证，对后来的研究有重要的影响。该书提出一种假说，即墓中的画像互相联系，表现出墓主生前的功绩、富足的生活、死后丧礼的隆重以及对于地下世界的想象。虽然其中一些具体的结论存在问题，但试图从总体上把握墓葬画像的倾向是值得肯定的。相反，部分文章存在不注意画像之间的相互关系而孤立地研究单幅画像、将画像与文献的关系看得过于简单化或对文献运用不当等缺点，致使有些结论过于牵强，值得我们从方法论的角度进行反思。

二、将汉画像石作为研究汉代物质文化的图像资料加以使用。这方面的研究有不少突破性的成果，如孙机的《汉代物质文化资料图说》[76]一书大量采用汉画像石、画像砖的材料，就是较成功的例子。类似的研究还涉及精神文化的一些层面，凸显出汉画像石的史料价值。

三、从美术的角度对汉画像石的艺术形式进行分析鉴赏。与此相关，在美术创作与设计中，也大量借鉴汉画像石的图像形式和创作方法，既扩大了汉画像石的社会影响，也反过来促进了汉画像石研究工作的开展。但是少数文章简单套用一些哲学或美学的术语，急于将问题上升到理论层面而缺乏具体的分析，往往失之空疏。

四、汉画像石的考古学研究。随着田野考古工作的开展，资料的积累逐渐系统，60年代中期，有许多学者开始运用考古类型学的方法探索汉画像石的分布和演变情况，以求建立起汉画像石基本的时空框架。这方面的研究先是以各个区域为单位进行的，蒋英炬、吴文祺的《试论山东汉画像石的分布、刻法与分期》[77]代表了当时新的水平。这些研究使人们对画像石的认识有了实质性的进展。80年代对山东苍山元嘉元年汉画像石墓报告断代失误的及时纠正，就反映了当时考古学方法的成功。值得一提的是，40年代费慰梅提出的武氏祠复原的课题，1981年由蒋英炬、吴文祺最后完成[78]，这一成果受到学术界的广泛好评。1986年，信立祥发表的《汉画像石的分区与分期研究》，对全国范围内的画像石资料进行了系统的研究，是集大成的成果[79]。汉画像石的考古学研究完全突破了金石学的局限，但有些学者也开始认识到，无论对汉画像石建筑原状的复原还是类型学的研究，都只属于基础性工作，如何使画像石的研究继续深入下去，在理论方法上仍有待探索。90年代出版的蒋英炬、吴文祺《汉代武氏墓群石刻研究》[80]和信立祥《中国汉代画像石の研究》[81]两部专著，试图在原有的基础上对汉画像石的内容提出新的解释，都是值得重视的作品。

1989年中国汉画学会成立，目前该组织已举办了多次讨论会，加强了研究者之间的交流，促进了学术研究的深入。80年代以来，各地还相继建立起一批汉画像石博物馆，扩大了汉画像石研究的社会影响。深圳博物馆编辑的《中国汉代画像石画像砖文献目录》[82]1995年出版，收录了20世纪初至1993年期间的画像石文献目录，虽略有遗珠之憾，但可以基本反映20世纪汉画像石研究的总体面貌。

50年代以后，西方注重介绍中国考古发现的新成果，1951年理查德·鲁道夫（R. C. Rudolph）出版了《四川汉代画像石》[83]一书后，史肖研（音译，H.Y.Shih）又介绍和讨论了沂南汉墓和陕北画像石，她在1961年完成的题为《东汉至六朝画像的风格》的博士论文，代表了当时西方汉画像石研究的新水平[84]。1987年四川汉代艺术展在旧金山等城市举行，所出版的图录收入了一批专门讨论四川汉代画像的文章[85]。国内的考古发现推动了国外对于汉画像石的研究。60年代兴起的对于汉画像石图像象征主义的解释，主张将画面看作丧葬礼仪的组成部分，探讨画面蕴涵的象征意义。如林巳奈夫认为常见的车马仪仗图像并非一般所认为的是墓主官阶地位的如实写照，而反映了一般民众的愿望[86]。此外，长广敏雄的《汉代画像研究》[87]、林巳奈夫的《汉代的文物》[88]和土居淑子的《古代中国的画像石》[89]等著作，也都值得重视。近年来，巫鸿和包华石（Martin Powers）试图在考古材料和美术研究之间建立起一座桥梁。巫鸿在对武梁祠的考察中提出"中层研究"的方法论，主张从有代表性的墓葬、祠堂或茔域入手，细致分析题材选择、题材之间的联系以及装饰部位的意义，揭示题材在建筑中的意义，探讨画像与墓主及其家庭的地位和思想的联系[90]。包华石则以社会风尚和阶级的不同趣味来解释风格的差异[91]。唐琪（Lydia Thompson）对于沂南墓作了新的阐释[92]。这些成果对于目前西方的汉画像石研究产生了重要的影响。

（二） 画像砖

许多汉代墓葬中流行装饰画像砖，其中以河南、四川的发现最为集中。其他在陕西、江苏、江西、湖北、云南等地东汉时期一些砖室墓的小砖侧面，也往往有模印的简单图案。汉画像砖在清代末年即有收藏家著录，但早期的收藏只重视有文字的砖而不看重图像。这些零散出土的画像砖在墓中的位置不清楚，研究价值不高。30 年代王树枏的《汉魏六朝砖文》、王振铎的《汉代砖文录》都著录了不少汉画像砖。

河南汉画像砖在解放以前就有出土，并有大量流散海外。系统的整理与发掘是在新中国成立以后逐步展开的。半个世纪以来，考古工作者在河南发掘了数量众多的画像砖墓。比较重要的有 1970 年发掘的郑州新通桥西汉墓[93]、1985 年清理的宜阳牌窑西汉墓[94]、1986 年发掘的新野樊集吊窑西汉晚期至东汉早期墓[95]等，其中仅南阳地区就发掘汉画像砖墓 50 余座。此外，河南博物院、新野县画像砖博物馆、洛阳市文物工作队、郑州市博物馆、荥阳郝砦村汉画像砖博物馆等单位也收集了大量零散出土的画像砖。

四川最早发现的画像砖是清代光绪三年（公元 1878 年）出土于新繁县的所谓"二十四字砖"[96]。1940 年郭沫若、常任侠等曾试掘重庆附近的画像砖墓[97]。50 年代，四川画像砖有一些新的发现，如 1953 年发掘的成都扬子山 1 号墓[98]、

1955 年发掘的新繁清白乡墓[99]。但系统的整理研究工作是 60 年代以后才开始的。目前已发现四川汉画像砖主要分布在成都平原一带，其中以成都、广汉、德阳、新繁、新都、彭山、新津、邛崃、宜宾等地数量最多，时代多为东汉[100]。

各地出版的汉画像砖图录较多，主要有重庆市博物馆的《重庆市博物馆藏四川汉画像砖选集》[101]、河南省文化局文物工作队第一、二队《河南出土空心砖拓片集》[102]、周到等编著的《河南汉代画像砖》[103]、黄明兰的《洛阳汉画像砖》[104]、高文的《四川汉代画像砖》[105]、张秀清等编著的《郑州汉画像砖》[106]、赵成甫主编的《南阳汉代画像砖》[107]、薛文灿与刘松根编著的《河南新郑汉代画像砖》[108]等。这些图录发表了大量画像砖的资料，为研究者提供了方便。但有些图录只从为美术创作提供参考的角度进行选编，一般只按照内容分类排列，而不注意介绍整组画像砖在墓中的位置和相互之间的关系，存有一定的缺憾。此外，研究性的专著有刘志远的《四川汉代画像砖与汉代社会》[109]等。

汉画像砖与汉画像石在材料和制作技术等方面有较大的差别，但是二者在图像内容等方面有较多的共性，分布地域也有重合，二者互有影响，甚至发现有同一座墓中二者并存的现象。因此，出版的一些图录往往画像石与画像砖兼收。上文所述中外汉画像石的研究的特点，基本上也可以涵盖汉画像砖的研究。但是相对于汉画像石的研究而言，对汉画像砖的探讨尚有待加强。

（三）壁画

汉代墓室与祠堂壁面上装饰的画像石、画像砖往往运用某些雕塑技术进行制作，有一定的浮雕效果，但总体上说仍属于二维的装饰，有的画像石在铭文中就自称为"画"，所以，画像石、画像砖和以彩墨、毛笔绘制的壁画之间的差别只是材料和相应的制作手段不同，实质上是壁画的不同种类。但是，人们在报道和研究中所说的汉代壁画习惯上只是指用彩墨和毛笔绘制的壁画，此处所说的壁画也仅指后者。

1918～1944 年，日本人曾在东北地区的辽阳北园[110]、迎水寺[111]、玉皇庙[112]、南林子[113]和旅顺营城子[114]等地发掘过一批东汉壁画墓，其中包括部分曹魏墓。此外，洛阳的"八里台"壁画墓在 1916 年被盗，部分壁画现藏美国波士顿美术馆[115]。

50 年代以后，考古工作者在河北、河南、山东、辽宁、内蒙古、陕西等省区发掘了一批汉代壁画墓，其中比较重要的发现有 1953 年清理的梁山后银山东汉墓[116]、1954 年在河北望都东关发掘的东汉晚期墓[117]、1955 年继续发掘的望都 2 号墓[118]、1956 年发掘的内蒙古托克托县古城东汉墓[119]、1957 年发掘的洛阳烧沟西汉墓[120]、1959 年清理的山西平陆枣园村新莽墓[121]、1960 年开始发掘的密县打虎亭 2 号东汉墓[122]、1971 年清理的河北安平逯家庄东汉墓[123]、1972 年清理的内蒙古和林格尔新店子东汉墓[124]、1976 年发掘的洛阳西汉卜千秋墓[125]（图二一）、1978 年发掘的洛阳金谷园村新莽墓[126]、1983 年发掘的广州象岗西汉南越王墓[127]、1984 年清理的河南偃师杏园东汉墓[128]、1985 年陕西西安曲江池西汉晚期至东汉早期墓[129]、1987 年发掘的西安交通大学西汉壁画墓[130]。此外，河南永城芒砀山西汉梁王陵也发现有壁画，但目前尚未见正式报告[131]。

图二一　洛阳卜千秋墓墓顶壁画

　　上述汉代壁画墓的数量远不及汉画像石墓，但其中较完整的几座已有报告专集出版，发表了较为全面的资料。此外，《中国美术全集》的"墓室壁画"卷[132]收录了部分彩色照片，黄明兰、郭引强的《洛阳汉墓壁画》一书较系统地收录了洛阳汉墓壁画的材料，为研究汉代墓葬壁画提供了方便。

　　汉代墓葬壁画的研究较为集中的是关于图像题材内容的考证，有的论述涉及年代、墓主以及壁画所反映的一些社会历史问题。其中对于望都墓、和林格尔墓、卜千秋墓等重要墓葬的讨论相对比较集中。杨泓[133]、汤池[134]等还对汉代壁画墓的资料进行了综论。但总的说来，汉墓壁画的资料目前还在积累的过程中，除了洛阳以外，大部分地区的发现都不够系统，目前尚缺乏全面的分期分区研究。墓葬个案的研究还仅仅限于孤立的题材考证，不能结合墓葬结构、随葬品等因素对画像内容进行综合的考察，方法比较单一。这些问题都有待于将来田野考古工作的进一步开展和相关研究的逐步深入。国外学者对于汉墓壁画的研究也比较薄弱，比较重要的成果有早年日本学者对于东北地区墓葬的研究和美国人简·詹姆斯（Jean James）对于和林格尔壁画墓的研究[135]等。

（四）帛画

在汉代墓葬的发掘中曾出土过一些绘在绢帛上的绘画。1972年，湖南长沙马王堆1号西汉墓发现了一幅T形帛画[136]（图二二）。其绘画内容丰富，色彩鲜艳，填补了西汉早期绘画资料的空白，引起了国内外研究者的广泛关注，使汉代帛画的研究成为几十年来汉代考古和美术史研究的一个重要课题。

从50年代至70年代初，考古工作者在甘肃武威磨咀子西汉末至东汉初的第4、23、54号墓中发现绘有日月的铭旌，其中23号墓的一幅绘于麻布上，这些发现应是年代较晚的资料[137]。继马王堆1号汉墓帛画出土以后，1974年又在马王堆3号墓中出土12幅帛画，除了一幅与1号墓相似的铭旌外，还有棺室壁面上张挂的绘画、地图性质的绘画、气功图谱、占卜图谱等其他种类[138]。1976年山东临沂金雀山9号西汉墓出土一幅较完整的铭旌，形制和图像内容较马王堆铭旌简化[139]。1983年广东广州象岗西汉南越王墓出土帛画残片，由于过于残破，难以确定其性质[140]。1997年临沂金雀山民安工地2号西汉墓又发现一幅较完整的铭旌，与以前发现的9号墓铭旌极为相似[141]。

图二二　长沙马王堆一号汉墓帛画

　　汉代帛画的研究最集中的是对于马王堆 1 号墓出土铭旌的讨论。七八十年代，学术界围绕这幅帛画的定名、功用、绘画内容等方面展开讨论。商志䂬等人主张是墓中遣策所说的"非衣"[142]，马雍则主张称为"铭旌"[143]。一般认为其作用在于为死者招魂或引魂升天。安志敏等人认为画面可分为三层，分别描绘了天上、人间和地下的景象[144]，刘敦愿则提出画面均是对地下景象的描绘[145]。还有的学者结合长沙一带发现的战国帛画资料和临沂、武威等地的资料探讨了其来源与去向问题。1992 年美国学者巫鸿则从墓葬整体入手，探讨了以帛画为代表的美术品在丧葬礼仪中的功能和由此反映出的汉代人丧葬观念的一些问题[146]。金维诺曾就马王堆 3 号墓出土的帛画进行讨论[147]，但该墓主要材料发表较晚，有关的研究还有待继续深入。90 年代初以来，刘晓路发表了一系列研究帛画的论文，并在 1994 年出版了《中国帛画》[148]一书。

注　释

[1] 本节参考了下列文献：信立祥：《汉画像石的分区与分期研究》，俞伟超编《考古类型学的理论与实践》第 234～306 页，文物出版社 1986 年版；信立祥：《中国汉代画像石の研究》第 1～4 页，东京，同成社 1996 年版；杨爱国：《山东汉画像石研究的历史回顾》，《山东大学学报》1992 年第 3 期；Wu Hung, The Wu Liang Shrine: The Ideology of Early Chinese Pictorial Art, pp. 1～70, Stanford, Stanford University Press, 1989；巫鸿：《国外百年汉画研究之回顾》，《中原文物》1994 年第 1 期。

[2] E. Chavannes, La Sculpture sur pierre en Chine au temps des deux dynasties Han, Paris: Ernest Leroux, 1893.

[3] E. Chavannes, Mission archeologique dans la Chine septentrionale, Paris: Imprimerie Nationale, 1913.

[4] 东京，佛教刊行会图像部，1915～1920 年。

[5] 关野贞：《支那山东省こぢける于汉代坟墓の表饰》，东京，1916 年，东京帝国大学工科大学。

[6] 色伽兰著、冯承钧译：《中国西部考古记》，中华书局 1955 年版。

[7] 波西尔著，戴岳译，蔡元培校：《中国美术》，商务印书馆 1923 年版；大村西崖著、陈彬和译：《中国美术史》，商务印书馆 1928 年版。

[8] 滕固：《中国美术小史》，商务印书馆 1929 年版；秦仲文：《中国绘画学史》，立达书局 1933 年版；朱杰勤：《秦汉美术史》，商务印书馆 1934 年版；郑昶：《中国美术史》，中华书局 1935 年版；史岩：《东洋美术史》，商务印书馆 1936 年版。

[9] 中华书局 1930 年版。

[10] 哈佛燕京学社 1936 年版；上海金陵大学中国文化研究所 1937 年版。

[11] 鲁迅所藏汉画像石拓片后来结集出版，见北京鲁迅博物馆、上海鲁迅纪念馆编：《鲁迅藏汉画像》，共 2 册，上海美术出版社 1986、1991 年版。

[12] O. Fischer, Die Chinesische Malerei der Han Dynasties, Berlin: Paul Neff Verlag, 1931.

[13] F. S. Drake, "Sculptured Stones of Han Dynasty", Monumenta Serica, 1943, 8, pp.280～318.

[14] 滕县曹王墓的资料丢失，见董作宾《山东滕县曹王墓汉画像残石》，《大陆杂志》第 21 卷第 12 期，1960 年。

[15] 北平考古学社，1936 年。

[16] 孙次舟《汉武梁祠画像一二考释》及文中所附藏云的评论，《历史与考古》第三回（1937 年），第 14～17 页。

[17] 滕固：《南阳汉画像石刻之历史的风格的考察》，《张菊生先生七十生日纪念论文集》，上海印书馆 1937 年版。

[18] Wilma Fairbank, "A Structural Key to Han Mural Art," Harvard Journal of Asiatic Studies, 7, No. 1 (April 1942), pp.52～88; reprinted in Wilma Fairbank, Adventures in Retrieval, pp.87～140, Cambridge Mass., 1972, Harvard University Press.

[19] Wilma Fairbank, "The Offering Shrines of 'Wu Liang Tz 'ǔ'," Harvard Journal of Asiatic Studies, 6, No.1 (March 1941), pp.1～36; reprinted in Wilma Fairbank, Adventures in Retrieval, pp.42～86; 译文见《中国营造学社汇刊》第 7 卷第 2 期，王世襄译。

[20] L. Bachhofer, "Die Raumdarstellung in der chinesischen Malerei des ersten Jahrtausends n. Chr". in Münchner Jahrbuch der Bildenden Kunst, 1931, vol. 3.

[21] G. Rowledy, Principles of Chinese Painting, Princeton: Princeton University Press, 1947, 3.

[22] A. Soper, "Life – motion and the Sense of Space in Early Chinese Representational Art," Art Bulletin, 30, pp.86~167.

[23] 巴黎大学北京汉学研究所, 1950、1951 年。

[24] 原报告误作 442 平方米。

[25] 曾昭燏、蒋宝庚、黎忠义：《沂南古画像石墓发掘报告》，文化部文物事业管理局 1956 年版。

[26] 山东省博物馆：《山东安丘汉画像石墓发掘简报》，《文物》1964 年第 4 期；安丘县文化局、安丘县博物馆：《安丘董家庄汉画像石墓》，济南出版社 1992 年版。

[27] 任日新：《山东诸城汉画像石墓》，《文物》1981 年第 10 期。

[28] 山东省博物馆、山东省文物考古研究所：《山东汉画像石选集》图版 63~67，齐鲁书社 1982 年版。

[29] 山东省博物馆、山东省文物考古研究所：《山东汉画像石选集》图版 161~171，齐鲁书社 1982 年版；管恩洁、霍启明、尹世娟：《山东临沂吴白庄汉画像石墓》，《东南文化》1999 年第 6 期。

[30] 山东省博物馆、苍山县文化馆：《山东苍山元嘉元年画像石墓》，《考古》1975 年第 2 期。

[31] 嘉祥县武氏祠文管所：《山东嘉祥宋山发现汉画像石》，《文物》1979 年第 9 期；济宁地区文物组、嘉祥县文管所：《山东嘉祥宋山 1980 年出土的汉画像石》，《文物》1982 年第 5 期。

[32] 刘善沂、刘伯勤：《山东平阴孟庄汉画像石墓发掘简报》，待刊。

[33] 肖燕：《枣庄发现西汉早中期画像石》，《中国文物报》1991 年 3 月 24 日；王思礼、赖非、丁冲、万良：《山东微山县汉代画像石墓调查报告》，《考古》1989 年第 8 期。

[34] 王献唐：《徐州市区的茅村汉墓群》，《文物参考资料》1953 年第 1 期。

[35] 王德庆：《江苏铜山东汉墓清理简报》，《考古通讯》1957 年第 4 期。

[36] 南京博物院：《徐州青山泉白集东汉画像石墓》，《考古》1981 年第 2 期。

[37] 李鉴昭：《江苏睢宁九女墩汉墓清理简报》，《考古通讯》1955 年第 2 期。

[38] 南京博物院、邳县文化馆：《东汉彭城相缪宇墓》，《文物》1984 年第 8 期。

[39] 安徽省文物管理委员会：《定远县坝王庄古画像石墓》，《文物》1959 年第 12 期。

[40] 王步毅：《安徽宿县褚兰汉画像石墓》，《考古学报》1993 年第 4 期。

[41] 嘉兴地区文管会、海宁县博物馆：《浙江海宁东汉画像石墓发掘简报》，《文物》1983 年第 5 期。

[42] 河南省文物局文物工作队：《河南南阳杨官寺汉代画像石墓发掘报告》，《考古学报》1963 年第 1 期。

[43] 河南省文物局文物工作队：《河南襄城茨沟汉画像石墓》，《考古学报》1964 年第 1 期。

[44] 南阳市博物馆：《南阳发现东汉许阿瞿墓志画像石》，《文物》1974 年第 8 期。

[45] 南阳市博物馆：《南阳县赵寨砖瓦厂汉画像石墓》，《中原文物》1982 年第 1 期。

[46] 南阳地区文物队、南阳博物馆：《唐河汉郁平大尹冯君儒人画像石墓》，《考古学报》1980 年第 2 期。

[47] 河南省文物研究所：《密县打虎亭汉墓》，文物出版社 1993 年版。

[48] 吕品：《中岳汉三阙》，文物出版社 1990 年版。

[49] 陕西省博物馆、陕西省文管会：《陕北东汉画像石刻选集》，文物出版社 1959 年版。

[50] 陕西省博物馆、陕西省文管会写作小组：《米脂东汉画像石墓发掘简报》，《文物》1972 年第 3 期。

[51] 绥德县博物馆：《陕西绥德汉画像石墓》，《文物》1983 年第 5 期。

[52] 吴兰：《绥德呜咽泉画像石墓》，《文博》1992 年第 5 期。

[53] 陕西省考古研究所、榆林地区文物管理委员会：《陕西神木大保当第 11 号、第 23 号汉画像石墓发掘简报》，《文物》1997 年第 9 期。

[54] 唐长寿：《乐山崖墓与彭山崖墓》，成都电子科技大学出版社 1993 年版。

[55] 高文、高成刚：《中国画像石棺艺术》，山西人民出版社 1996 年版；高文：《四川汉代画像石》，巴蜀书社 1987 年版。

[56] 成都市文物管理处：《四川成都曾家包东汉画像砖石墓》，《文物》1981 年第 10 期。

[57] 于豪亮：《记成都扬子山一号墓》，《文物参考资料》1955 年第 9 期。

[58] 重庆市文化局等：《四川汉代石阙》，文物出版社 1992 年版。

［59］朝花美术出版社 1955 年版。

［60］中国古典艺术出版社 1957 年版。

［61］上海人民出版社 1988 年版。

［62］齐鲁书社 1982 年版。

［63］山东美术出版社 1986 年版。

［64］山东美术出版社 1992 年版。

［65］科学出版社 1959 年版。

［66］江苏美术出版社 1985 年版。

［67］文物出版社 1985 年版。

［68］上海人民美术出版社 1981 年版。

［69］上海人民美术出版社 1988 年版。

［70］文物出版社 1990 年版。

［71］河南美术出版社 1998 年版。

［72］陕西人民美术出版社 1985 年版。

［73］上海群联出版社 1955 年版；中国古典艺术出版社 1956 年版。

［74］巴蜀书社 1987 年版。

［75］文物出版社 1998 年版。

［76］文物出版社 1990 年版。

［77］《考古与文物》1980 年第 4 期。

［78］蒋英炬、吴文祺：《武氏祠画像石建筑配置考》，《考古学报》1981 年第 2 期。

［79］见〔1〕。

［80］山东美术出版社 1995 年版。

［81］见〔1〕。

［82］文物出版社 1995 年版。

［83］R. C. Rudolph, Han Tomb Art of West China, Berkeley, University of Berkeley Press, 1951.

［84］H. Y. Shih, "Early Chinese Pictorial Style: From the Later Han to the Six Dynasties." Ph. D. dissertation, Bryn Mawr College, 1961.

［85］Stories from China's Past, San Francisco, Chinese Cultural Foundation, 1987.

［86］林巳奈夫：《后汉时代の车马行列》，《东方学报》第 37 册，京都版，1964 年。

［87］长广敏雄：《汉代画像の研究》，东京，中央公论美术出版，1965 年。

[88] 林巳奈夫：《汉代の文物》，京都，京都大学人文科学研究所，1976 年。

[89] 土居淑子：《古代中国の画像石》，京都，同朋舍，1986 年。

[90] Wu Hung, The Wu Liang Shrine: The Ideology of Early Chinese Pictorial Art.

[91] Martin Powers, Art and Political Expression in Early China, New Haven, Yale University Press, 1991.

[92] Lydia Thompson, "The Yi'nan Tomb: Narrative and Ritual in Pictorial Art of the Eastern Han," Ph.D. dissertation, New York, New York University, 1998.

[93] 郑州市博物馆：《郑州新通桥汉代画像空心砖墓》，《文物》1972 年第 10 期。

[94] 洛阳地区文管会：《宜阳县牌窑西汉画像砖墓清理简报》，《中原文物》1985 年第 4 期。

[95] 河南省南阳地区文物研究所：《新野樊集汉画像砖墓》，《考古学报》1990 年第 4 期。

[96] 高文：《四川汉代画像砖》第 1 页，上海人民美术出版社 1987 年版。

[97] 常任侠：《整理重庆江北汉墓遗物纪略》，《常任侠艺术考古论文选集》第 15 ～18 页，文物出版社 1984 年版。

[98] 同 [57]。

[99] 四川省文物管理委员会：《四川新繁清白乡东汉画像砖墓清理简报》，《文物参考资料》1956 年第 6 期。

[100] 高文：《四川汉代画像砖》，上海人民美术出版社 1987 年版。

[101] 文物出版社 1957 年版。

[102] 人民美术出版社 1963 年版。

[103] 上海人民美术出版社 1985 年版。

[104] 河南美术出版社 1986 年版。

[105] 上海人民美术出版社 1987 年版。

[106] 河南美术出版社 1988 年版。

[107] 文物出版社 1990 年版。

[108] 上海书画出版社 1993 年版。

[109] 文物出版社 1983 年版。

[110] 李文信：《辽阳北园壁画古墓纪略》，《国立沈阳博物馆筹备委员会汇刊》第 1 期，1947 年。

[111] 冢本靖：《辽阳太子河附近の壁画ある古坟》，《考古学杂志》第 11 卷第 7 号，1921 年，东京。

［112］冈崎敬：《安岳三号坟の研究》，《史渊》第93辑，福冈，1964年。

［113］原田淑人：《辽阳南林子の壁画古坟》，《国华》629号，1943年，东京。

［114］东亚考古学会：《营城子》（《东亚考古学会丛刊》第四册），1934年，东京。

［115］苏健：《美国波士顿美术馆藏洛阳汉墓壁画考略》，《中原文物》1984年第2期。

［116］关天相、冀刚：《梁山汉墓》，《文物参考资料》1955年第5期。

［117］北京历史博物馆、河北文管会：《望都汉墓壁画》，中国古典艺术出版社1955年版。

［118］河北省文化局文物工作队：《望都二号汉墓》，文物出版社1959年版。

［119］罗福颐：《内蒙古自治区托克托县新发现的汉墓壁画》，《文物参考资料》1956年第9期。

［120］河南省文化局文物工作队：《洛阳西汉壁画墓发掘报告》，《考古学报》1964年第2期。

［121］山西省文物管理委员会：《山西平陆枣园村壁画汉墓》，《考古》1959年第9期。

［122］河南省文物研究所：《密县打虎亭汉墓》，文物出版社1993年版。

［123］河北省文物研究所：《安平东汉壁画墓》，文物出版社1990年版。

［124］内蒙古自治区博物馆文物工作队：《和林格尔汉墓壁画》，文物出版社1978年版。

［125］洛阳博物馆：《洛阳西汉卜千秋壁画墓发掘简报》，《文物》1977年第6期。

［126］洛阳博物馆：《洛阳金谷园新莽时期壁画墓》，《文物资料丛刊》第9期，1985年。

［127］广州市文物管理委员会等：《西汉南越王墓》第28页，彩版1、2，文物出版社1991年版。

［128］中国社会科学院考古研究所：《杏园东汉墓壁画》，辽宁美术出版社1995年版。

［129］徐进等：《西安南郊曲江池汉唐墓葬清理简报》，《考古与文物》1987年第6期。

［130］陕西省考古研究所等：《西安交通大学西汉壁画墓》，西安交通大学出版社1991年版。

［131］安金槐：《芒砀山西汉时期梁国王陵墓群考察记》，《文物天地》1991年第5期。

[132] 宿白主编：《中国美术全集·绘画编12·墓室壁画》，文物出版社1989年版。

[133] 杨泓：《汉代的壁画墓》，中国社会科学院考古研究所编：《新中国的考古发现和研究》第447～451页，文物出版社1984年版；杨泓：《美术考古半世纪——中国美术考古发现史》第131～148页，文物出版社1997年版。

[134] 汤池：《汉魏南北朝的墓室壁画》，《中国美术全集·绘画编12·墓室壁画》，文物出版社1989年版。

[135] Jean James, "An Iconographic Study of Two Late Han Funerary Monuments: The Offering Shrines of the Wu Family And the Multichamber Tomb at Holingor", Ph.D. dissertation, Iowa University, 1983.

[136] 湖南省博物馆、中国科学院考古研究所：《长沙马王堆一号汉墓》，文物出版社1973年版。

[137] 甘肃省博物馆：《武威磨咀子三座汉墓发掘简报》，《文物》1972年第12期。

[138] 傅举有、陈松长：《马王堆汉墓文物》，湖南出版社1992年版。

[139] 临沂金雀山汉墓发掘组：《山东临沂金雀山九号汉墓发掘简报》，《文物》1977年第11期。

[140] 林力子：《西汉南越王国美术略论》，《美术史论》1991年第4期。

[141] 金雀山考古发掘队：《临沂金雀山1997年发现的四座西汉墓》，《文物》1998年第12期。

[142] 商志䕩：《马王堆一号汉墓"非衣"试释》，《文物》1972年第9期。

[143] 马雍：《论长沙马王堆一号汉墓出土帛画的名称和作用》，《考古》1973年第2期。

[144] 安志敏：《长沙新发现的西汉帛画试探》，《考古》1973年第1期。

[145] 刘敦愿：《马王堆西汉帛画的若干神话问题》，《文史哲》1978年第4期。

[146] Wu Hung, "Art in Its Ritual Context: Rethinking Mawangdui," Early China, 17, pp.111～145；见陈星灿译《礼仪中之美术：马王堆的再思》，中国社会科学院考古研究所：《考古学的历史·理论·实践》第404～430页，中州古籍出版社1996年版。

[147] 金维诺：《谈长沙马王堆三号汉墓帛画》，《文物》1974年第11期。

[148] 中国书店1994年版。

六　汉代铜器的发现、著录与研究

这里所说的汉代铜器，主要是指汉式铜器，周边少数民族的铜器则不包括在内。此外，诸如铜镜、钱币、印章、车马器、兵器等因属于专门的领域，本文均不涉及。

（一）汉代铜器的发现与著录

北宋时期的金石学著录铜器的重点是商周彝器，吕大临《考古图》、赵明诚《金石录》、薛尚功《历代钟鼎彝器款式法帖》等书对汉代铜器虽有著录，但数量有限。清代对汉代铜器的收集、整理有了较大进展，如王杰等编撰的《西清续鉴》甲编所著录汉代铜器有铭文者达 288 件之多，其他如端方《陶斋吉金录》收录汉代有铭文铜器 102 件，阮元著《积古斋钟鼎彝器款识》收录汉代铜器铭文 89 件等。

20 世纪前期，近代考古学传入我国，但工作的重点在史前及三代，发掘出土的汉代铜器极为有限，但著录传世汉代铜器的专门书籍已经出现。清末翁方纲的《两汉金石记》二十二卷，开专门著录汉代吉金之先河。1931 年容庚编著的《秦汉金文录》出版，其中《汉金文录》七卷，收罗汉金铭文拓片、摹本 749 件，全部按原大影印，是为此前汉代铜器铭文著录的集大成者。1935 年容庚的《金文续编》由商务印书馆刊行，成为第一部专门汇编秦汉铜器文字的字书。这个阶段出版的其他金石学著作则多沿袭以往模式，所录内容亦未超出《汉金文录》。其中，图录类如罗振玉《梦䣄草堂吉金图》、目录类如罗福颐《三代秦汉金文著录表》、款识类如吴大澂《愙斋集古录》等较为重要。

50 年代以后随着新中国考古事业的发展，考古发掘出土的汉代铜器数量很多，其中一次性集中出土较多者有如下几批：1961 年西安三桥镇高窑村出土汉代铜器 22 件，除一件锺外其余的均有铭文[1]；1968 年发掘的河北满城西汉中山靖王刘胜墓，出土铜器 64 种 419 件，其妻窦绾墓出土铜器 40 类 188 件，特别是像错金博山炉、长信宫灯（图二三）、鸟篆文壶等一批错金银、镶嵌、鎏金的高级铜器的出土，改变了人们对汉代铜器的认识[2]；1969 年甘肃武威雷台东汉墓共出土铜器 171 件，尤以近百件铜人俑、铜车马组成的车马仪仗引人注目，其中一件铜奔马造型独特，被视为汉代铜器艺术的代表作[3]；1976 年发掘的广西贵县罗泊湾一号墓，出土各类铜器 192 件，可分为汉式与越式两种风格[4]；1978～1980 年间发掘的西汉齐王墓器物坑，出土铜容器及生活用具 75 件、乐器 2 件、车马器 4352 件、兵器 1904 件、仪仗器及其他 418 件，总量达 6751 件[5]；1981 在茂陵一号无名冢一号从葬坑出土铜器 40 余件，其中 16 件刻有"阳信家"铭文，而鎏金铜马、鎏金铜竹节熏炉堪称国宝级文物[6]；1982 年发掘的徐州石桥二号墓出土铜器 40 余件，仅明光宫铜器就达 10 余件[7]；1983 年发掘的广州象岗第二代南越王墓出土了容器、乐器、兵器、车马仪仗器等各类铜器 1600 余件，体现了南越国多元文化面貌[8]。其他如广西合浦望牛岭西汉木椁墓[9]、湖南永州鹞子岭二号西汉墓[10]等出土的成组细线纹铜器（图二四），则为研

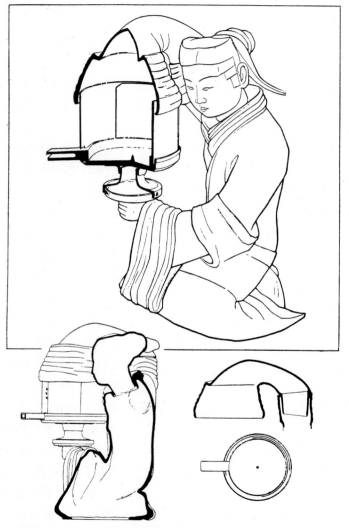

图二三　满城陵山二号墓出土"长信宫"铜灯

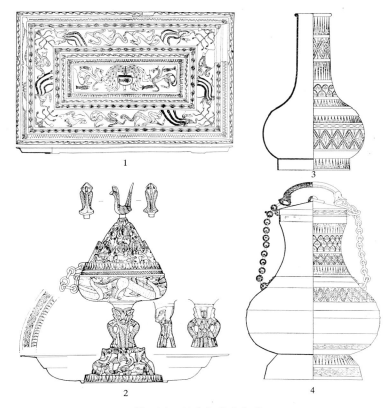

图二四　汉代细线纹铜器

1. 广西梧州旺步 2 号墓铜案　2. 湖南永州鹞子山 2 号西汉墓铜薰炉

3. 广西合浦西汉木椁墓长颈壶　4. 广西合浦西汉木椁墓提梁壶

究汉代南方铜器提供了很有价值的资料。

　　除以上集中出土的重要铜器群外，零散出土的汉代铜器也非常可观。各地从贵族、官僚到一般的中小地主的汉代墓葬中，一般都有青铜器随葬，汉代遗址、窖藏中也时有铜器出土。此外，各文博单位也陆续征集到一批汉代铜器，如西安市文物中心征集的梁山宫熏炉、奇华宫铜炉、成山宫鼎等，都属于汉代铜器的精品[11]。

汉代青铜矿冶遗址的调查与发掘对于研究汉代铜器手工业十分重要。1953 年在河北承德发现西汉铜矿与炼铜遗址[12]、1958 年在山西运城发掘东汉铜矿遗址[13]、1977～1978 年在广西北流铜石岭发掘汉代冶铜遗址[14]等。此外，在陕西、河南、四川等地还发现了多处铸钱遗址，如河南邓县东汉铸钱遗址[15]、陕西澄城坡头村西汉铸钱遗址[16]、四川西昌黄联镇东坪村大型冶铜铸币遗址等。西汉曾在今安徽铜陵铜官山下设"铜官"，考古工作者在铜陵县调查发现了九处汉代冶铜遗址和四处采矿遗址[17]。

有关汉代出土铜器资料的整理与著录，除发掘简报、报告外，综合性的专门著作也已出版了几部。文物出版社出版的《中国青铜器全集·秦汉卷》是一部专门收集秦汉铜器精品的图录性著作，该书收录秦汉铜器 170 余件，汉代铜器占绝大部分。全书第一部分有俞伟超的序言《秦汉青铜器概论》，第二部分则为彩色图版，第三部分为图版说明。该书著录汉代铜器数量虽不算多，但基本涵盖了各个重要器类[18]。孙慰祖、徐谷甫编著的《秦汉金文汇编》[19]是继容庚《秦汉金文录》之后一部比较全面汇集秦汉金文的著作，所收录多为新出土的铜器铭文。丘光明《中国历代度量衡考》[20]一书收汉尺 98、汉容器 63、汉权衡 45，半数以上为铜器，其中对于汉代尺度、汉代容量、汉代权衡都有综合考述，是这一领域研究的重要工具书。

（二）汉代铜器的综合与专题研究

　　早期金石学对汉代铜器的研究多限于对个别器物铭文的考释，所著录器物中亦不乏伪器。清末民国时期，器物辨伪成为汉代铜器研究的一个重要方面，罗振玉、容庚、罗福颐、马衡等都为此做了大量工作。对汉代铜器的个案研究也取得一定成果，如清孙诒让《汉卫鼎考》[21]、容庚《汉代服御器考略》[22]、顾廷龙《读汉金文小记》[23]、马衡《汉延寿宫铜灯跋》[24]等。此外，刘复《新嘉量之校量及推算》[25]、颜希深《莽量函率考》[26]、励乃骥《新嘉量五量铭释》[27]以及马衡《新嘉量考释》[28]等论文围绕新莽嘉量所展开的讨论形成了一个小的热点。

　　50 年代以来，文物考古工作获得了大量的汉代铜器新材料，据徐正考统计，仅新公布的汉代有铭铜器就超过了 600件。这些新资料多为科学发掘所得，史料价值远非传世品所能及。由于考古学理论与方法的引入，使得汉代铜器的研究从此步入了一个新的阶段。

　　首先，发表汉代铜器资料的考古简报、报告在铜器断代、铭文考释、器主推定等方面先行作了大量的研究工作。如《洛阳烧沟汉墓》[29]对汉代铜镜所作的分期编年，长期以来为考古界所沿用。《满城汉墓发掘报告》对若干铜器进行了深入研究。《广西贵县罗泊湾汉墓》则对一号墓出土青铜乐器进行了音高测定及相关问题的研究。总之，这些简报、报告所做的基础性工作，本身就是汉代铜器研究的一个重要组成部分。

　　综合研究方面，孙机著《汉代物质文化资料图说》[30]，虽不是研究汉代铜器的专著，但对汉代铜器几乎所有器类的形制特点及名称功用等都有所涉及。陈直虽未发表汉代铜器研究的专著，但在《史记新证》、《汉书新证》、《三辅黄图校正》、《两汉经济史料论丛》、《文史考古论丛》等著作中，或考释铭文，或研讨汉金制度，或考补校正史料，贡献颇多。王仲殊《汉代考古学概说》[31]、宋治民《汉代手工业》[32]等著作则对汉代铜器和铜器手工业都有很好的研究。王振铎《东汉车制复原研究》[33]运用大量文献、图像与民族学材料对汉代车制进行复原探讨，对铜车马器多有涉及。

与专门著作相比，有关汉代铜器研究的论文数量颇多，根据研究对象之不同，这些论文（也包括著作在内）可基本可分为四大类：

1. 汉代铜器制造业研究

铜器制造业作为汉代手工业的重要部门，在当时社会生活中占据着重要的地位，但 50 年代以前基本没有涉及这一问题。50 年代以降随着新资料的日益丰富和考古学科的发展，特别是 80 年代以后，汉代铜器制造业成为学界关注的一个重点课题。

陈直在《两汉经济史料论丛》[34] "关于两汉的手工业" 一章中，对汉代铜器制作规模、器价、种类与造作机构的关系等方面进行了研究，文后附 "两汉工人题名表"，殊为创举。王仲殊在《汉代考古学概说》的 "汉代的铜器" 中，对汉代铜器的生产规模、制作机构等方面作了概括性的论述，指出汉代的铜器制造是由中央的尚方和考工，地方的工官和私营铜器作坊三者完成的。宋治民《汉代手工业》中将 "铜器铸造手工业" 专列一章，从铜器铸造手工业的经营管理、铜的生产和供应等方面进行了全面的探讨，并专门论述了铸镜、铸钱业。俞伟超分析了汉代铜器制造业从西汉中晚期官营手工业兴盛，到东汉中后期衰落，而私营铸铜业得到极大发展的演变历程，指出这一巨大转变与社会发展密切相关[35]。

近年来，学界对汉代地方铜器制造业的研究也取得重要进展。如张荣芳等《汉代岭南的青铜铸造业》[36]一文，对1949～1991年间岭南地区出土的汉代青铜器的数量、种类进行了统计分析，认为其大多数是岭南本地铸造的，并对汉代岭南地区的青铜器铸造技术以及辅助工艺、装饰工艺进行了研究。周琍《汉代江南铸铜业的发展》[37]，黄今言《秦汉江南经济述略》[38]一书中之"青铜器"部分，分别对汉代江南地区的铜器铸造业进行了探讨。罗二虎则在《秦汉时代的中国西南》[39]一书中，探讨了汉代西南地区的铸钱业、私营铜器制造业和云南青铜器取得的成就。此外，蔡葵《论云南汉代青铜器铸造业》及《云南汉代制造的商品性铜器》[40]、逄振镐《秦汉时期山东制铜业的发展》[41]、马国荣《汉代新疆的手工业》[42]等文，分别探讨了云南、山东、新疆等地汉代铜器的生产与贸易情况。

2．汉代铜器铭文研究

此项研究又可分为基础性的文字考释、相关制度的探讨以及若干专题性的研究几类。徐正考的博士学位论文《汉代铜器铭文研究》[43]，是目前该领域的总结性著作。全书分为九章，引言部分对汉代铜器铭文著录、研究的历史进行了回顾，然后分别探讨了"物勒工名"制度、"纪年与断代"、"器类、器名与制作地、制作机构"、"器物制作数量与器物编号"、"度量衡问题"、"器物的转送与买卖"、"器铭所见宫观、共厨、国邑汇考"、"文字问题"等八个方面的问题。书后列附录两种，一为参考文献，列专著 145 种，论文 260 篇；一为汉代铜器铭文汇集，收汉代铜器铭文释文 1282 篇，一半以上为建国后新出材料。1963 年西安高窑村铜器群资料发表，同时刊发了陈直的文章[44]，在文字考释的基础上，进而探讨了汉代工官设置、方物贡纳、器物征调、铸器规模等问题。黄展岳对文字做了进一步补释，并提出了一些新的看法[45]。满城汉墓发掘简报发表后即引起学界极大兴趣，其中对错金银鸟篆文铜壶的文字释读更引起了一场争论。肖蕴最早给出了释文，后《考古》刊发了三篇讨论文章，张振林、杨向奎等也分别著文做了考释[46]。淄博窝托村西汉齐王墓随葬坑出土的许多青铜器及银器上刻有铭文，黄展岳在对器物坑 46 件铜器铭文进行考释后指出，该批器物铭刻的体例、文字均与汉初刻铭一致，并由之推定墓主只可能是一、二代齐王[47]。李学勤《齐王墓器物坑铭文试析》[48]，分器类考释了该坑出土的铜器及银器铭文，并对其中所涉及的职官、宫室、地理、度量衡等问题做了探讨。周世荣《湖南战国秦汉魏晋铜器铭文补记》[49]一文，考释新出汉代铜器 40 余件，文中还公布了各类铜印 375 枚，以汉晋铜印居多。此外，很多学者对个别器物或器类的铭文做了考证，此不赘述。

在对文字考释的基础上，相关制度史的研究所涉及的方面较多，大致有以下几个方面：

工官制度的研究　方诗铭《从出土文物看汉代"工官"的一些问题》[50]一文，将出土文物与文献史料相结合，指出关东六郡工官的主要任务是制造兵器，而蜀、广汉两郡工官源于秦代，在西汉八郡工官中设置最早，主造漆器、铜器，同时论述了工官制度的沿革与职能。杨琮指出河内工官弩机始造年代不会晚于汉武帝初年，可能早到文景时期，生产下限不会晚于西汉末年，并由此认为河内工官的设置可能也在文景之世甚至更早[51]。郝良真对"蜀西工"做了探讨[52]。刘绍明、曾照阁则对南阳工官问题做了初步的研究[53]。汉长安城未央宫三号建筑遗址出土了数万枚刻字骨签，与铜器、漆器铭文中的工官制度密切相关，刘庆柱对此进行了初步研究，讨论了汉代工官的设置年代、工官制度的变化等问题，文中对"三工官"的考证颇具新意[54]。相信随着骨签资料的公布，汉代工官制度的研究将会有重大突破。

度量衡制度研究　高志辛认为"亩锺之田"之锺容量为一石，汉代锺、石异名，所表容量相同[55]。高维刚反对高志辛说法，认为汉一锺为十斛[56]。王忠全指出"斛"的容量为十斗，"石"的重量为一百二十斤，汉简反映的"大、小石"问题为"大、小斛"问题，而锺量在汉代已非标准量器[57]。杨哲峰则以文献、简牍与汉代铜量器相佐证，指出两汉之际容量"十斗"的概念经历了从"石"到"斛"的变化，"十斗为斛"的出现是王莽改变量制的结果[58]。胡戟则指出新莽尺长度在 23～23.1 厘米之间，量值约为每升容 200 毫升[59]。孙机考证黄钟律管直径为 0.872 厘米，合 3.385 分，证实了汉代"同律、度、量、衡"记载的可靠性[60]。乔淑芝论证了"蒲反田官"设置的机关背景与地理位置，指出"蒲反田官"器是在河东渠田工程中使用的量器[61]。

宫观祠畤研究　陈直《考古炳烛谈》[62]之"西汉宫殿名称考佚"，从汉铜器及瓦当中考索出文献所未见之宫殿佚名 23 条，补史之阙。李仲操《羽阳宫鼎铭考辨》[63]，在对羽阳宫鼎铭考释的基础上讨论了汧供厨、羽阳宫、高唐三处祀地。前引徐正考《汉代铜器铭文研究》从汉代金文中检索出宫观 62、共厨 36、陵庙 11、府库 18、邸舍 6、国邑 53，做了一件很有意义的工作。

"阳信家"铜器　满城汉墓及茂陵一号无名冢一号从葬坑出土"阳信家"铜器多件，学界围绕这些铜器的所有者问题展开了探讨，主要有两种观点：一种认为阳信家为"阳信夷侯刘揭之家"，《满城汉墓发掘报告》及秦进才[64]等均持此说；另一种观点则认为当属武帝姊"阳信长公主"之家，负安志、丰州、赵化成等从不同角度做了论证[65]。近来韩若春对此争论进行了总结并提出新的看法，同意阳信家铜器与阳信侯刘揭父子无关，但认为也非阳信长公主始终所有[66]。对此，岳起著文进行了反驳[67]。

朱提堂狼器研究　孙太初《朱提堂狼铜洗考》[68]一文介绍了朱提堂狼洗的著录情况，指明其为今云南昭通地区制造，将以往金石著录统称的此类"洗"分为洗、盘、釜、鍪四类，对昭通器与蜀郡器在款识与纹饰方面的不同细加辨识，文后附《朱提堂狼铜洗年表》，收 46 器。胡顺利认为勉县出土的"元兴元年堂狼作"铜盆是东晋元兴元年（公元 402 年）堂狼县铸造[69]，引起争论。蔡葵、郭清华等分别从堂狼洗款识、堂狼县沿革及出土单位的墓葬形制、随葬品组合等方面指出该器应为东汉和帝元兴元年制做，绝非晋器[70]。

除上述问题外，李学勤《汉代青铜器的几个问题——满城、茂陵所出金文的分析》[71]一文，从满城、茂陵出土青铜器铭文出发考察了这两批铜器的制造地、赠予关系以及器物编号等诸问题。徐正考在此启发下作《汉代铜器铭文中的编号》[72]，推测汉代铜器生产规模，对铜器编号的方式、性质、特点等进行了总结。赵化成《汉"建元"、"元光"、"元朔"诸器辨伪兼及武帝前期年号问题》[73]一文，通过对有年号诸器特别是铜器的辨伪，结合考古出土的诸多有纪年文物论证武帝前期年号为后来追记，从而给这个长期争论的问题画上了句号。

3. 汉代铜器器物学研究

在汉代铜器的综合性研究方面，王仲殊在《汉代考古学概说》中，概述了汉代铜器的形制、花纹的变化，同时注意到了镀金、细线纹、浮雕、镶嵌、错金银等工艺上的发展与创新，并重点讲了铜镜的演变。俞伟超《秦汉青铜器概论》，阐述了秦汉青铜器在中国青铜器发展史上的重要地位，分西汉前期、西汉中期至东汉早期、东汉中晚期三个阶段论述了汉代铜器的器类组合、形制特点、工艺特征和生产方式等，是秦汉铜器研究的提纲挈领之作。杜迺松多次撰文指出汉代青铜工艺具有五个特点：错金银与镶嵌工艺更加精湛并有所创新；鎏金工艺发展到一个新的高峰；西汉后期以后细线刻纹工艺在南方、西南地区得到很大发展；分铸套接与铆钉技术有所发展；釦器流行为青铜细工工艺开辟了更广阔的天地[74]。杨菊花指出秦汉时期为青铜文化的"重人阶段"，此期铜器的世俗化与商品化互相促进，器物的种类和造型趋于实用，器表的装饰为满足人们的不同层次需求向豪华与朴素两极发展，官私营冶铜作坊的并存保证了社会需求，而边远地区礼器和实用器并存的两极现象则展示出两汉青铜文化的丰富多彩[75]。宋治民依风格之不同将汉代铜器分为三个地区：中原地区，以素面为主，亦有部分铜器采取鎏金、错金银、镶嵌等工艺；北方地区，指长城内外广大地区，器表多铸出浅浮雕花纹，有些则在器表素面上施彩绘；南方地区，即岭南地区，以细线纹铜器为代表[76]。美国学者艾兰对汉代细线纹铜器进行了初步分析，概括了该类铜器的基本特征，认为其可能是古代越族的作品[77]。张景明研究了汉代铜器在北方草原地区的分布，将之分为汉族、匈奴、鲜卑三类，进而探讨了各类铜器的艺术特征与文化交流[78]。杨琮分析了福建崇安汉城出土的青铜器，从而认为西汉闽越国并没有发达的铜器铸造业，主要依靠从中原地区输入[79]。李龙章对广州西汉南越王墓出土的铜容器进行了形态分析，进而认为这些器物均为实用器，没有严格的礼器组合形式，文化属性复杂，自铸品与输入品相杂，时代特征参差不齐，反映了先秦越族青铜文化传统的延续和秦楚越文化在岭南的交融[80]。

上述论文之外的研究则主要集中在以下几个专题：

器物类型学研究 黄展岳研究了铜提筒的流行区域、用途，同时论述了其不同地区的源流与族属[81]。陈文领博对战国至三国时期铜鍪进行了类型学分析，考察了其起源、传播、制法与功能[82]。张小东概括了汉至南北朝时期鐎斗器型的变化，并对"鐎斗"、"熨斗"和"刁斗"进行了区分[83]。李陈奇对战国到汉初的蒜头壶进行了型式分析，并认为汉代的长颈壶亦由之发展而来[84]。

器物功用研究 孙机、黄盛璋、宁立新、杨纯渊等对汉代铜染杯染炉的用途进行了讨论[85]。郑同修认为汉晋流行的鱼纹铜洗当为婚嫁所用媵器[86]。王志浩等考察了汉代青铜熏炉的医疗保健价值[87]。程永建认为东汉墓中常见的一种形状独特的长方形铜饰既非压胜钱，也非铜锉或厨房用具，而是古人用于梳理马匹毛发的铜刷[88]。邓超指出汉代多见的铜长颈壶当为投壶游戏之"投壶"[89]。

武威雷台东汉墓出土的车马俑，因盗扰其原始排列形式已不可知。初师宾等将全部铜俑分为墓主的车骑导从、墓主的骏马良骥、墓主亲属家吏的车马、粮物辎重车辆四个组别，并依此作出了俑人车马组合复原图[90]。同墓出土铜奔马的命名与内涵吸引了众多学者关注，顾铁符认为其是汉代的相马法式，且很可能是马援法式的复制品[91]，张永明、张东辉、黄新生、周本雄等则从不同角度提出了自己的见解[92]。

四川、陕南及云贵地区东汉墓中多随葬一种铜质"钱树"，近年来学者围绕其思想内涵展开了热烈讨论。俞伟超指出钱树的突然流行"看来和道教信仰有关"[93]，鲜明著文从摇钱树图像、分布地域、衰消时间等方面论证钱树当为早期道教（天师道或为五斗米道）之遗物[94]，巫鸿等很多学者对此观点表示赞同[95]。周克林认为钱树是巴蜀文化遗俗、两汉文化、经济活动三者共同作用的产物，反映了民间巫教性宗教思想，最近又指出摇钱树与三星堆铜神树一脉相承，是西南地区汉人的引魂升天之梯[96]。贺西林、邱登成[97]等则指出了钱树与神仙思想的关系。何志国研究了钱树上的"佛像"造型[98]。钟坚、江玉祥等也从不同角度进行了探讨[99]。

重庆地区东汉墓中常出土一种刻划有"天门"字样的鎏金铜装饰，刘弘较早披露了这批资料并对图案中人物的身份进行了初步分析[100]。重庆巫山县文物管理所《重庆巫山县东汉鎏金铜牌饰的发现与研究》[101]，则对该类铜器进行了全面的介绍，并根据刻划内容做了分类，探讨了其蕴涵的风俗信仰。

4. 汉代铜器的科技考古研究

科技考古是一个新兴领域，在汉代铜器研究中应用的并不是非常广泛，目前展开的讨论主要集中在以下几个方面：

铜漏壶　全和钧等对西汉漏壶的形式、单壶漏刻的特点、刻箭的不均匀刻划以及西汉计时精确度与单壶的关系等做了研究[102]。孙中指出西汉早期漏壶为沉箭漏，晚期则多为浮箭漏，浮箭是漏刻的读数装置，汉代漏壶出水管有控制装置，达到了很高的精度[103]。王振铎介绍了金石著录及考古发掘所见的5件西汉漏器，对漏刻、漏壶、漏箭与漏卮作了解释[104]。陈美东将西汉漏壶分为泄水型（沉箭式）与受、泄水型（浮—沉箭式）两种类型，并对漏箭及其刻划、流管口径的调试等提出了自己的看法[105]。

铜圭表　1965 年江苏仪征东汉墓中出土了一件铜圭表，车一雄等认为是天文测量仪器[106]。李强则认为此圭表并不真正用于天文观测，而是道家专用的计时工具[107]。

铜卡尺　新莽卡尺在金石著作中多有著录，但解放前大多流散佚失。刘东瑞披露了中国历史博物馆藏的一件新莽铜卡尺，指出其是世界上最早的游标卡尺[108]。邱隆、丘光明对此持反对意见[109]。白尚恕则研究了卡尺的构造、用法，并在数理上做了分析[110]。

蒸馏器　上海博物馆 50 年代拣选了一件汉代青铜蒸馏器，马承源《汉代青铜蒸馏器的考古考察和实验》[111]一文，从形制、纹饰等方面对比考古发掘材料，指出其铸造年代当为西汉晚期到东汉早期，并进行了蒸馏实验，证明其具备蒸馏、分馏等作用。

此外，孙淑云等对广西北流县铜石岭冶铜遗址的冶金遗物作了检测分析，认为该遗址是一处兴盛于东汉、南朝的采矿与冶炼遗址，用鼓风竖炉法炼铜，有一定的生产能力和生产规模[112]。吕烈丹指出南越王墓出土的青铜印花凸版是丝织物印花用的阳文版，并认为汉初岭南有着发达的丝织业[113]。卜琳探讨了秦汉铜器"黑漆古"的形成机理与耐蚀性，在此基础上重新界定了"黑漆古"的概念[114]。

（三）汉代铜器研究的总结与展望

汉代铜器的著录与研究大体可分为三大阶段。

第一阶段为北宋至清末。与商周彝器相比，汉代铜器并没有得到足够的重视，著录汉代铜器的专门著作尚未出现，但金石学著作对传世汉代铜器的收集、保存之功不可没。

第二阶段为民国时期，以《汉金文录》为代表的专门著录汉代铜器著作的出现，使得汉代铜器成为相对独立的研究领域。专题研究方面注重铜器的辨伪以及文字的考订，但有学者已经开始注意到铜器所涉及的相关制度的研究。这一时期是从金石学向考古学的转变阶段。

第三阶段为新中国建立后的 50 余年。随着田野考古工作的全面展开，科学发掘出土的汉代铜器日益丰富，汉代铜器研究步入考古学阶段。研究领域扩展到了铜器制造业、器物学、科技考古等诸多方面，综合研究成果显著，汉代铜器研究已经成为秦汉考古学的一个重要组成部分。

汉代铜器研究尽管已经取得诸多成果，但还存在一些问题。

长期以来，人们认为铜器发展到汉代，已经失去了其在商周时期的那种辉煌。因而，除了一些精品外，对一般汉代铜器重视不够。例如对发掘出来的汉代铜器，不能及时修复和发表，一些地县文化馆、博物馆中还藏有相当数量但未发表的汉代铜器，其中也有不少有铭文的重要铜器。

就汉代铜器的研究而言，人们还是比较关注高级铜器或是有铭文的铜器。迄今为止，尚没有全面建立汉代铜器的分类、分期编年谱系。汉代铜器的产地、贸易、冶铜技术等方面的研究还很不够。汉代铜矿遗址、冶铸遗址的调查发掘尚少。汉代铜器上花纹丰富，目前还较少有人关注。再如铜器的科技考古研究，可以大有作为的领域还很多，譬如铅同位素分析、合金成分分析等，可为解决铜器的产地等提供重要参考。

俞伟超指出："秦汉青铜器……以质朴的气息，开始了写实的传统，反映出一种新的时代精神。正是由于这些新特点，秦汉青铜器仍是中国古代文化中的重要内容，古代艺术中的瑰宝"[115]。汉代铜器虽不如三代铜器那样占有举足轻重的地位，但汉代错金银、镶嵌、鎏金高级铜器已足以让人赏心悦目，而一般铜器的产量更是巨大，成为普通民众的生活必需品，在社会生活中占有重要地位。因此，汉代铜器的研究是秦汉考古中的重要方面。相信随着新资料的不断发现，汉代铜器研究仍将大有作为。

注　释

[1] 西安市文管会：《西安三桥镇高窑村出土的西汉铜器群》，《考古》1963 年第 2 期。

[2] 中国社会科学院考古研究所等：《满城汉墓发掘报告》，文物出版社 1980 年版。

[3] 甘肃省博物馆：《武威雷台汉墓》，《考古学报》1974 年第 2 期。

[4] 广西壮族自治区博物馆：《广西贵县罗泊湾汉墓》，文物出版社 1988 年版。

[5] 山东省淄博市博物馆：《西汉齐王墓随葬器物坑》，《考古学报》1985 年第 2 期。

[6] 咸阳地区文管会等：《陕西茂陵一号无名冢一号从葬坑的发掘》，《文物》

1982 年第 9 期。

[7] 徐州博物馆：《徐州石桥汉墓清理报告》，《文物》1984 年第 11 期。

[8] 广州市文物管理委员会等：《西汉南越王墓》，文物出版社 1991 年版。

[9] 广西壮族自治区文物考古写作小组：《广西合浦西汉木椁墓》，《考古》1972 年第 5 期。

[10] 湖南省文物考古研究所等：《湖南永州市鹞子岭二号西汉墓》，《考古》2001 年第 4 期。

[11] 王长启：《西安市文物中心藏战国秦汉时期的青铜器》，《考古与文物》1994 年第 4 期。

[12] 罗平：《河北承德专区汉代矿冶遗址的调查》，《考古通讯》1957 年第 1 期。

[13] 安志敏、陈存洗：《山西运城洞沟的东汉铜矿和题记》，《考古》1962 年第 10 期。

[14] 广西壮族自治区文物工作队：《广西北流铜石岭汉代冶铜遗址的发掘》，《考古》1985 年第 5 期。

[15] 金槐：《河南邓县发现一处汉代铸钱遗址》，《文物》1963 年第 12 期。

[16] 陕西省文管会等：《陕西坡头村西汉铸钱遗址发掘报告》，《考古》1982 年第 1 期。

[17] 安徽省文物考古研究所等：《安徽铜陵市古代铜矿遗址调查》，《考古》1993 年第 6 期。

[18] 《中国青铜器全集·秦汉卷》，文物出版社 1998 年版。

[19] 孙慰祖、徐谷甫：《秦汉金文汇编》，上海书店出版社 1997 年版。

[20] 丘光明：《中国历代度量衡考》，科学出版社 1992 年版。

[21] 孙诒让：《汉卫鼎考》，《国粹学报》6/63：1，1910 年 1 月。

[22] 容庚：《汉代服御器略说》，《燕京学报》3：403—416，1928 年 6 月。

[23] 顾廷龙：《读汉金文小记》，《史学年报》2/5：445—461，1938 年 12 月。

[24] 马衡：《凡将斋金石丛稿》，中华书局 1977 年版。

[25] 刘复：《新嘉量之校量及推算》，《辅仁学志》1/1：1—30，1928 年 12 月。

[26] 颜希深：《莽量函率考》，《燕京学报》8：1493—1515，1930 年 12 月。

[27] 励乃骥：《新嘉量五量铭释》，《国学季刊》5/2：71—84，1936 年 5 月。

[28] 马衡：《新嘉量考释》，《凡将斋金石丛稿》第 150 页，中华书局 1977 年版。

[29] 洛阳区考古发掘队：《洛阳烧沟汉墓》，科学出版社 1959 年版。

[30] 孙机：《汉代物质文化资料图说》，文物出版社 1991 年版。

[31] 王仲殊：《汉代考古学概说》，中华书局 1984 年版。

[32] 宋治民：《汉代手工业》，巴蜀书社 1992 年版。

[33] 王振铎遗著，李强整理、补著：《东汉车制复原研究》，科学出版社 1997 年版。

[34] 陈直：《文史考古论丛》，天津古籍出版社 1988 年版。

[35] 俞伟超：《秦汉青铜器概论》，《中国青铜器全集·秦汉卷》，文物出版社 1998 年版。

[36] 张荣芳等：《汉代岭南的青铜铸造业》，《秦汉史论丛》第 6 辑，江西教育出版社 1994 年版。

[37] 周珴：《汉代江南铸铜业的发展》，《南方文物》1997 年第 2 期。

[38] 黄今言：《秦汉江南经济述略》，江西人民出版社 1999 年版。

[39] 罗二虎：《秦汉时代的中国西南》，天地出版社 2000 年版。

[40] 蔡葵：《论云南汉代青铜器铸造业》，《秦汉史论丛》第 4 辑；《云南汉代制造的商品性铜器》，《思想战线》1995 年第 1 期。

[41] 逄振镐：《秦汉时期山东制铜业的发展》，《东岳论丛》（哲社版）1985 年第 6 期。

[42] 马国荣：《汉代新疆的手工业》，《西域研究》2000 年第 1 期。

[43] 徐正考：《汉代铜器铭文研究》，吉林教育出版社 1999 年版。

[44] 陈直：《西安高窑村出土西汉铜器铭考释》，《考古》1963 年第 2 期。

[45] 黄展岳：《西安三桥高窑村西汉铜器群铭文补释》，《考古》1963 年第 4 期；陈直：《关于西安三桥高窑村西汉铜器铭文的几点意见》，《考古》1963 年第 8 期。

[46] 肖蕴：《满城汉墓出土的错金银鸟虫书铜壶》，《考古》1972 年第 5 期；《关于满城汉墓铜壶鸟篆释文的讨论（三篇）》，《考古》1979 年第 4 期；张振林：《中山靖王鸟篆壶铭之韵读——兼与肖蕴同志商榷》，《古文字研究》第 1 辑；杨向奎：《满城汉墓出土铜壶（甲）释文》，《社会科学辑刊》1981 年第 1 期。

[47] 黄展岳：《西汉齐王墓器物坑出土器铭考释》，《中国考古学研究——夏鼐先生考古五十年纪念论文集》，文物出版社 1986 年版。

[48] 李学勤：《齐王墓器物坑铭文试析》，《海岱考古》1989 年第 1 期。

[49] 周世荣：《湖南战国秦汉魏晋铜器铭文补记》，《古文字研究》第 19 辑。

[50] 方诗铭：《从出土文物看汉代"工官"的一些问题》，《上海博物馆集刊》，上海古籍出版社 1982 年版。

[51] 杨琮：《"河内工官"的设置及其弩机生产年代考》，《文物》1994 年第 5 期。

[52] 郝良真：《从张庄桥墓出土铜器谈"蜀西工"诸问题》，《文物春秋》1997 年第 1 期。

[53] 刘绍明、曾照阁：《"南阳工官"初探：南阳两汉铭刻辑考之一》，《南都学坛》（哲社版）1996 年第 5 期。

[54] 刘庆柱：《汉代骨签与汉代工官研究》，《古代都城与帝陵考古学研究》，科学出版社 2000 年版。

[55] 高志辛：《汉代亩产量与锺容量考辨》，《中国史研究》1984 年第 1 期。

[56] 高维刚：《汉代锺容量考》，《四川大学学报》（哲社版）1987 年第 4 期。

[57] 王忠全：《秦汉时代"锺"、"斛"、"石"新考》，《中国史研究》1988 年第 1 期。

[58] 杨哲峰：《两汉之际的"十斗"与"石"、"斛"》，《文物》2001 年第 3 期。

[59] 胡戟：《论莽量尺》，《考古与文物》1988 年第 2 期。

[60] 孙机：《汉代黄钟律管和量制的关系》，《考古》1991 年第 5 期。

[61] 乔淑芝：《"蒲反田官"器考》，《文物》1987 年第 4 期。

[62] 陈直：《考古炳烛谈》，《考古与文物》1980 年第 2 期。

[63] 李仲操：《羽阳宫鼎铭考辨》，《文博》1986 年第 6 期。

[64] 秦进才：《汉"阳信家"铜器的最初所有者问题》，《考古与文物》1987 年第 3 期。

[65] 负安志：《谈"阳信家"铜器》，《文物》1982 年第 9 期；丰州：《汉茂陵"阳信家"铜器所有者问题》，《文物》1983 年第 6 期；《再论汉茂陵"阳信家"铜器所有者的问题》，《考古与文物》1989 年第 6 期；赵化成：《也谈汉"阳信家"铜器的所有者问题》，《考古与文物》1992 年第 1 期。

[66] 韩若春：《汉茂陵"阳信家"铜器权属问题研究综述及其管见》，《泾渭稽古》1996 年第 1 期。

[67] 岳起：《〈汉茂陵"阳信家"铜器权属问题研究综述及其管见〉商榷》，《文物考古论集——咸阳市文物考古研究所成立十周年纪念》，三秦出版社 2000 年版。

[68] 孙太初：《朱提堂狼铜洗考》，《云南青铜器论丛》，文物出版社 1981 年版。

[69] 胡顺利：《陕西勉县红庙出土"堂狼作"铜盆的时代辨析》，《考古与文物》1989 年第 3 期。

[70] 蔡葵：《对勉县红庙出土元兴元年堂狼洗的一点看法》，《考古与文物》1991 年第 1 期；郭清华：《陕西勉县红庙"堂狼作"铜洗时代之再辩》，《考古与文物》1991 年第 2 期。

[71] 李学勤：《汉代青铜器的几个问题——满城、茂陵所出金文的分析》，《文物研究》总第 2 期。

[72] 徐正考：《汉代铜器铭文中的编号》，《史学集刊》1998 年第 2 期。

[73] 赵化成：《汉"建元"、"元光"、"元朔"诸器辨伪兼及武帝早期年号问题》，《文博》1996 年第 4 期。

[74] 杜酒松：《先秦两汉青铜铸造工艺研究》，《故宫博物院院刊》1989 年第 3 期；《两汉时期青铜工艺的新发展》，《中国文物报》1989 年 4 月 7 日第 3 版；《两汉时代青铜冶铸业与科技考古》，《科技考古论丛——全国第二届科技考古学术讨论会论文集》，中国科学技术大学出版社 1991 年版。

[75] 杨菊花：《汉代青铜文化概述》，《中原文物》1998 年第 2 期；《中国青铜文化的发展轨迹》，《华夏考古》1999 年第 1 期。

[76] 宋治民：《汉代手工业》之"铜器铸造手工业"，巴蜀书社 1992 年版。

[77] （美）艾兰：《一组汉代针刻青铜器》，《早期中国历史思想与文化》第 289 页，辽宁教育出版社 1999 年版。

[78] 张景明：《中国北方草原地区的汉代铜器》，《考古文物研究——纪念西北大学考古专业成立 40 周年文集》。

[79] 杨琮：《福建崇安汉城出土的青铜器及有关问题》，《华夏考古》1991 年第 2 期。

[80] 李龙章：《广州西汉南越王墓出土青铜容器研究》，《考古》1996 年第 10 期。

[81] 黄展岳：《铜提筒考略》，《考古》1989 年第 9 期。

[82] 陈文领文博：《铜鍪研究》，《考古与文物》1994 年第 1 期。

[83] 张小东：《鐎斗考》，《故宫博物院院刊》1992 年第 2 期。

[84] 李陈奇：《蒜头壶考略》，《文物》1985 年第 4 期。

[85] 黄盛璋：《染杯、染炉初考》，《文博》1994 年第 3 期；宁立新、杨纯渊：《四神染炉考辨》，《北方文物》1988 年第 1 期；李开森：《是温酒器，还是食器——关于汉代染炉染杯功能的考古试验报告》，《文物天地》1996 年第 2 期。

[86] 郑同修：《汉晋鱼纹铜洗滕器说》，《东南文化》1996 年第 2 期。

[87] 王志浩等：《内蒙古文物与考古》1994 年第 2 期。

[88] 程永建：《东汉长方形铜饰考》，《中国文物报》1999 年 2 月 21 日。

[89] 邓超：《西汉投壶考》，《北京大学研究生学志》2000 年第 3～4 期。

[90] 初师宾等：《雷台东汉墓的车马组合和墓主人初探》，《考古与文物》1982 年第 2 期。

［91］顾铁符：《奔马、"袭乌"、马式——试论武威奔马的科学价值》，《考古与文物》1982 年第 2 期。

［92］张永明、张东辉：《武威雷台东汉铜马命名问题探讨》，《考古》1987 年第 4 期；黄新生：《武威东汉"天马"新释》，《东南文化》1990 年第 4 期；周本雄：《武威雷台东汉铜奔马三题》，《考古》1988 年第 5 期。

［93］俞伟超：《秦汉青铜器概论》，《中国青铜器全集·秦汉卷》，文物出版社 1998 年版。

［94］鲜明：《论早期道教遗物摇钱树》，《四川文物》1995 年第 5 期；《再论早期道教遗物摇钱树》，《四川文物》1998 年第 4 期。

［95］巫鸿：《地域考古与对"五斗米道"美术传统的重构》，《汉唐之间的宗教艺术与考古》第 431 页，文物出版社 2000 年版；张善熙等：《成都凤凰山出土〈太玄经〉摇钱树探讨》，《四川文物》1998 年第 4 期。

［96］周克林：《摇钱树为早期道教遗物说质疑》，《四川文物》1998 年第 4 期；《摇钱树：西南地区汉人的引魂升天之梯》，《四川大学考古专业创建四十周年暨冯汉骥教授百年诞辰纪念文集》，四川大学出版社 2001 年版。

［97］贺西林：《东汉钱树的图像与意义——兼论秦汉神仙思想的发展、流变》，《故宫博物院院刊》1998 年第 3 期；邱登成：《汉代摇钱树与汉墓仙化主题》，《四川文物》1994 年第 5 期。

［98］何志国：《摇钱树铜佛像刍议》，（台）《故宫文物月刊》第 138 期。

［99］钟坚：《试谈汉代摇钱树的赋形与内涵》，《四川文物》1989 年第 1 期；江玉祥：《古代西南丝绸之路沿线出土的"摇钱树"探析》，《古代西南丝绸之路研究》第 2 辑，四川大学出版社 1995 年版；《关于考古出土的"摇钱树"研究中的几个问题》，《四川文物》2000 年第 4 期。

［100］刘弘：《四川汉墓中的四神功能新探——兼谈巫山铜牌饰上人物的身份》，《四川文物》1994 年第 2 期。

［101］重庆巫山县文物管理所：《重庆巫山县东汉鎏金铜牌饰的发现与研究》，《考古》1998 年第 12 期。

［102］全和钧等：《关于西汉漏刻的特点和刻箭的分划》，《自然科学史研究》1985 年第 3 期。

［103］孙中：《兴平汉墓所出铜漏壶纵横谈》，《考古与文物》1986 年第 6 期。

［104］王振铎：《科技考古论丛》，文物出版社 1989 年版。

［105］陈美东：《试论西汉漏壶的若干问题》，《中国古代天文文物论集》第 137 页，文物出版社 1989 年版。

［106］车一雄等：《仪征东汉墓出土铜圭表的初步研究》，《中国古代天文文物论集》第 154 页，文物出版社 1989 年版。

［107］李强：《仪征汉墓出土铜圭表属于道家用器》，《文物》1991 年第 1 期。

［108］刘东瑞：《世界上最早的游标量具——新莽铜卡尺》，《中国历史博物馆馆刊》总第 1 期。

［109］邱隆、丘光明：《关于新莽铜卡尺的定名与游标原理》，《中国历史博物馆馆刊》总第 3 期。

［110］白尚恕；《新莽铜卡尺的构造、用法以及在数理上的分析》，《中国历史博物馆馆刊》总第 3 期。

［111］马承源：《汉代青铜蒸馏器的考古考察和实验》，《上海博物馆集刊》1992 年总第 6 期。

［112］孙淑云等：《广西北流县铜石岭冶铜遗址的调查研究》，《自然科学史研究》1986 年第 3 期。

［113］吕烈丹：《南越王墓出土的青铜印花凸版》，《考古》1989 年第 2 期。

［114］卜琳：《有关秦汉青铜文物"黑漆古"的研究》，《青年考古学家》总 13 期。

［115］同［93］。

七　秦汉时期漆器的发现与研究

中国是世界上最早制造漆器的国家。浙江省余姚县河姆渡新石器时代遗址中出土了六千多年前的木胎漆碗等漆器，浙江余姚瑶山良渚文化（公元前 3300 年～前 2200 年）的墓葬中出土了嵌玉漆碗、漆杯等。这说明在新石器时代晚期，漆器工艺已经达到一定的水平。漆器工艺经商周时期的进一步发展，到战国秦汉达到了鼎盛，其应用之广、品类之多、造型之优美、工艺之精湛，都是空前的，逐渐代替青铜器而成为日常生活中的珍品。

（一）秦代漆器的发现与研究

秦代漆器主要是进入 70 年代后才发现的，在湖北、湖南、河南、甘肃等地均有出土，出土比较多的是湖北省，主要出土地点有云梦睡虎地、木匠坟、龙岗和江陵杨家山等地[1]。尤其是云梦睡虎地秦墓出土漆器数量最多，并有两座纪年墓，为研究秦代漆器提供了丰富资料。

秦代的漆器主要是生活用器，有奁、盒、盂、樽、壶、扁壶、耳杯、盘、匜、提筪、梳篦等。由于秦代的漆器目前多发现于湖北，其漆器的总体特征比较多地继承了战国时期楚国漆器的特征，当然也有秦的独特特点。从器类来讲，秦代漆器中不见楚国常见的乐器类、丧葬器类等，而是单一的生活器类。

有些器型则是仿制于秦的典型铜器，如漆扁壶显然是仿制于秦的铜扁壶。

秦代漆器的胎骨有厚木胎、薄木胎、竹胎等，但厚木胎相对较少，薄木胎较多。竹胎器多是竹提筒、竹筒或兵器的柄等。夹纻胎漆器也比较少。制作方法主要采用斫制、挖制，并且还出现了薄木胎卷制技术。如扁壶和圆壶一类则是两半分别挖制，然后再粘合成器。长方盒一类则是先斫制，然后再粘合。有些圆形器如漆樽、卮、奁等，器壁则是用薄木卷制而成，然后再分别与厚木胎的器盖和底粘合。用金属装饰和加固漆器的做法在战国时期就出现了，到秦代比较多见，一般是在木胎髹漆后，再安装铜的钮、环耳、铺首衔环与足等。还有些漆器则用铜箍或银箍进行加固，如云梦睡虎地 11 号墓出土的一件漆樽，外壁就是用三道银箍进行加固的。秦代漆器上还往往有与制造漆器有关的烙印文字，如云梦睡虎地秦墓出土的许多漆器上有"素"、"上"、"包"、"告"等烙印文字。据研究，这些烙印文字应是表示制造漆器的工序或工艺技术。

秦代漆器的装饰纹饰主要有几何形纹、云纹、花卉纹及鸟兽纹等，也偶见人物故事图案。几何形纹种类比较多，有圆圈纹、圆卷纹、点纹、菱形纹、方格纹、点格纹、三角纹、波折纹等。这个时期的几何纹图案，单独绘于漆器上的数量相对减少，而与鸟兽纹等其他纹样相互结合增多，鸟兽纹作为主体，几何纹作为衬托，使整个漆器的图案显得和谐优美。秦代漆器的花纹用色有红、黑、褐、金、银等五种，其中红黑二色最多，一般是黑漆地上用红、褐漆绘花纹，也有在红漆地上用黑漆绘花纹的。这一时期还出现了用银箔装饰及用金粉或银粉填涂花纹的工艺技术。如云梦睡虎地发现的一件漆卮，用银箔镂刻成花纹图案贴在器壁上，再用红漆压边描绘，使漆器更加华丽。

秦代漆器上往往有"某市"、"某亭"烙印文字。如云梦睡虎地秦墓出土的漆器上，有"咸市"、"咸亭"、"许市"、"市"、"亭"等烙印文字140余处。根据研究，这些"市"或"亭"是设在手工业和商业活动区中进行管理的官署，"咸市"、"咸亭"烙印文字的漆器，即咸阳市亭管理的漆器手工业作坊制作的产品。"许市"烙印文字的漆器，即秦攻占许昌后，许昌市亭所管辖的手工业作坊制作的漆器。在云梦睡虎地秦墓出土的漆器上，还有"宦里□"、"钱里□"、"安里□□"、"女里张"及"介"、"但"、"大女子□"、"小女子"、"小男子"等针刻文字。某"里"应是漆器作坊所在的小地名，某里后面字则是制造漆器的工匠名。这说明秦代的漆器制造存在着"物勒工名"的产品责任制[2]。

（二）汉代漆器的发现与研究

汉代漆器发现的地点已遍及全国各地，湖北、湖南、河南、四川、安徽、浙江、江苏、广东、广西、贵州、山东、河北、甘肃、新疆、内蒙等地都有出土，为研究汉代漆器特点、制造工艺及生产管理情况提供了丰富资料。

1. 汉代漆器的研究

20年代，在平壤汉墓发现了大批漆器，日本学者对这批资料进行了整理研究，原田淑人等著《乐浪》、小泉显夫等著《彩箧塚》、榧本龟次郎等著《乐浪王光墓》、梅原末治著《支那汉代纪年铭漆器图说》等，初步认识了汉代漆器的特点及制作情况[3]。

50～60 年代，各地发现的漆器比较多了，如河南洛阳、山东文登、江苏盐城、连云港、湖南长沙、广州、贵州清镇等地的汉墓中，都出土了大批漆器[4]。这一时期对漆器的研究，主要是通过对各批墓的整理，以考古报告的形式对漆器的器形特点、花纹造型等方面进行了描述。贵州清镇汉墓出土的漆器多有铭文，报告通过铭文对漆器的产地及工艺情况也进行了研究。沈福文《中国髹漆工艺美术简史》，从工艺美术史的角度对汉代漆器进行了研究[5]。

进入 70 年代以后，汉代漆器的出土更多了，尤其是湖南长沙马王堆、湖北江陵凤凰山、安徽阜阳双古堆、山东临沂、甘肃武威等一批重要汉墓出土的漆器，为研究汉代漆器提供了丰富资料[6]。这一时期对漆器的研究除了各汉墓报告之外，还有许多对漆器的专项研究。王仲殊、高炜、李正光等对汉代漆器进行了综合研究[7]；陈振裕对湖北出土的汉代漆器进行了比较详细的分期研究[8]；俞伟超、蒋英炬对汉代漆器的制地及经营管理等问题进行了研究[9]。通过这些研究，对汉代漆器的发展水平、工艺技术及生产管理等都有了较为清楚的认识。90 年代，陈振裕、傅举有又对汉代漆器的种类、造型、纹样、工艺技术及经营管理和产地等进行了详细研究，对汉代漆器的发展有了更深入的认识[10]。

2. 汉代漆器制造业的管理

从漆器上的文字资料看，汉代漆器制造业的经营管理前后是有变化的。目前发现的西汉前期漆器烙印文字除个别的还有"×亭"外，多数是"×市"或者是某个郡府地名。说明西汉前期的漆器制造业多是由市府管辖，是一种郡、县经营的地方

官府手工业。如长沙马王堆汉墓、江陵凤凰山汉墓出土的漆器
文字有："成市"、"成市素"、"成市饱"、"成市草",又有"市
府"、"市府饱"、"市府草"等[11](图二五)。"成市"即成都
市府的简称;"素"即做漆胎;"饱"即涂漆;"草"即造。这
说明,这些漆器是成都市府所辖的作坊制造的。广州西村石头
岗汉墓出土有"蕃禺"戳记的漆器,"蕃禺"是南越王赵佗的
都城,此是南越国都城所辖作坊制造的漆器[12]。广西贵县罗
泊湾汉墓出土有"布山"和"市府草"戳记的漆器,"布山"是

图二五　长沙马王堆一号汉墓出土漆器上的戳记

西汉郁林郡首府，与同出的"市府草"表明，这些漆器是布山市府制造的[13]。山东临沂银雀山汉墓出土有"莒市"和"市府草"戳记的漆器，莒是汉文帝封的城阳国治所，"莒市"即城阳国所在的莒市府，这些漆器是莒市府制造的[14]。以上所见都属西汉前期各郡国及县经营的地方官府漆器制造业，改变了战国时期由"市亭"管理的制度。

安徽阜阳双古堆西汉前期汝阴侯墓还出土了一大批汝阴侯国制造的漆器。许多漆器上都刻有文字，如一件漆卮上刻有："女阴侯卮，容五升，三年，女阴库己、工年造。"一件漆盘上刻有："女阴侯布平盘，径尺三寸，七年，吏讳、工速造。"[15]其中"库×"、"吏×"应是汝阴侯国中掌管财务和器材的官吏，后面的字是官吏的名字；"工×"则是制造漆器的工匠。可以看出，西汉前期的列侯国也有自己的漆器制造业，并且有一套完整的管理机构和制造系统。

西汉武帝以后，汉中央在一些主要的漆器制造地设立"工官"，由中央"少府"直接通过各地"工官"来管理漆器制造业，改变了先前由郡县地方官府经营的性质。

考古发现的西汉后期漆器，有许多记明是某某工官制造的漆器。如贵州清镇汉墓出土一件鎏金铜釦漆耳杯上的铭文为："元始三年，广汉郡工官造乘舆髹洀画木黄耳棓，容一升十六龠。素工昌、髹工立、上工阶、铜耳黄涂工常、画工方、洀工平、清工匡、造工工造，护工卒史恽、守长音、丞冯、掾林、守令史谭主。"另有一件漆盘和二件耳杯也有同样的文字，还有一件耳杯则刻"蜀郡西工"造[16]。江苏邗江宝女墩新莽墓出土有"广汉郡工官"、"蜀郡西工"制造的漆器[17]。在朝鲜平壤汉墓中出土有"子同郡工官"（王莽时改广汉郡为子同郡）

和"蜀郡西工"制造的漆器[18]。

汉中央少府属官"考工"也经营漆器制造业。甘肃武威磨咀子汉墓出土二件漆耳杯，上面针刻文字为："乘舆髹沔画木黄耳一升十六龠桮，绥和元年，考工工并造，沔工丰、护臣彭、佐臣尹、啬夫臣孝主，守右丞臣忠、守令臣丰省。"[19]江苏邗江宝女墩新莽墓出土"供工"制造的漆器，一件漆盘上针刻文字为："乘舆髹沔画纻黄釦斗饭盘，元延三年，供工工疆造，画工政、涂工彭、沔工章，护臣纪、啬夫臣彭、掾臣承主，守右丞臣放、守令臣兴省。"平壤汉墓也出有"供工"造的漆器。"供工"即"共工"，王莽时改"少府"曰"共工"。这些也是中央少府所辖漆器作坊制造的漆器。

东汉时期，官营漆器制造业开始衰落。《后汉书·和熹邓皇后纪》载，殇帝时邓太后曾下令："蜀汉釦器、九带佩刀，并不复调。"说明蜀郡工官、广汉郡工官这两个最有名的漆器制造地点，到此时不再属中央管辖了。所以，东汉后期再不见标明蜀郡、广汉郡工官制造的漆器，这与殇帝时取消中央对广汉、蜀郡工官的管理权正好相符合。安徽马鞍山东吴朱然墓中出土大批漆器，其中有些漆器有"蜀郡作牢"四字[20]；湖北鄂城东吴墓中也出土有"蜀郡作牢"的漆器[21]。这说明直到三国时期，蜀郡还是漆器的重要产地，只不过经营的性质变了，应是地方经营了，所以书写格式与殇帝之前的工官制漆器不同。

汉代还有私人经营的漆器制造业。江苏连云港西汉墓曾出土标明"桥氏"、"中氏"印记的漆器，应是私人漆器作坊产品[22]。可以肯定，大量无文字的漆器中也会有不少私人作坊制造的漆器。

3．汉代漆器工艺技术

西汉时期的漆器还是比较昂贵的，特别是施以鎏金铜釦或银釦的釦器，比铜器还要贵重得多。《盐铁论·散不足》云："今富者银口黄耳，金罍玉锺。中者野王纻器，金错蜀杯。夫一文杯得铜杯十"，"一杯棬用百人之力，一屏风就万人之功"，概括地表明了这种情况。

漆器的昂贵，主要是制一件漆器的工序多，用的劳动量多。根据上述漆器铭文可知，做一件漆器需要七八道甚至十几道工序：素工，做胎之工；髤工，下地漆之工；上工，上地漆之工；铜耳黄涂工，镶嵌、鎏金、制釦之工；画工，彩画图案之工；洀工，可能是最初抛光之工；清工，最后抛光之工；造工，总管之工。一件漆器要经过这么多的工序，所以，西汉时漆器制造业虽然很发达，但漆器还是很昂贵。另一方面也说明，西汉时期的漆器非常精致。广汉郡工官、蜀郡工官及少府考工以做宫廷用的乘舆之器而闻名。

战国时期就已出现了夹纻胎漆器，但西汉初期也并不太多，比较多地出现要到昭、宣时期。釦器是随着夹纻胎漆器的产生而出现的，真正的黄金釦器还没见到，一般是鎏金铜釦或银釦，"银口黄耳"即指耳杯的口沿是银釦，耳是鎏金铜釦，所以叫"银口黄耳"。

汉代漆器还出现了几种新工艺：

堆漆工艺　即在漆器表面用漆堆起凸起的装饰，上面再描绘花纹，类似浮雕的效果。

锥画工艺　或叫针刻花纹，即在漆器的底漆上用针刻画花纹图案。

戗金工艺　这种工艺是用针或尖刀刻出纤细花纹，然后在花纹内填漆，再填入金彩，成为金色花纹，类似于铜器上的金银错花纹效果。

金银平脱工艺　即用金、银箔贴在漆器上并磨平形成图案。过去认为唐代才有此种工艺，现在看来，汉代就出现了这种工艺。

4.汉代漆器的种类及工艺特点

西汉前期，一些大中型墓随葬漆器是比较多的，一般为几十件，甚至成百件、上千件之多。如长沙象鼻嘴、陡壁山吴姓长沙王或王后墓，均随葬漆器数百件[23]；望城坡吴姓长沙王后墓出土漆器 1500 多件[24]；广西贵县罗泊湾汉墓出土漆器 700 多件；长沙马王堆轪侯利仓之妻墓出土漆器达 180 余件；江陵凤凰山 168 号墓墓主为江陵县令，出土漆器 160 多件；云梦大坟头一号墓墓主大致相当于县丞，随葬漆器 80 多件[25]。从西汉前期漆器的种类看，有些地方漆礼器仍比较盛行。如长沙马王堆轪侯之妻墓出土漆器（图二六）种类有：鼎、盒（遣册称之为盛）、壶、钫、耳杯、盘、案、盆、匜、勺、奁、几、屏风等，如依遣册所记，此墓用大牢九鼎一套、大牢七鼎二套以葬。鼎、盒、壶等这套漆礼器显然是继承了先秦的礼制。除了漆礼器之外，西汉前期比较多见的漆器有耳杯、樽、卮、奁盒、盂、盆、盘、几、案等日用器。有些奁盒制作非常精致，如马王堆出土的一件圆奁盒，内是双层，上层放丝巾、镜袋、手套等，下层分 9 个小漆盒，分别放置假发、梳篦、毛刷、脂粉等。山东临沂银雀山汉墓出土的一件双层七子奁，上层放涡纹地风云纹铜镜，下层装 7 个小漆盒，形状有双层圆盒、单层圆盒、圆团形小盒、马蹄形盒、椭圆形盒、盝顶长方形盒等。这些都体现了漆器工匠的精心构思。

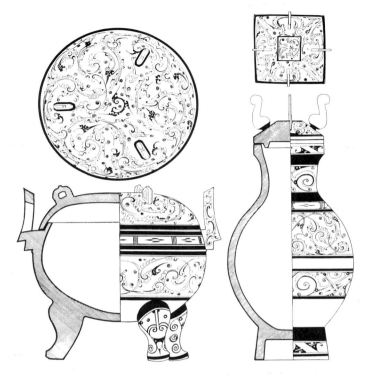

图二六　长沙马王堆一号汉墓出土漆器

这时漆器的胎骨，除传统的木胎、夹纻胎外，还有竹胎及木胎与夹纻胎结合的。花纹主要有云气纹、几何纹、波折纹、菱形纹、鸟兽纹、鱼纹、凤纹等。也始见各种锥画的纹样，如江陵凤凰山 168 汉墓出土一件针刻纹样漆奁，在奁外壁与口沿内、内底与盖内的黑漆地上，针刻怪兽、鸟、鸟云纹、菱形纹、波折纹、卷云纹、三角纹等图案，皆构图巧妙，变化无穷。西汉前期出现了堆漆工艺，长沙马王堆三号墓出土的一件长方形漆奁和一件圆漆奁，其云气纹是用白漆堆起来的，然后用红、绿、黄色勾画流云。马王堆一号墓的彩绘漆棺也是采用堆漆方法进行装饰的。马王堆一号墓出土的九子奁贴以金箔，再施彩绘，可视为金银平脱工艺的先声。

西汉后期的漆器手工业达到了鼎盛时期。江苏邗江姚庄101号墓出土漆器131件，扬州西汉"姜莫书"墓、安徽天长三角圩1号墓均出土漆器100多件，代表了西汉后期漆器发展的水平[26]。这时期漆器的种类主要是日用器、兵器等，有盒、案、几、盘、碗、耳杯、勺、樽、壶、奁、笥、量、砚、六博棋盘、枕、虎子、盾、弩、弓、箭杆等。胎质除少数大件漆器为木胎外，多数为夹纻胎漆器，釦器比较发达。漆色有朱、黑、褐、黄等，多是器内髹朱红漆，外涂褐、黑漆。花纹图案有云气纹、流云纹、火焰纹、梅花纹、几何纹以及羽人、神兽、飞鸟、羚羊、锦鸡、麒麟、青龙、白虎等图案。并多在漆器上装饰各种金属附件，如在漆盒四角上嵌铜乳钉、碗侧加铜环耳、耳杯上加鎏金铜釦，漆笥两侧加铜铺首、盘口加鎏金铜釦等。

在漆器上贴金银箔的金银平脱技法非常盛行，是这一时期漆器发展的显著特点。在江苏邗江姚庄汉墓、连云港汉墓、扬州西汉"姜莫书"墓、安徽天长三角圩汉墓、长沙汉墓、山东莱西岱墅汉墓、广西合浦汉墓、陕西咸阳马泉汉墓以及河北满城中山王墓、定县八角廊中山王墓、北京大葆台广阳王墓等均出土金银平脱漆器，成为漆器工艺的精品[27]。如姚庄汉墓出土的一件银釦嵌玛瑙七子奁，盖顶为六出银质柿蒂纹，柿蒂中心嵌一颗红玛瑙，六花瓣中心各嵌一鸡心形玛瑙，四周贴金银箔，组成羽人跽座弹琴、羽人骑狼等画像。奁盖外壁主要饰以金银箔组成的山水云气、羽人祝祷、车马出巡、狩猎、斗牛、六博、听琴等画面。奁内七子盒小巧玲珑，器表也嵌玛瑙、镶银釦。一长方形子盒，顶中心为银质变体双叶柿蒂纹，上嵌三粒黄色鸡心玛瑙，柿蒂四周贴金箔，顶边加银釦。奁的口、腹、底部饰三道银釦。银釦之间以金银箔粘贴成山水、羽人、锦鸡、孔雀、羚羊、熊、马、虎等图案。其他子盒有方形、圆形、椭圆形、马蹄形。顶盖均装饰柿蒂纹，嵌黄色鸡心玛瑙。盖口及器身均饰银釦，银釦之间均以金银箔粘贴成各种图案，除与长方形盒相同图案外，还有大雁、羽人牧马、人物骑射、鹿、狼等。

这时期戗金工艺也已出现，湖北光化西汉晚期的墓中出两件漆卮，在黑漆地上用针刻出虎、鸟、兔、怪人等图像，然后在针刻的图像线条内填以金彩[28]。这是两件最早的戗金漆器。

东汉漆器较之西汉明显减少，目前发现的东汉漆器，较集中地出现在一些高级贵族官僚墓中，如扬州甘泉山广陵王墓、徐州土山彭城王墓、定县中山王刘畅墓、甘肃武威雷台汉墓等均有较多漆器随葬[29]，而一般的墓只是偶有所见。从高级贵族官僚墓所出漆器或漆器残片看，这时的漆器多是铜釦、银釦、鎏金釦器，多镶嵌和金银平脱器。定县刘畅墓仅耳杯的鎏金铜耳就有90余件，另有许多散落的绿松石、玛瑙、珍珠和精雕细镂的金银箔片。武威雷台汉墓出土的一件鎏金错银铜釦漆樽，在器盖和器身的鎏金铜饰上镂刻、嵌错出流云、奇禽异兽和四神图案，实属东汉末年漆器精品。从漆器的纹饰特征看，东汉前期与西汉接近，多是图案化的龙凤纹、云气纹、花草纹图案，这可能是受工官御用的规范所限制。但到殇帝以后，这种限制不再起作用了，漆工的创作转向生产描绘人物故事的作品，同时一些传统的图案也打破了呆板的格局。如朝鲜平壤出土的东汉后期漆器，比较精致，有神仙龙虎画像的漆盘，嵌玳瑁的漆匣，还有绘94个人物的帝王孝子竹笥。这种以人物故事为题材的漆器，到三国时更加流行，如安徽马鞍山朱然墓出土的漆器中，有季札挂剑图漆盘、童子对棍图漆盘、贵族生活图漆盘、百里奚会故妻漆盘、伯榆悲亲图漆盘、宫闱宴乐图漆案等。

东汉后期至魏晋时期，漆器制作水平虽有所提高，但毕竟已过了它的黄金时代。随着青瓷器的兴起，一些漆制品逐渐被瓷器所代替。

注　释

[1] 湖北孝感地区第二期亦工亦农文物考古训练班：《湖北云梦睡虎地十一座秦墓发掘简报》，《文物》1976年第9期；云梦县文物工作组：《湖北云梦睡虎地秦汉墓发掘简报》，《考古》1981年第1期；湖北省博物馆：《1978年云梦秦汉墓发掘报告》，《考古学报》1986年第4期；云梦县博物馆：《湖北云梦木匠坟秦墓》，《江汉考古》1987年第4期；湖北省文物考古研究所等：《云梦龙岗六号秦墓及出土简牍》，《考古学集刊》第8期，1994年；湖北省荆州地区博物馆：《江陵杨家山135号秦墓发掘简报》，《文物》1993年第8期。

[2] 陈振裕：《湖北出土战国秦汉漆器综论》，北京大学考古学系编：《"迎接二十一世纪的中国考古学"国际学术讨论会论文集》，科学出版社1998年版。

[3] 原田淑人等：《乐浪》，刀江书院，1930年；小泉显夫等：《彩箧塚》，朝鲜古迹研究会，1934年；榧本龟次郎：《乐浪王光墓》，朝鲜古迹研究会，1935年；梅原末治：《支那汉代纪年铭漆器图说》，桑名文星堂，1943年。

[4] 洛阳考古发掘队：《洛阳烧沟汉墓》，科学出版社1959年版；山东省文物管理处：《山东文登的汉木椁墓及漆器》，《考古学报》1957年第1期；江苏省文物管理委员会等：《江苏盐城三羊墩汉墓清理报告》，《考古》1964年第8期；南京博物院：《江苏连云港市海州网疃庄汉木椁墓》，《考古》1963年第

6 期；中国科学院考古研究所：《长沙发掘报告》，科学出版社 1957 年版；广州市文物管理委员会：《广州市龙生冈 43 号东汉木椁墓》，《考古学报》1957年第 1 期；广州市文管会：《广州市黄花冈 003 号西汉木椁墓发掘简报》，《考古通讯》1958 年第 4 期；贵州省博物馆：《贵州清镇平坝汉墓发掘报告》，《考古学报》1959 年第 1 期。

［5］沈福文：《中国髹漆工艺美术简史》，人民美术出版社 1964 年版。

［6］湖南省博物馆：《长沙马王堆一号汉墓》，文物出版社 1973 年版；长江流域第二期文物考古工作人员训练班：《湖北江陵凤凰山西汉墓发掘简报》，《文物》1974 年第 6 期；湖北省文物考古研究所：《江陵凤凰山 168 号汉墓》，《考古学报》1993 年第 4 期；山东省博物馆等：《临沂银雀山四座西汉墓葬》，《考古》1975 年第 6 期；安徽省文物工作队：《阜阳双古堆西汉汝阴侯墓发掘简报》，《文物》1978 年第 8 期；甘肃省博物馆：《武威磨咀子三座汉墓发掘简报》，《文物》1972 年第 12 期。

［7］王仲殊：《汉代考古学概说·汉代的漆器》，中华书局 1984 年版；高炜：《汉代漆器的发现与研究》，载《新中国的考古发现和研究》，文物出版社 1984年版；李正光：《汉代漆器艺术》，文物出版社 1987 年版。

［8］陈振裕：《试论湖北战国秦汉漆器的年代分期》，《江汉考古》1980 年第 2 期。

［9］俞伟超：《马王堆一号汉墓出土漆器制地诸问题——从成都市府作坊到蜀郡工官作坊的历史变化》，《考古》1975 年第 6 期；蒋英炬：《临沂银雀山西汉墓漆器铭文考释》，《考古》1975 年第 6 期。

［10］陈振裕：《湖北出土战国秦汉漆器综论》，北京大学考古学系编：《"迎接二十一世纪的中国考古学"国际学术讨论会论文集》，科学出版社 1998 年版；傅举有：《中国漆器的颠峰时代——汉代漆工艺综论》，载《中国历史暨文物考古研究》，岳麓书社 1999 年版。

［11］湖南省博物馆：《长沙马王堆一号汉墓》，文物出版社 1973 年版；长江流域第二期文物考古工作人员训练班：《湖北江陵凤凰山西汉墓发掘简报》，《文物》1974 年第 6 期；湖北省文物考古研究所：《江陵凤凰山 168 号汉墓》，《考古学报》1993 年第 4 期。

［12］梁国光、麦英豪：《秦始皇统一岭南地区的作用》，《考古》1975 年第 4 期。

［13］广西壮族自治区博物馆：《广西贵县罗泊湾汉墓》，文物出版社 1988 年版。

［14］山东省博物馆等：《临沂银雀山四座西汉墓葬》，《考古》1975 年第 6 期；蒋英炬：《临沂银雀山西汉墓漆器铭文考释》，《考古》1975 年第 6 期。

［15］安徽省文物工作队：《阜阳双古堆西汉汝阴侯墓发掘简报》，《文物》1978 年

第 8 期。

[16] 贵州省博物馆：《贵州清镇平坝汉墓发掘报告》，《考古学报》1959 年第 1 期。

[17] 扬州博物馆等：《江苏邗江县杨寿乡宝女墩新莽墓》，《文物》1991 年第 10 期。

[18] 梅原末治：《支那汉代纪年铭漆器图说》，京都，桑名文星堂，1943 年。

[19] 甘肃省博物馆：《武威磨咀子三座汉墓发掘简报》，《文物》1972 年第 12 期。

[20] 安徽省文物考古研究所等：《安徽马鞍山东吴朱然墓发掘简报》，《文物》1986 年第 3 期。

[21] 杨泓：《三国考古的新发现》，《文物》1986 年第 3 期。

[22] 南京博物院：《海洲西汉霍贺墓清理简报》，《考古》1974 年第 3 期；南波：《江苏连云港市海洲西汉侍其繇墓》，《考古》1975 年第 3 期。

[23] 湖南省博物馆：《长沙象鼻嘴一号西汉墓》，《考古学报》1981 年第 1 期；长沙市文化局文物组：《长沙咸家湖西汉曹𡢃墓》，《文物》1979 年第 3 期。

[24] 傅举有：《中国漆器的颠峰时代——汉代漆工艺综论》，载《中国历史暨文物考古研究》，岳麓书社 1999 年版。

[25] 湖北省博物馆：《云梦大坟头一号汉墓》，《文物资料丛刊》第 4 期。

[26] 扬州博物馆：《江苏邗江姚庄 101 号西汉墓》，《文物》1988 年第 2 期；扬州市博物馆：《扬州西汉"妾莫书"木椁墓》，《文物》1980 年第 12 期；安徽省文物考古研究所等：《安徽天长县三角圩战国西汉墓出土文物》，《文物》1993 年第 9 期。

[27] 广西壮族自治区文物考古工作小组：《广西合浦西汉木椁墓》，《考古》1972 年第 5 期；中国社会科学院考古研究所等：《满城汉墓发掘报告》，文物出版社 1980 年版；大葆台汉墓发掘组等：《北京大葆台汉墓》，文物出版社 1989 年版；咸阳市博物馆：《陕西咸阳马泉西汉墓》，《考古》1979 第 2 期。

[28] 湖北省博物馆：《光化五座坟西汉墓》，《考古学报》1976 年第 2 期。

[29] 南京博物院：《江苏邗江甘泉二号汉墓》，《文物》1981 年第 11 期；《徐州土山东汉墓清理简报》，《文物通讯》第 15 期，1977 年；定县博物馆：《河北定县 43 号汉墓发掘简报》，《文物》1973 年第 11 期；甘肃省博物馆：《武威雷台汉墓》，《考古学报》1974 年第 2 期。

八　汉代纺织品的发现与研究

东周时期的纺织业空前繁荣，养蚕、织丝的技术都达到了较高的水平，生产规模大，产品多样，为秦汉纺织业的持续发展奠定了良好的物质和技术基础。

秦代的纺织品实物发现甚少，1975 年在陕西咸阳窑店秦代宫殿遗址中出土了一些已经炭化的丝织品，有绢和锦。

西汉时期的纺织品发现较多，有长沙马王堆一、三号墓（1972、1974 年)[1]、江陵凤凰山一六七、一六八号汉墓（1975 年)[2]、满城汉墓（1968 年)[3]、南越王墓（1983 年)[4]、大葆台汉墓（1974 年)[5]，武威磨咀子 48、62 号墓（1972 年)[6]等。其中马王堆一号墓的纺织品保存最好，各种丝质服饰和物品超过 30 件，另外还有单幅丝织品 46 卷。马王堆三号墓的织物保存不够好，大多因残破失去形状。江陵凤凰山一六七号墓的丝织品主要见于棺罩、棺内衣衾包裹和存放在一件竹筒中的 35 卷丝织品。一六八号墓则只保留有古尸所着麻衣、麻鞋和麻袜。满城汉墓的纺织品只保存有零星残片。南越王墓的丝织品多置于西耳室中，是用作随葬的原匹织物，估计不下百匹，用作包裹器物的织物用量也很大，它们已全部炭化。大葆台汉墓中仅保存有组带的残片。磨咀子两座汉墓中的丝织品也只留有一些残片。

东汉时期织物集中发现于西北地区。20 世纪初至 30 年代在新疆额济纳河流域的汉代遗址中和罗布淖尔的楼兰遗址中都发现过一些织物的残片[7]。尼雅遗址（1959、1995 年）[8]出土了一些东汉时期的丝织品，在尉犁县营盘墓地[9]、洛浦县山普拉古墓（1983、1984 年）[10]、若羌高台古墓中（1980年）[11]也获得了一些丝、毛织物。营盘 15 号墓和尼雅遗址95MNI 号墓地 M8 都比较完整地保存了随葬的衣物，织物的色彩鲜艳，数量很多。在内蒙古的扎赉诺尔古墓中也发现过东汉的锦[12]。

汉代丝织物的种类主要有纱、绢、绮、罗、锦及刺绣。

纱是平纹方孔丝织，也称"假纱"，是由经纬线加捻形成的。马王堆一号墓的 7 卷单幅纱的经纬丝线均匀，经线密度为58～64 根/厘米，纬线密度为 40～58 根/厘米。两件素纱单衣十分轻薄，其重量仅 49 克。

绢是用量很大的织物，除用作衣物外，还大量用作其他器物的包袱。它们的粗细程度相去甚远。马王堆一号汉墓所出46 卷单幅丝织品中绢占 22 卷，接近一半，经纬密度在 57×32根/平方厘米～124×56 根/平方厘米之间。满城汉墓和南越王墓分别出土有密度为 200×90 根/平方厘米和 320×80 根/平方厘米的细密平纹织物。这些特别细密的平纹织物很可能就是文献中所说的"冰纨"。在南越王墓中还发现了经过碾压的研光绢，表面有"畦纹"，云母研光绢则是以往所未见的，可能是将织物在植物油中浸泡后，撒上云母粉，再加以碾压而成。另一种黑油绢，表面有一层光亮的薄膜状物质，因而具有防雨、防水功能，有可能是文献上所记的"油缇帐"。

满城汉墓中有类似现代 2/2 经重平组织的双纬织物，现存面积不足 1 平方厘米，每厘米有经丝 75 根、纬丝 30 双。马王堆一号汉墓出土的一件双纬平列的平纹织物也因此而被确认为缣。缣的出现年代也因此追溯到东周（长沙识字岭 M345 号出土织物）和殷（妇好墓中的出土织物）。

绮和罗是单色提花织物。马王堆一号墓的绮是平纹地，以三上一下的经斜纹显花。花纹有菱形纹和对鸟菱纹（图二七）两种。菱形纹绮的花纹是对称的，用素机织便可织造。对鸟菱纹绮经纬密度 100×46 根/平方厘米，地组织是平纹，花纹部是三上一下的经斜纹，花纹循环较大，织制时须控制大量经线

图二七　长沙马王堆一号汉墓丝织品对鸟菱纹绮纹样

的上下运动，因而要使用提花织机。营盘 15 号墓的对禽对兽兽面纹绮的花纹布局与对鸟菱纹绮相似，是纵向的连续菱形格，其中填充对禽、对兽、兽面、网格，经纬密度 62×35 根/平方厘米。罗的结构特点是用经线左右绞转形成网孔状，是一种透气性非常好的高档织物。经密每厘米 76～144 根，纬密每厘米 26～50 根。各地发现的汉代的罗多是菱形花纹，是当时十分流行的一种花纹。地纹是大罗孔，四梭（纬）一个循环；花纹是小罗孔，两梭（纬）一个循环。除磨咀子的罗的地织点是二上二下外，马王堆、满城汉墓、南越王墓及尼雅的罗的地织点皆为一上三下。根据对马王堆一号墓菱纹罗的分析，推测其织造时应有提花机和绞经装置相配合。除用左右两片绞综外，由提花束综控制地经的升降，再加下口综。织造时估计需两人相配合操作，织机工专司绞综踏木和下口综踏木，并投纬，另一人专司挽花工作。

锦是提花织物，也是汉代丝织技术的集中反映。西汉时期以二色锦和三色锦为主，其结构基本上是四枚变化组织。二色锦是以两根不同颜色的经丝为一组。马王堆一号墓的二色锦有隐花波纹孔雀纹锦和隐纹花卉纹锦，经纬密度分别是 118×48 根/平方厘米、112×45 根/平方厘米。如果仔细观察隐花波纹孔雀纹锦的纹样，不难看出其中的孔雀应是凫，与《急就篇》中"春草鸡翘凫翁濯"的描述十分吻合。东周时期流行的纹样顺经线方向作条带状分布的作风至此已逐渐消退，而代之以单元图案顺经线方向作重复布置，因而花纹构图较小。三色锦是以三根颜色不同的经线为一组，可以织出三种不同颜色的花纹。西汉时期的发现有马王堆一号汉墓的几何纹锦、绀地绛红纹锦、香色地红茱萸纹锦，经纬密度依次是 126×48 根/平方厘米、153×40 根/平方厘米、156×40 根/平方厘米。几何纹锦的纹样与东周时期的马山一号楚墓所出大菱形纹锦内的各种小几何形相同，就其构图来看，西汉的几何纹锦并不存在菱形的框使花纹分散、细巧。凸花纹锦是以五根经丝为一组，第一与第四根为甲经花纹经，第二根为乙经底经，第三与第五根为丙经地纹经，甲、丙经由提花束综提花，花纹呈凸出效果。绒圈锦见于马王堆一号墓、凤凰山一六七号墓、满城汉墓、南越王墓和磨咀子 62 号墓。它是以多色经丝与单色纬丝交织而成，因织物表面的矩纹上有立体感的环状绒圈而得名。其织造技术较为复杂，除综架控制一根底经的沉降外，还须使用提花束综控制另外两根地经和绒圈经的升降运动。同时，由于绒圈经需要起圈，不能与其他经线使用同一个经轴，而需要使用另一个经轴。织造绒圈经时，需织入一根起圈纬（或称假织纬），织好绒圈后便将其抽去。这种绒圈锦不仅有底经，而且表面有凸出在织物表面之上的、立体感很强的绒圈。

东汉时期的锦以塔里木盆地南缘一带发现的为最多。经丝颜色除二色、三色之外，还有多至五色以上，其结构与西汉时期的锦相同，三种颜色以上的经线多采用分区配色的方法，每区多为三色，偶有二色，大多采用白色作花纹的勾边，并有穿插在花纹中的吉祥文字。纹样风格有部分沿袭西汉织锦，如尼雅出土的三色菱状锦，楼兰出土的鱼蛙纹锦。大部分锦的纹样是以各种花草枝叶为骨架，其中有的填充一种或多种动物纹，有的填入隶书汉字组成的词语，如"万世如意"、"延年益寿大宜子孙"、"长寿明光"、"五星出东方利中国"、"安乐如意长寿无极"、"讨南羌"等。这类纹样是西汉时期刺绣风格的延续。正是由于分区配色技术由战国、西汉时期的二色向东汉时期三

图二八　长沙马王堆一号汉墓丝织品"乘云绣"纹样

色的发展，使东汉织锦纹样向色彩多样、大而多变的方向演变成为一种普遍的现象，东周和西汉时期少有的横贯全幅的纹样在此时已经习见。

汉代绣品是与锦并列的名贵物品。绣品一般以较细致、平整的绢作绣地，也有用罗作绣地的。刺绣的针法以锁绣为主。马王堆一号和凤凰山一六七号墓的绣品多以植物枝蔓、花朵、云气等为纹样主题，著名的有"信期绣"、"长寿绣"和"乘云绣"（图二八）。由于纹样的大小及线条、色彩的运用不受织机的限制，因而更接近绘画，也更华丽，成为贵族竞相追逐的奢侈品。

手工编织物主要是绦带、纱和组。绦带见于马王堆一号墓，自名为"千金绦"和"缥缓绦"。千金绦是全用经线分上下两层相互往返、表里换层编织的。马王堆一号墓、大葆台和凤凰山一六七号墓的组是用经线交叉编织的双层织物，但表里层相互穿插，因而不能张开成筒状，它常用作系带。缅纱见于马王堆一号墓，磨咀子49、62号墓，南越王墓等处。大葆台的缅纱是用两组合股的经线相互垂直交穿编结而成，表面再施漆膜。

汉代的麻布发现于马王堆一号墓、凤凰山一六八号墓和南越王墓，系用苎麻纺织，皆有相当的强度。马王堆一号墓中最细的一种麻布的经密每厘米37根，约合23升，比《礼记·间传》所记丧服用麻布要细密得多。

汉代的衣服主要发现于马王堆一号墓及新疆尼雅和营盘遗址。马王堆一号墓出土锦袍11件、单衣3件、单裙2件。衣、袍均为交领右衽，领呈三角形，外襟有直裾和曲裾两式。曲裾袍的衣襟下达腋部，并绕旋于后，这就是扬雄《方言》中所说的"绕衿谓之裙"。当时把绕襟称作"裙"。面料多以罗绮、纱和绣绢，袍里皆用绢。在尼雅和营盘发现的袍分别以"万世如意"锦和绢为面料，圆领、右衽、直裾，下摆宽大如裙，其样式明显不同于中原，应是在当地民族中流行的服式。

汉代的印染织物十分丰富，根据对其中的一部分主要是马王堆汉墓的实物分析、研究，使用的染料分作植物和矿物两大类。植物染料有茜草（染红色）、栀子（染黄色）、靛蓝（染蓝色）、炭黑（染黑色）。矿物染料有朱砂（即硫化汞，染红色）、绢云母（染粉白色）、硫化铅和硫化汞的混合物（染银灰色）。从墓中所出各色丝织品来看，上述染料是以涂染、浸染、套染和媒染之法染于织物之上，当时已经系统地掌握了丝绸的染色技术。

在磨咀子 48 号墓、马王堆一号墓（图二九）和南越王墓中都发现了印花纱的实物。前者所出印花纱有五种式样，纹样大同小异，但色彩不同。根据对金银印花纱加工工艺的分析，是采用了三大块套版印制，印花敷彩纱则将涂料印花和手工绘彩结合起来。在南越王墓中发现了两件青铜印花凸版，其图案与马王堆一号墓所出金银印花纱相似，尺寸略大。南越王墓所出印花纱应是使用这种凸版印制的。

对汉代织机的研究是本世纪纺织科技史的一个重点。在东汉画像石上多次发现过纺织和织机的图像，已经公布的有 18 块画像石，山东九块，江苏六块，安徽一块，四川二块，吉林一块，其中以龙阳店、洪楼村、青泉山、曹庄、褚兰、曾家包的较为重要[13]。在海外还有从中国流出的釉陶织机模型[14]。除曾家包的以外，其他各个图像上的织机皆为斜织机，有机架和踏板，但细部不够清楚，如踏板和"马头"的关系，"豁丝木"的位置等。经过反复研究，先后提出了几种不同的复原方

图二九　长沙马王堆一号汉墓印花织物纹样

案[15]。夏鼐先生复原的织机有经轴、布轴,分经木、综片和两块踏板,使用这种织机可以用手来打筘或投梭,提综则由踏板控制。这是一种简单的织机,不能织造结构复杂的罗、绮、锦等。西方学者柏恩汉(H.B.Burhan)提出汉代提花织物可能是在普通织机上用挑花棒织成花纹的[16]。近年对江陵马山一号楚墓出土舞人动物纹锦一处长达十余米的错综花纹研究后得知,是十组经线提花发生错误所致。如果是用手工挑起经线再穿入纬线织造,织工很容易发现花纹的错误而改正,似乎不可能出现这种完全一致的错误。说明当时已经使用束综提花机织造,由于结花本的错误而造成了织物花纹的错综[17]。

汉代丝织品在中国以外地区多有发现。蒙古诺音乌拉匈奴墓中有"新神灵广成寿万年"锦、"群鹄颂昌万岁宜子孙"锦、"游成君守如意"锦、山石树鸟纹锦;叙利亚帕尔米拉古墓中有汉字铭文锦。以上两地都有花卉对兽菱纹绮。它们与在中国境内发现的同类织物的组织结构织造方法、纹样完全相同或相似,其原产地应是中国。在中国新疆境内曾发现许多毛织品,值得注意的是在山普拉一、二号墓中发现了一些用通经断纬局部挖织花纹的缂毛织物,一类是花边,一类是壁挂残片。其中的马人纹则呈现浓厚的希腊神话风格,人面纹则是中亚民族的面貌。这类缂毛织物应当是中亚一带的产品。来自中国内地的丝绸与中亚生产的毛织物共存于丝绸之路,充分反映了当时商贸及文化交流的频繁。

注　释

[1] 湖南省博物馆等:《长沙马王堆一号汉墓》(上),文物出版社 1973 年版;湖南省

博物馆等:《长沙马王堆二、三号汉墓发掘简报》,《文物》1974 年第 7 期。

[2] 纪南城凤凰山一六八号汉墓发掘整理组:《湖北江陵凤凰山一六八号汉墓发掘简报》,《文物》1975 年第 9 期;凤凰山一六七号汉墓发掘整理小组:《江陵凤凰山一六七号汉墓发掘简报》,《文物》1976 年第 10 期。

[3] 中国社会科学院考古研究所:《满城汉墓发掘报告》(上),文物出版社 1980 年版。

[4] 广州市文物管理委员会等:《西汉南越王墓》(上),文物出版社 1991 年版。

[5] 大葆台汉墓发掘组等:《大葆台汉墓》,文物出版社 1989 年版。

[6] 甘肃省博物馆:《武威磨咀子三座汉墓发掘简报》,《文物》1972 年第 12 期。

[7] V. Sylwan: Investigation of Silk from Edson‐gol and Lop‐Nor. Stockholm, 1949.

[8] 新疆维吾尔自治区博物馆:《新疆民丰县北大沙漠中古遗址墓葬区东汉合葬墓清理简报》,《文物》1960 年第 6 期;新疆文物考古研究所:《新疆民丰县尼雅遗址 95MN1 号墓地 M8 发掘简报》,《文物》2000 年第 1 期;新疆楼兰考古队:《楼兰古城址调查与试掘简报》,《文物》1988 年第 7 期。

[9] 新疆文物考古研究所:《新疆尉犁县因半古墓调查》,《文物》1994 年第 10 期;新疆文物考古研究所:《新疆尉犁县营盘墓地 15 号墓发掘简报》,《文物》1999 年第 1 期。

[10] 《洛浦山普拉古墓发掘报告》,《新疆文物考古新收获》,新疆人民出版社 1995 年版。

[11] 武敏:《织绣》,台湾幼狮文化事业公司 1992 年版。

[12] 郑隆:《内蒙古扎赉诺尔古墓群调查记》,《文物》1961 年第 9 期。

[13] 《山东汉画像石选集》,图 258、275;段拭:《江苏铜山洪楼东汉墓出土纺织画像石》,《文物》1962 年第 3 期;王黎琳、武利华:《江苏铜山县青山泉的纺织画像石》,《文物》1980 年第 2 期;江苏省泗洪县文化馆:《泗洪县曹庄发现一批汉画像石》,《文物》1975 年第 3 期;《安徽文物考古工作新收获》,《文物考古工作三十年》,文物出版社 1979 年版;成都市文物管理处:《四川成都曾家包东汉画像砖石墓》,《文物》1981 年第 10 期。

[14] 赵丰:《汉代踏板织机的复原研究》,《文物》1996 年第 5 期。

[15] 宋伯胤、黎忠义:《从汉画像石探索汉代织机构造》,《文物》1962 年第 3 期;夏鼐:《我国古代蚕、桑、丝、绸的历史》,《考古》1972 年第 2 期;《汉画像石上的纺织图释》,《丝绸史研究》1986 年第 2 期。

[16] 夏鼐:《中国文明的起源》第 55 页,文物出版社 1985 年版。

[17] 彭浩:《楚人的纺织与服饰》,湖北教育出版社 1996 年版。

九 汉代边塞遗址及其简牍的
发现与研究

19 世纪末 20 世纪初，有三大发现直接推动了中国现代考古学的产生，而汉代边塞遗址出土汉简属于这三大发现之一[1]。西方考古探险队闻讯后，纷纷赶到新疆、甘肃访古寻宝，在汉代边塞遗址发掘出土了数以万计的汉简。20 世纪 70 年代，中国学者开始从政治动荡中摆脱出来，敦煌和居延考古不断取得重要发现，极大地推动了中国边塞考古和简牍学研究的深入。综观中国西北汉代边塞考古史，大致划分为两个主要发展阶段。

（一）第一阶段（1906～1949 年）的发现

1. 斯坦因的发现

20 世纪初，英国考古学家斯坦因先后到中亚荒漠进行了四次大规模探险考察。斯坦因第二次中亚考察（1906～1908 年）经新疆，深入甘肃西部。他首先在新疆塔克拉玛干沙漠腹地的尼雅遗址大肆发掘，在 N.XIV 号遗址发掘出 12 枚汉简，随后又到楼兰、敦煌等地考察。在敦煌西北疏勒河流域考察时，首次发现汉长城边塞遗址，从中发掘出 705 枚汉简。1907 年 2 月，斯坦因曾到甘肃酒泉考察汉代边塞，在北大河沿岸的汉代烽燧发现一批汉简。汉代长城边塞及其汉简就这样被发现了。

斯坦因第三次中亚考察（1913～1915 年）重访敦煌汉长

城遗址，再次掘获 84 枚汉简，随后又在酒泉汉代边塞遗址发现汉简 105 枚。尽管斯坦因在敦煌西北边塞发现的汉简实际上属于汉代敦煌和酒泉两郡，但是目前学术界统称为"敦煌汉简"。尼雅和敦煌汉简现存大英图书馆东方写本与印本部，发掘情况著录于斯坦因《西域考古记》和《亚洲腹地》两本考古报告[2]。斯坦因将西域出土汉语文书委托法国汉学家沙畹进行研究。1913 年，沙畹出版了《斯坦因在东突厥斯坦沙漠发现的汉语文书》一书[3]。在此之前，王国维写过一篇《简牍检署考》，从日本京都寄给沙畹。沙畹把即将出版的书稿寄给罗振玉和王国维，罗王二人合著《流沙坠简》（东山学社 1914年版），后来又出增订本（1934 年），校正了沙畹书稿中的许多错误。王国维可以说是近代中国简牍学研究的奠基人，受到鲁讯先生的高度评价[4]，他的论著至今仍被学术界奉为经典。

　　1917 年，沙畹去世，斯坦因第三次考察所获汉文写本的研究改由沙畹的学生马伯乐进行。由于第二次世界大战，迟至1953 年，马伯乐的研究成果才在巴黎发表，题为《斯坦因爵士第三次中亚考察所获汉文文书》[5]。中国旅法学者张凤此前从马伯乐处得到这批文书的照片和出土地点编号，1931 年出版《汉晋西陲木简汇编》上下编（上海有正书局 1931 年版）。该书上编系沙畹已刊材料，下编系马伯乐未刊材料。马伯乐只研究了斯坦因收集品中较完整的文书，照片刊布也不全。张凤的书中就有许多马氏没发表的照片。1989 年，兰州大学郭锋到大英图书馆对这批文书的残片作了进一步调查，著有《斯坦因第三次中亚探险所获甘肃新疆出土汉文文书——未经马伯乐刊布的部分》（甘肃人民出版社 1993 年版）一书，包括一批敦煌汉代烽燧出土的残简。

斯坦因在印度退休后，到剑桥定居。1930～1931 年，受美国哈佛燕京学社之邀，组建中亚考察队第四次来新疆沙漠考古。这次他不能像从前那样随心所欲地到处发掘了。在新疆地方政府监护人的监管下，他的活动到处受阻，只在尼雅遗址做了较大规模的发掘，并在 N.Ⅱ 和 N.ⅩⅣ 发现一批西汉至新莽年间的汉简。斯坦因来华的消息被报界披露后，立即引起中国各界人士的强烈反对。南京政府电令新疆地方政府立即将斯坦因驱逐出境。他不得不放弃他的最后一次新疆之行，改道去伊朗考察。由于这次考察中途夭折，斯坦因没写任何考察报告。1977 年，美国女作家米尔斯基为斯坦因写传记，披露了当年的一些内幕[6]。更为详尽的报道则是我国学者近年来做的一系列调查[7]。由于所获文物被扣在喀什，斯坦因最终没能写这次考察的报告，而扣在喀什的汉简至今下落不明。不过斯坦因拍摄了这次考察所获文物的照片，一套照片和玻璃底版现藏大英图书馆东方写本与印本部[8]。1998 年，《大英图书馆馆刊》刊布了这批汉简的照片[9]。王冀青、林梅村此前访问大英图书馆时接触到这批材料，分别撰文讨论了尼雅汉简的年代和内容[10]。

2. 周炳南的发现

清代中后期，西北舆地之学兴起。国人开始关注西部历史文化，而西域古物也引起国人广泛兴趣，周炳南先生即其中之一。1920 年春，周炳南到敦煌西北古玉门关城（小方盘城）外旅行时，在附近戈壁滩上采集到 17 枚汉简。其中包括一枚东汉元嘉二年（公元 152 年）简。这批文物在 20 世纪 50 年代收归国家保存，现藏敦煌研究院[11]。李均明和何双全的释文收录于《散见简牍合辑》（文物出版社 1990 年版）一书。

3. 中瑞西北科学考察团的发现

1927年，瑞典探险家斯文赫定再次来华组织大规模西北考察。然而，西方探险家在中国西北肆意发掘古物的行径遭到中国各界人士的强烈不满和反对。斯文赫定不得不和中国学术团体达成妥协，共同组建西北科学考察团，由中外学者合作在内蒙、甘肃和新疆进行包括考古学在内的多学科考察，北京大学教务长徐炳昶和斯文赫定分别任中外双方团长。负责考古工作的中方团员是北京大学的黄文弼先生。1930年，他曾在内蒙古额济纳旗汉代边塞遗址发现一批汉简。1930年2月，黄文弼越新疆东境库鲁克塔格山抵达罗布泊北岸。他本来要调查那里的石器时代遗址，但是意外发现了汉代烽燧，今称"土垠遗址"，从中发掘出17枚汉简。1948年，黄文弼出版《罗布淖尔考古记》（国立北京大学出版部1948年版）一书，详细介绍了他在罗布泊的发现并刊布了这批汉简。

著名的居延汉简也是中瑞西北科学考察团发现的，发掘工作由瑞方团员伯格曼主持。1930～1931年，伯格曼到内蒙古居延地区额济纳河流域汉代烽燧遗址进行考古调查，从中发掘出汉简10000余枚，今称"居延汉简"。这批汉简出自30余个不同地点，破城子遗址（甲渠候官治所）出简5200枚，红城子遗址出简3500枚。伯格曼考察的汉代边塞遗址今天分属内蒙古额济纳旗和甘肃金塔县。这次考察过程中，伯格曼还到斯坦因以前调查编号的酒泉北大河汉代边塞进行调查。他在北大河A41（T.46）和A42（T.46.i）遗址采集的数枚汉简不属于居延汉边塞，而是汉酒泉郡东部都尉所属边塞[12]。这次考察的初步报告见伯格曼《蒙新考古记行》，正式报告则由瑞典学者索马尔斯特罗姆根据伯格曼原始记录整理出版，题为《内蒙古额济纳河流域考古报告》[13]。

结束居延田野考古工作之后，伯格曼花费两年时间在北京整理这次考察所获古物。北京大学助教傅振伦和傅明德负责汉简登记编号，马衡和刘复教授进行汉简文字考释，据说瑞典汉学家高本汉和法国汉学家伯希和也参加过整理工作。1934年，北大历史系毕业生劳幹、贺昌群、余逊、向达等学者陆续参加整理，最后由劳幹定稿出版[14]。最早的版本是1936年用晒蓝图纸晒印的汉简释文，今称"晒蓝本"。正式出版物题为《居延汉简考释·释文之部》，凡四册（四川南溪石印本，1943年）。翌年，劳幹出版了《居延汉简考释·考证之部》，凡两册。居延汉简后来经美国携往台湾，现藏台北中央研究院历史语言研究所。据说在从美国运回台湾时，有几枚居延汉简遗漏在美国，现存华盛顿美国国会图书馆[15]。

4．西北科学考察团的发现

1944～1945年，中央研究院、中央博物院和北京大学文科研究所联合组建西北科学考察团，正式开始考察河西走廊地区。该考察团历史考古组成员夏鼐和阎文儒考察了敦煌小方盘城以东汉代边塞遗址，从中掘获汉简48枚。这批敦煌简也被携往台湾，据说现存台北图书馆[16]。1948年夏鼐考释了汉简，连同原简照片刊于《新获之敦煌汉简》[17]。阎文儒撰写《河西考古杂记》，介绍了遗址考察及汉简出土情况。这次河西考古意义重大，开创了中国学者独立进行西北科学考察的新纪元。

（二）第二阶段（1949年至今）的发现

50年代新疆、内蒙古和甘肃陆续成立了文物管理委员会，西域屯戍和西北汉代边塞遗址由这三个文物部门管理，首先在甘肃取得重大考古发现。

1959 年，甘肃省博物馆在武威县磨咀子 6 号汉墓中发现《仪礼》简册 9 卷和其他杂简凡 504 简，随后又在磨咀子 18 号汉墓中发掘出《王杖十简》。中国西北以前出土的汉简绝大多数是汉代边塞或西域屯戍档案，而古代书籍简牍极其罕见。武威汉简全是古书，这个发现无论对中国考古，还是中国文化史研究都具有重要意义。这批材料由中国社会科学院和甘肃省博物馆联合整理出版，题为《武威汉简》（文物出版社 1964 年版）。

1963 年，内蒙古文物工作队开始派工作人员到居延地区调查，由于受政治环境影响，这项工作一直没能顺利开展。70 年代，中国学术开始从政治动乱中摆脱出来。内蒙古和甘肃汉代边塞考古重新得到人们的重视，并在内蒙古居延、甘肃敦煌等地不断取得重大发现。

1. 居延汉简的新发现

以甘肃省博物馆为主的居延汉简考古队，从 1972 年开始对额济纳河流域汉代烽燧遗址重新进行调查。1988 年居延汉代边塞被国务院列为全国重点文物保护单位。

自 1973 年以来，以甘肃省博物馆为主的居延汉简考古队开始在破城子甲渠候官治所（A8）、保格都甲渠第四燧（P1）和肩水金关（A32）三处遗址不断进行大规模考古发掘。至 1982 年，甘肃省文物考古工作者先后在居延采集、发掘、核查出土简牍近 20000 枚，包括 70 多部完整和基本完整的简册。原简现存甘肃省博物馆，今称"居延新简"[18]。甘肃省博物馆等单位首先将甲渠候官和甲渠第四燧出土的 8200 余枚汉简整理出版，题为《居延新简——甲渠候官与第四燧》（文物出版社1990年版），图版著录于甘肃省文物考古研究所等单位编《居延新简——甲渠候官》（中华书局1994年版）。肩水金关出土汉简仍在整理中。

1982～1983年间，以甘肃省文物工作队、内蒙古文物工作队和中国社会科学院考古研究所内蒙古文物考古队分别到居延地区对汉代边塞烽燧进行考古调查。据说甘肃省文物工作队在居延破城子进行文物普查时发现了22枚汉晋简牍，其中一枚为西晋太康元年（公元280年）纪年简[19]。

1999年10月，内蒙古文物考古研究所考古队为制定文物保护方案，再次到居延边塞遗址进行考古调查，在甲渠候官第16燧发掘出汉简百余枚，年代约在汉宣帝至王莽时期。这是内蒙古文物考古部门首次发现居延汉简[20]。

2．敦煌汉简的新发现

1977年8月，甘肃省嘉峪关市文物保管所工作人员在玉门花海农场附近汉代烽燧遗址中采集到91枚汉简，现藏嘉峪关市长城博物馆。这批汉简属于汉代酒泉郡北部都尉下属禽寇燧文书档案[21]。甘肃省和敦煌地方文物部门多次到甘肃西部汉代边塞遗址进行文物普查，主要有以下五次重要发现：

1979年6月，甘肃省文物工作队从敦煌开始，对河西汉塞进行全面调查，在敦煌小方盘城以西11公里的马圈湾考察时，发现一座被斯坦因遗漏的汉代烽燧遗址。该遗址位于斯坦因编号的T.11和T.12a之间。同年9月，甘肃省考古队正式发掘这个遗址，掘获汉简1217枚。原简现存甘肃省文物考古研究所[22]，汉简照片和释文著录于甘肃省文物考古研究所编《敦煌汉简》（中华书局1991年版）。

1981年，敦煌市博物馆在敦煌西北酥油兔汉代烽燧遗址采集到汉简76枚，原简现存敦煌市博物馆。考古简报和汉简释文著录于甘肃省文物工作队和甘肃省博物馆编《汉简研究文集》（甘肃人民出版社1984年版）。

1986～1988年间，敦煌市博物馆工作人员在文物普查中，又在敦煌西北汉代边塞遗址陆续采集到汉简137枚，原简现存敦煌市博物馆。这些汉简的出土地点属于汉代敦煌郡玉门都尉、中部都尉和宜禾都尉。考察情况和汉简释文著录于吴礽骧等编《敦煌汉简释文》（甘肃人民出版社1991年版）。

1990～1992年，甘肃省考古研究所考古队在河西走廊西部安西——敦煌公路甜水井道班东南山边发现一个汉代遗址，随即进行大规模考古发掘，共发现汉简和纸文书凡25000余件，其中完整或较为完整的簿册多达50余册。这个汉代建筑群和汉长城烽燧遗址明显有别，属于汉代敦煌郡效谷县悬泉置遗址，类似于后世的驿站。据报道，汉简主要出自悬泉置东南侧早期仓址的废墟物堆积中，时代最早的属于西汉武帝元鼎六年（公元前111年），最晚的属于东汉安帝永初元年（公元107年）（图三〇）。魏晋时期废弃后，悬泉置改作烽燧使用[23]。值得注意的是，这个堆积中许多汉代残纸与纪年简共出，这将为考订中国四大发明之一纸的产生年代提供重要的考古学依据。这些文物现藏甘肃省文物考古研究所。正式考古报告尚未出版，目前只有零星报道[24]。这个发现被评为1991年全国考古十大发现之一。

3．西域汉简的新发现

早在1963年，陈梦家就提出过"西域汉简"的概念，当时西域汉简名下只有黄文弼在罗布泊北岸发现的一组楼兰汉

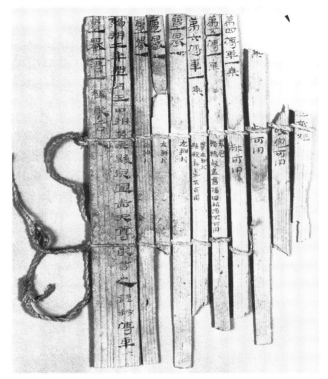

图三〇 敦煌悬泉置遗址出土的阳朔二年悬泉置传车簟舆簿

简。于阗汉简的问世、尼雅汉简的新发现，极大地丰富了西域汉简的内容。

1983年，新疆博物馆文物普查队在洛浦县山普拉发现一处古墓地，并在两座墓中发掘出数枚汉简，一件为汉字封检，写有"□小名□"字样。据[14]C年代测定，这座古墓的年代为距今2085±80年（经树轮校正），相当于西汉[25]。这也是目前所知汉简西传最远之地。

1993 年 10 月，中日联合尼雅遗迹考察队第五次深入塔克拉玛干沙漠腹地考察尼雅遗址。这次考察取得许多重要收获，而最重要的则是中方队员林永建等人在 N.ⅩⅣ 遗址发现两枚汉简[26]。据新疆文物考古研究所前所长王炳华核实出土地点，它们出自斯坦因编号的 N.ⅩⅣ 遗址。据考证，其中一枚残简系汉代字书《苍颉篇》残文[27]。同出的另一枚汉简采用西汉尺牍（简）制度。故知这批尼雅汉简应是西汉简。

斯坦因以前在 N.ⅩⅣ 遗址发现过两批汉简。关于它们的年代，学术界有三种不同意见。沙畹起初认为，出自尼雅遗址的一组隶书木简系晋简。罗振玉和王国维深表怀疑，他们根据书法推测"似汉末人书"。1962 年，中国历史博物馆的史树青根据汉代考古新发现提出新见，他认为这批隶书木简与西汉或新莽简书法风格相似。如果和西汉后期长沙刘骄墓出土"被绛函"比较，不难发现两者不仅书体相近，而且功用相同[28]。斯坦因在尼雅遗址发现的第二批汉简近年被大英图书馆刊布，绝大多数为西汉至新莽简。这无疑有助于说明史树青的看法是正确的。不过尼雅隶书简多次提到"王"，年代应在西汉，因为王莽年间西域诸王皆被更名为"侯"。

（三）中国西北地区出土汉简的研究

中国西北地区出土汉简研究史也可相应分为两个阶段。第一个阶段的研究主要由中法两国学者承担。在这个阶段，法国学者沙畹、马伯乐和中国学者罗振玉、王国维、张凤、劳幹、黄文弼和夏鼐对汉简研究先后做出重要贡献。除前文提到的汉简专著外，这里还应补充西北大学陈直教授的两本专著——

《木简考略》(石印本，1932 年) 和 《汉魏木简考略》(石印本，
1934 年) 以及陈邦福的《汉魏木简义证》(十卷本，1931 年)。
第二阶段的研究工作则在大陆、台湾、英国和日本学者中间展
开。

现代欧洲汉学家大多把精力放在研究中国近现代史方面，
法国汉学家研究汉简的传统似乎没有得到传承，只有英国学者
鲁惟一 20 世纪 60 年代在《通报》上陆续发表一些研究汉简的
论文。1967 年，剑桥出版社出版两卷本《汉代的行政记录》，
这不仅是鲁惟一汉简研究的代表作[29]，也是继沙畹、马伯乐
之后，欧洲汉学家推出的又一部汉简研究学术巨著。

日本学者比欧洲汉学家更为关注汉简研究。早在 20 世纪
50 年代初，京都大学教授森鹿三就致力于汉简研究。1951 年
起，在京都大学人文科学研究所举办居延汉简研究班，培养了
许多简牍学专门人才。1959～1973 年，在日本学术刊物陆续
发表了一批汉简研究论文，并注意到居延汉简出土地点问题。
代表作是同朋舍 1975 年出版的《东洋学研究·居延汉简篇》。

日本简牍学研究的第二位代表人物是关西大学教授大庭
修。1958 年至今，他在日本学术刊物发表过许多汉简研究的
论文。大庭修不仅经常到中国访问，了解汉简发现与研究的最
新进展，而且邀请中国专家学者到日本进行学术交流。他还到
英国、美国调查流散海外的汉简。其代表作是同朋舍 1990 年
出版的《大英博物馆藏敦煌汉简》，收录了沙畹、马伯乐许多
未发表的汉简照片，他根据新出土敦煌汉简校正了旧释文中的
许多错误。大庭修的另一部重要著作《居延汉简索引》(关西
大学出版部 1995 年版)，也是居延汉简研究必备的参考书。

日本简牍学研究可谓人才辈出。赤井清美的巨著《汉简》

（东京堂 1977 年版），凡 11 卷，将日本的简牍学研究推向一个新的高度。如果说大庭修教授是日本敦煌汉简研究的代表人物，那么京都大学永田英正教授则是日本研究居延汉简的权威人士。他也十分注意和中国学者进行交流，20 世纪 60 年代至今不断推出新作。代表作是 1989 年同朋舍出版的《居延汉简的研究》，对破城子、博罗松治、瓦因托尼、大湾等地出土汉简进行了全面整理。

近年日本汉简研究界新人不断涌现，例如富谷至、吉村昌之和角谷常子等一批青年学者，充分显示了日本未来简牍学研究的雄厚实力。

台湾研究者的主要精力放在对居延旧简的刊布与研究，早期代表人物是劳干。20 世纪 50 年代以来，他相继出版了《居延汉简考释》（台北，1949 年）、《居延汉简·图版之部》（台北，1957 年）和《劳干学术论文集甲编》上下册（台北，1976 年）等重要著作，劳干的工作基本上是在王国维创立的简牍学研究基础上展开的，从居延汉简所见新史料重新研究汉代历史。陈槃的《汉晋遗简识小七种》上下册（台北，1975 年）也对推动台湾简牍学研究做出重要贡献。

劳干、陈槃之后台湾汉简研究的代表人物是马先醒，20 世纪 70 年代以来相继推出《汉简与汉代城市》（台北简牍学社 1976 年版）、《简牍论集》（台北简牍学社 1977 年版）和《居延汉简新编》（台北简牍学会 1981 年版）三部重要著作。台湾中央研究院历史语言研究所简牍整理小组近年出版了《居延汉简补编》（文渊企业有限公司 1998 年版），采用红外线拍摄技术对褪色的简文墨迹进行复原，并取得许多重要发现。20 世纪 70 年代以来，台湾学者组织出版了两种简牍研究专刊，一种是马先醒主编的《简牍学报》，已经出版至第 17 期（1974～1999 年），另一种是台湾国际简牍学会编《国际简牍学会会刊》，也出版了两期（1993 和 1996 年）[30]。

台湾学者对简牍学研究还有一个重要贡献。1997 年，台湾中央研究院历史语言研究所在国际互联网上建立网站，网址是：www. saturn. ihp. sinica. edu. tw/～liutk/shih。他们将《居延汉简甲乙编》和《疏勒河流域出土汉简》等 8 部汉简专著搬上国际互联网。通过这个网站，任何人可以免费对目前发表的所有汉简资料进行全文检索。这项工作率先将汉简研究带入网络时代，代表了简牍学研究未来发展的方向。

大陆学者简牍研究的早期代表人物是陈梦家。1960 年起，他从研究武威《仪礼》简开始，进而扩展到居延汉简研究。代表作《汉简缀述》（中华书局 1980 年版）汇集了他对居延边塞组织、烽燧分布、居延史地沿革和汉简历法等方面研究的主要成果。

和陈梦家同时或其后长期从事汉简研究的大陆学者，主要是来自甘肃省文物考古研究所、甘肃省博物馆、中国文物研究所（原称"文化部古文献研究室"）、中国社会科学院考古研究所及历史研究所等单位的一批学者，如陈直、于豪亮、傅振伦、陈公柔、徐苹芳、初师宾、谢桂华、李均明、何双全、薛英群等新老学者。尽管大陆学者的工作条件远不如英国、日本和台湾学者，但是他们毕竟处于汉代边塞考古和新出土汉简研究整理的第一线，并取得许多重要学术成果[31]。

在第一阶段研究中，边塞考古与出土汉简的研究往往是分开进行的，这样做不仅影响到我们对汉代边塞烽燧布局定位的认识，而且不利于对原来编连成册的汉简簿册的复原。20 世纪 50 年代，大陆学者就致力于解决这个问题，中国科学院考古研究所编《居延汉简甲编》（科学出版社 1959 年版）发表了 1914 枚居延汉简的出土地点；后来又根据中瑞西北科学考察团档案中发现的"标记册"，在《居延汉简甲乙篇》（上海中华书局 1980 年版）中刊布了居延汉简全部出土地点。林梅村、李均明合编《疏勒河流域出土汉简》（文物出版社 1984 年版）按出土地点重新整理了敦煌汉简。这种方法将居延、敦煌汉简从单纯的古文书研究提升到考古学研究的高度，因而受到日本简牍学家大庭修的高度评价。

大陆学者根据新发现的敦煌、居延汉简，重新整理考订以前发现的旧简，除了前文提到的《疏勒河流域出土汉简》外，还有谢桂华等人编写的《居延汉简释文合校》（文物出版社 1987 年版）。此外，马王堆帛书、江苏连云港尹湾汉简、长沙三国吴简以及湖北荆门郭店战国楚简的发现与研究，也推动了汉代西域与边塞汉简研究的深入。例如，史树青先生就是根据长沙出土西汉简判定尼雅汉简的年代应在西汉。另一方面，大陆学者还加强了简牍学理论研究，如林剑鸣的《简牍概述》（陕西人民出版社 1984 年版）和高敏的《简牍研究入门》（广西人民出版社 1989 年版）是 20 世纪 80 年代简牍学理论研究的重要著作，李均明、刘军最近出版的《简牍文书学》（广西教育出版社 1999 年版）将这项研究推向新的高度。

除了前文介绍的专著外，这里还应提到下面几本汉简研究专著，它们是甘肃省文物工作队编《汉简研究文集》（甘肃人民出版社 1984 年版）、陈直著《居延汉简研究》（天津古籍出版社 1986 年版）、薛英群等编《居延新简释粹》（兰州大学出版社 1988 年版）、甘肃省文物考古研究所编《秦汉简牍论文集》（甘肃人民出版社 1989 年版）、李均明和何双全编《散见简牍合辑》（文物出版社 1990 年版）、薛英群《居延汉简通论》（甘肃教育出版社 1991 年版）、饶宗颐、李均明《敦煌汉简编年考证》（新文丰出版公司 1995 年版）、饶宗颐、李均明《新莽简辑校》（新文丰出版公司 1995 年版）。这些著作反映出大陆学者对汉简研究已经从单纯的文字考释和簿册编连等基础研究逐步转向专题研究阶段。

1983 年以来，大陆有关单位组织出版了几种简牍研究专刊。如中国社会科学院简帛研究中心组织出版的《简牍研究译丛》（1983～1987 年）和《简帛研究译丛》（1996～1998 年）；李学勤等学者组织出版的《简帛研究》，已经出版三辑（1993～1998 年）；1996 年以来，西北大学历史系和甘肃省文物考古研究所组织出版的《简牍学研究》也出版了两辑（1996～1998 年）。

为使本文不至遗漏过多，最后附带介绍一下中外学者对简牍研究文献目录的编纂。和本题相关的研究目录主要有四篇，也即日本学者大庭修编《中国出土简牍研究文献目录》、大陆学者曹延尊、徐元邦合编《简牍论著资料目录》、甘肃省文物考古研究所汉简研究室编《简牍论著目录》、台湾学者邢义田编《秦汉简牍与帛书研究文献目录（1905～1985）》以及 1999 年大陆学者谢桂华撰《百年简帛》所附研究目录[32]。从上述目录，基本可以了解一个世纪以来中外学者对汉代边塞遗址及其出土简牍的研究概况。

注　释

[1] 这三大发现分别为 1898 年发现殷墟甲骨文、1900 年发现敦煌文书以及

1906～1908 年在新疆尼雅和甘肃敦煌汉长城遗址发现汉晋木简残纸。

[2] M.A.Stein, Serindia, 3 vols., Oxford, 1921; Innermost Asia, 4 vols.; Oxford, 1928. 关于斯坦因考察敦煌和酒泉边塞遗址的情况，可参见林梅村、李均明编：《疏勒河流域出土汉简》，文物出版社 1984 年版。

[3] É. Chavannes, Les documents chinois découverts par Aurel Stein dans les sable du Turkestan oriental, Oxford, 1913.

[4] 1922 年，鲁迅在《热风·不懂的音译》中这样写道："中国有一部《流沙缀简》，印了将有十年了。要谈国学，那才可以算是一种研究国学的书。开首有一篇长序，是王国维先生做的，要谈国学，他才可以算一个研究国学的人物。"

[5] H. Maspero, Les documents chinois de la troisième expédition de Sir Aurel Stein en Asie Centrale, London, 1953.

[6] Jeannette Mirsky, Sir Aurel Stein Archaeological Explorer, Chicago University Press, 1977; 中译本参见田卫疆等译：《斯坦因考古与探险》，新疆美术摄影出版社 1992 年版，第 459～463 页。

[7] 张力、于江：《斯坦因第四次入新简述》，《新疆文物》1992 年第 4 期；王冀青：《奥莱尔·斯坦因爵士第四次中央亚细亚考察》，《敦煌学辑刊》1993 年第 1 期；冯锡时：《法显西行路线考辨》，《西域考察与研究》，新疆人民出版社 1994 年版。

[8] 王冀青：《斯坦因第四次中亚考察所获汉文文书》，《敦煌吐鲁番研究》第三卷，1998 年。

[9] Wang Jiqing, "photographs in the British Library of Documents and Manuscripts from Sir Aurel Stein's Fourth Central Asian Expedition," the British Library Journal, vol. 24, no. 1, spring, 1998, plates in pp. 40～41, 51 and 62.

[10] 王冀青：《关于斯坦因第四次中亚考察所发现的文物》，《九州学刊》第 6 卷第 4 期，1995 年；林梅村：《汉代精绝国与尼雅遗址》，《文物》1996 年第 12 期；《尼雅汉简中有关西汉与大月氏关系的重要史料》，《九州》第 1 辑，中国环境科学出版社 1997 年版。后两文收入《汉唐西域与中国文明》，文物出版社 1998 年版。林梅村：《尼雅汉简综考——兼论汉文化在西域的最初传播》，《"作为文化制度的中国古典"国际学术研讨会论文集》，京都大学，2000 年。

[11] 初师宾：《关于敦煌文物研究所收藏的一组汉简》，《敦煌研究》1985 年第 3 期。

[12] 林梅村、李均明编：《疏勒河流域出土汉简》第9页、31～32页，文物出版社1984年版。

[13] F. Bergman, Travels and Archaeological Field – Work in Mongolia and Sinkiang, Stockholm, 1945；B. Sommarström, Archaeological Researches in the Edsen – gol Region, Inner Mongolia, 2 vols., Stockholm, 1956～1958. 关于伯格曼考察居延汉代边塞的情况，参见陈梦家：《汉简考述》，《考古学报》1963年第1期，收入《汉简缀述》，中华书局1980年版。

[14] 参见《中瑞西北科学考古团大事记》，《开创中外科技合作的先驱》，中国科学技术出版社1991年版。

[15] 大庭修：《美国所存的居延汉简始末》，收入《汉简研究》，同朋舍，1992年。

[16] 吴礽骧等编：《敦煌汉简释文》第2页，甘肃人民出版社1991年版。

[17] 收入夏鼐：《考古学论文集》，科学出版社1961年版。

[18] 甘肃省文物工作队：《额济纳河下游汉代烽燧遗址调查报告》，《汉简研究文集》，甘肃人民出版社1984年版；甘肃居延考古队：《居延汉代遗址的发掘和新出土的简册文物》，《文物》1978年第1期。

[19] 甘肃省文物考古研究所编：《秦汉简牍论文集》第284页，注1，甘肃人民出版社1989年版。

[20] 参见《内蒙古居延遗址出土百余枚汉简》，《西安晚报》2000年1月31日。有些情况承蒙魏坚先生面告，谨致谢忱。

[21] 嘉峪关文物保管所：《玉门花海汉代烽燧遗址出土的简牍》，收入《汉简研究文集》，甘肃人民出版社1984年版。

[22] 甘肃省博物馆、敦煌文化馆：《敦煌马圈湾汉代烽燧遗址发掘简报》，《文物》1981年第10期。

[23] 甘肃省文物考古研究所：《甘肃敦煌汉代悬泉置遗址发掘简报》，《敦煌悬泉汉简内容概述》，《敦煌悬泉汉简释文选》，并见《文物》2000年第5期。本文所引敦煌新简均据此文，恕不一一出注。

[24] 参见《汉悬泉置遗址发掘获重大收获》，《中国文物报》1992年1月5日；何双全：《敦煌悬泉置和汉简文书的特征》，收入大庭修主编：《汉简研究的现状与瞻望》，关西大学出版部，1993年；何双全、孟力：《甘肃出土简牍文献大观》，收入国家古籍整理出版规划小组办公室编：《古籍整理出版情况简报》1994年第10期；何双全：《敦煌新出简牍辑录》，收入李学勤主编：《简帛研究》第1辑第228～232页。

[25] 王博等:《洛浦县山普拉古墓发掘报告》,《新疆文物》1989年第2期。

[26] 林永建等著:《梦幻尼雅》第99页图版,民族出版社1995年版。

[27] 王樾:《略说尼雅发现的"苍颉篇"汉简》,《西域研究》1998年第4期。

[28] 史树青:《谈新疆民丰尼雅遗址》,《文物》1962年第7~8期合刊。

[29] M. Loewe, Records of Han Administration, 2 vols. , Cambridge University, 1967.

[30] 关于台湾学者的研究,参见徐苹芳:《汉简的发现与研究》,《传统文化与现代化》1993年第6期;谢桂华:《百年简帛》,《文史知识》1999年第8~9期连载。

[31] 关于大陆学者的研究,同[30]。

[32] 大庭修编、谢桂华译:《中国出土简牍研究文献目录》,收入《简牍研究译丛》第1辑,中国社会科学出版社1983年版;曹延尊、徐元邦:《简牍论著资料目录》,《考古学辑刊》第2辑,中国社会科学出版社:1982年版,第203~230页;甘肃省文物考古研究所汉简研究室编:《简牍论著目录》,收入《秦汉简牍论文集》,甘肃人民出版社1989年版,第314~330页;邢义田:《秦汉简牍与帛书研究文献目录(1905~1985)》,《秦汉史论稿》,东大图书公司,1987年,第569~635页;谢桂华:《百年简帛》,《文史知识》1999年第8~9期连载。

十　秦汉墓葬出土简帛的

发现与研究

在纸张成为通用的书写材料之前，简牍与缣帛一直是中国人主要的书写工具。由于秦汉时期的传世文献史料较少，墓葬出土的简帛文字材料对于秦汉史研究具有特殊重要的意义。本章拟对20世纪中国（除西北地区之外）秦汉墓葬出土简帛的发现与研究作一概括性介绍。

（一）秦简的发现与整理

由于秦王朝国祚短促，加以秦始皇焚书坑儒和项羽火烧咸阳的毁灭性打击，秦国及秦代的史料罕见于世，即使偶有流传，也缺失甚多。幸自70年代中期以来，若干秦墓的发掘为此期的历史研究提供了大量详实可靠的材料。20世纪出土的秦简共有如下七批：

1．云梦睡虎地秦简

1975年12月在湖北省云梦县睡虎地发掘了12座战国末期到秦代的墓葬。其中，11号秦墓出土竹简1155枚及残片88枚，4号秦墓出土2件写有家书的木牍。

11号墓是一座小型木椁墓，入葬时间在秦始皇三十年左右。竹简原藏棺内，保存较好。简长23～27.8厘米，宽0.3～0.7厘米。从出土时残存的编绳痕迹推断，原简由三道编绳编联，简文为毛笔墨书秦隶；其内容分为10种：《编年纪》、

《语书》、《秦律十八种》、《效律》、《秦律杂抄》、《法律答问》、《封诊式》、《为吏之道》、《日书》甲种、《日书》乙种。《语书》、《效律》、《封诊式》和《日书》乙种四书的标题为简册自题之名。根据各篇简文的内容，我们可将之分为五大类：

（1）《编年纪》。由发现于墓主头下的53枚竹简编联而成，逐年纪录了从秦昭王元年（公元前306年）到秦始皇三十年（公元前217年）秦统一六国的战争过程及其他重大事件，同时还记载了一个叫"喜"的人（即墓主）的生平及其家族的情况，类似于后世的年谱。《编年纪》的内容不但可以与《史记》等书对勘，而且补充了传世古籍的缺遗。

（2）《语书》。共有14枚竹简，出土于墓主腹下部，右手之下。篇名写在最后一枚简的背面。此篇是秦王政二十年（公元前227年）四月初二，南郡郡守腾颁布的一道要求人们守法去恶的文告，从中可见当时的政治形势。

（3）法律文书。这是睡虎地秦简的主要内容，分为五部分：

a.《秦律十八种》。共计竹简201枚，原置于墓主躯体右侧。这部分简文是《田律》、《厩苑律》、《金布律》、《仓律》、《工律》、《关市》、《军爵律》、《置吏律》、《傅食律》、《内史杂》、《工人程》、《司空》、《均工》、《徭律》、《行书》、《效》、《属邦》、《尉杂》18种律文的摘抄，涉及农田水利、山林保护、牛马饲养、官吏任免、官吏职务、军爵赏赐、徭役征发、工程兴建、刑徒监管、货币流通、市场交易等诸多方面，是研究秦政治、法律和经济的重要资料。

b.《效律》。此为见于人骨腹下的60枚竹简。第一枚简背面写有"效"字标题。这篇首尾完整的法律文书详细规定了核验县和都官物资账目的一系列制度，特别划定了度量衡器误差的限度。

c.《秦律杂抄》。此42枚竹简亦见于墓主腹下。各条简文有的有律名，有的没有律名，内容相当繁杂，可能是根据实际需要摘抄或概括的一些秦律条文。不少律文涉及军事，是研究秦朝兵制的重要材料。

d.《法律答问》。此210枚竹简位于墓主颈右侧。该篇以187条问答的形式解释了秦律的某些条文、术语及律文意图，为我们提供了研究秦朝诉讼制度的宝贵材料。

e.《封诊式》。共有竹简98枚，葬于墓主头部右侧。简文分为25节，每节第一枚简简首写有小标题，总标题注于最后一枚简背面。《治狱》、《讯狱》两节为开篇之文，阐述了对官员审理案件的总要求；其他各节记录了调查、检验、审讯等程序的文书程式和各类案例，以供官吏学习、参考。其中的案例展示了当时真实的社会状况。

（4）《为吏之道》。由51枚竹简组成，放于墓主腹下。此篇简文分上下五栏抄写，记录了官吏的日常用语，多以四字为句，很可能是学习做吏的人使用的识字课本。在第五栏末尾处，还抄列了两条颁布于公元前252年的魏国法律。

（5）《日书》。《日书》甲种有简166枚，原堆放于墓主头骨右侧，简册正、反两面均抄录了文字，字迹小而密。《日书》乙种计有竹简257枚（不包括残简），出土于墓主足下，简文写于篾黄面，字体较大。篇题"日书"二字标于最后一枚简背面。《日书》甲种的字数远远多于乙种，内容也更丰富。《日书》是一种选择时日吉凶的书籍，反映了当时的社会观念和价值体系。

云梦睡虎地秦简的释文版本颇多[1]，其中最为详尽实用者当推文物出版社 1990 年出版的秦简整理小组编定的八开精装本《睡虎地秦墓竹简》。书中辑录了睡虎地 11 号秦墓出土的 10 种古籍，尽可能地缀合、复原了墓中的散简与残简，并根据文句、文意和出土位置进行了编联，不能确定者则按内容分类排列。书内附有按竹简原大影印的图版照片以及释文和注释。

2．青川郝家坪秦简

1979 年 2 月至 1980 年 7 月间，四川省青川县郝家坪发掘了 72 座古墓。在第 50 号战国墓中出土了两件战国晚期的木牍。其一残损严重，字迹无法辨认；另一块长 46 厘米，宽 3.5 厘米，厚 0.5 厘米，两面共抄录了 121 字。正面为秦王颁布的《更修田律》，是研究秦国土地制度的重要资料。1982 年第 1 期《文物》杂志刊登了《青川县出土秦更修田律木牍——四川青川县战国墓发掘简报》及两篇论文：于豪亮《释青川秦墓木牍》、李昭和《青川出土木牍文字简考》。

3．天水放马滩秦简

1986 年 6 月至 9 月在甘肃省天水市北道区党川乡放马滩 1 号秦墓中出土秦简 460 枚。简册原有三道编绳；简文以古隶体写于篾黄面，多有小篆之意；各章之间以圆点或竖道划分。简文均无篇题，根据内容与竹简形制可分为三组：

（1）《日书》甲种。共有 73 枚竹简，分为《月建》、《建除》、《亡盗》等八章。

（2）《日书》乙种。由 379 枚竹简组成，分为《门忌》、《五行书》、《昼夜长短表》等二十余章。其中有 7 章与《日书》甲种内容相同，但禁忌条目更多，并有专用之名。

（3）《墓主记》。共 8 枚竹简。记述了一个名"丹"的人死而复生的过程及其过去的经历和不死的原因。

这批竹简就其内容而言，应为当时日者、占人所用的巫书。但细究其语意内涵，则会发现它们少言鬼神，更重人事，反映了典型的秦文化风貌。1989 年第 2 期《文物》发表了《甘肃天水放马滩战国秦汉墓群的发掘》及何双全的《天水放马滩秦简综述》，对放马滩秦简的出土情况及内容作了较为详尽的介绍。

4. 云梦龙岗秦简

1989 年 10～12 月，湖北省云梦县龙岗发掘了 9 座秦墓，其中 6 号墓出土木牍 1 方，竹简约 150 多枚。6 号墓是一座小型长方形竖穴土坑墓，一棺一椁。入葬年代约在秦代末年。竹简位于棺内足挡处，保存较差。简文为墨书秦隶，记录了秦统一后颁布的法律，整理者将之归为五类，并分别命名为：《禁苑》、《驰道》、《马牛羊》、《田嬴》、《其他》。木牍出自墓主腰部，是迄今所见秦律冥判辞的惟一例证。1998 年，梁柱、刘信芳编著的《云梦龙岗秦简》一书由科学出版社出版。该书公布了 6 号墓出土的全部竹简的照片及释文，并对简文进行了深入研究。

5. 江陵杨家山秦简

1990 年 12 月，湖北江陵杨家山 135 号秦墓出土了 75 枚竹简。该墓没有纪年材料出土，考古工作者根据葬制、器形推测应为公元前 278 年至西汉建立以前的秦墓。竹简原位于边箱靠头箱一端的椁底板上，内容为遣策，详细记录了随葬物品。1993 年第 8 期《文物》杂志发表了《江陵杨家山 135 号秦墓发掘简报》，详细介绍了该墓的时代、葬制及器物。

6. 江陵王家台秦简

1993 年 3 月，湖北江陵王家台发掘秦汉墓葬 16 座，其中 15 号墓出土了大量秦简。15 号墓为长方形竖穴土坑，仅有单棺；下葬年代上不早于公元前 278 年，下不晚于秦代。竹简出于棺内足端，共有 800 余枚（编号 1～813），保存较差。简册原有三道编纶；简文为墨书秦隶，主要内容为《效律》、《日书》和《归藏简》。其中，《效律》内容与睡虎地《效律》相同，但顺序有异。《日书》与睡虎地秦简有同有异。《归藏简》均以易卦开头，继之以卦名和解说之辞。另有一类简，每简均以"邦有……"开头，记录了一些异常的自然现象，及其所兆示的邦国灾难。在棺内头端，还有竹牍一块。墓中还出土了一件木质近方形式盘。该墓出土的简牍材料内容丰富，有几种为首次发现，对于秦代的历史研究意义重大。1995 年第 1 期《文物》杂志刊载了《江陵王家台 15 号秦墓》一文，扼要介绍了该墓的情况，并发表了少量竹简的内容及照片。

7. 沙市周家台秦简

1993 年 6 月，湖北沙市周家台 30 号秦墓出土了竹简 389 枚，木牍一件。据清理，竹简可分为三组：甲组有 247 枚，内容为二十八宿占、五时段、五行占、秦始皇三十六年及三十七年的历谱；乙组 68 枚，为秦始皇三十四年的历谱；丙组简共 74 枚，有日书、病方、农事等内容。木牍正面为秦二世元年的历谱，背面为该年十二月份的日干支等。目前，这批简牍正在整理之中。1999 年第 6 期《文物》杂志发表的《关沮秦汉墓清理简报》简单介绍了该墓的发掘、整理工作；同期刊登的彭锦华《周家台 30 号秦墓竹简"秦始皇三十四年历谱"释文与考释》公布了乙组简释文。

（二）汉代简帛的发现与整理

在 20 世纪发掘的汉代墓葬中，共计有 47 座出土了竹简帛书。依据内容可将这些材料分为七类：（1）典籍文献类。如 1973 年河北定县 40 号汉墓中出土竹简 100 余枚，经整理，有《论语》、《儒家者言》、《文子》等古籍[2]。（2）遣策。这是汉代墓葬中出土最多的简牍文书。如 1976 年广西罗泊湾 1 号汉墓中，出土于椁室内的一方木牍自题为《从器志》，是一份记录随葬器物的清单[3]。（3）文书类。其中又可细分为两部分：ⅰ）官文书。如 1973 年 12 月甘肃甘谷县渭阳刘家坪东汉墓出土的 23 枚木简记录了宗正府卿刘柜关于宗室不断受侵犯而上报皇帝的奏书[4]。ⅱ）民间文书。如 1973 年湖北江陵凤凰山 10 号汉墓出土的 1、2 号木牍记录了合股行商的契约[5]。（4）方技类。如 1972 年 11 月甘肃武威旱滩坡汉墓出土抄录医方的木简 78 枚，木牍 14 件[6]。（5）数术类。如 1979 年江苏盱眙东阳 7 号汉墓中出土的一块长方形木札上写有敬献王公、王母、诸鬼神等的祈福辞令[7]。（6）兵书类。如 1979 年青海大通县上孙家寨 115 号西汉墓出土的 240 枚木简。其中既有介绍战守攻取要略的兵法文册，又有颁布军法、军令、军爵的内容[8]。（7）法律类。如江陵张家山 258 号汉墓出土的"汉律"简。下面仅就几批重要的汉简略作说明[9]。

1. 武威《仪礼》简

1959 年 7 月，甘肃武威市磨咀子 6 号汉墓出土竹木简 600 余枚。该墓为土洞墓，发掘时已遭到严重破坏。经整理，共有完整简 385 枚，残简约 225 枚，多数为木简。9 枚短木简上记录的是宜忌之类的数术内容。长简有四道编绳。简文为墨书隶体的《仪礼》的部分章节。简文可分为三组：甲本是 378 枚木简抄写的《士相见》、《服传》等七篇《仪礼》；乙本用短而窄的木简著录了与甲本版本相同的一篇《服传》；丙本是写于竹简上的《丧服》经。以上三组《仪礼》共九篇，约 27400 多字，比熹平石经残经多出近 20000 字。这批简册在经学、文献学和汉代简册制度研究等方面具有重大意义。文物出版社1964 年出版了《武威汉简》一书。

2. 临沂银雀山汉简

1972 年 4 月，山东临沂银雀山 1 号、2 号西汉墓出土了一批竹简。这批竹简严重朽坏残断。1 号汉墓所出竹简共编 7500多号，但整简数量不多。竹简原有长短两种。短简全部残坏，似乎是一种占书。长简长 27.5 厘米，宽 0.5～0.7 厘米，多为三道编绳，少数有两道编绳。此外，1 号墓中还出土了五件木牍。

1 号墓的简牍主要为文献类，有传世本的有:《孙子》、《尉缭子》、《晏子》、《六韬》等（《孙子》和《六韬》中均有佚篇）；而大部分为佚书，其中包括《孙膑兵法》16 篇、《守法守令十三篇》10 篇、《论政论兵之类》50 篇、《阴阳时令占候之类》12 篇、《其他之类》12 篇。2 号墓出土西汉武帝"元光元年历谱"32 枚简。在同一个墓葬中集中出土大量古籍和佚书是十分少见的，银雀山简牍为研究历史、哲学、历法、文字、简册制度等提供了珍贵的材料。1985 年 9 月，文物出版社出版了银雀山汉墓竹简整理组修订后的《银雀山汉墓竹简（壹）》八开精装本，收录了《孙子兵法》、《孙膑兵法》、《尉缭子》、《晏子》、《六韬》、《守法守令十三篇》的图版、摹本、释文、注释。其第二、第三辑尚在整理之中。1985年12月，文物出版社印行了吴九龙编《银雀山汉简释文》，公布了1号、2号汉墓全部竹简、木牍的释文。该释文按原简出土顺序号排列，未附图版。书后附有《元光元年历谱》复原图及《银雀山汉简校注本分类目录》。

3. 马王堆汉墓的简牍与帛书

1972年，湖南长沙马王堆1号汉墓出土竹简312枚，木楬49枚。竹简出土于东边箱北端，先以墨书隶体书写，再用两道编绳编联成册。其内容是记录随葬物品的遣策，这是至今所知简数最多的一部遣策。其所列名物与出土实物大部分吻合，为研究汉初的经济史、生活史提供了珍贵的资料。木楬分别出土于西边箱、南边箱和东边箱，原系于各个竹笥顶端，标明竹笥所盛之物品。1973年，文物出版社出版了湖南省博物馆和中国科学院考古研究所合编的《长沙马王堆一号汉墓》，刊布了所有竹简、木楬的照片，并详尽地阐释了简文。

1973年12月至1974年初，马王堆3号汉墓中出土了大量简册与帛书。该墓出土竹木简和木牍共610枚。其中的220枚简为四种古代医书：《十问》（竹简）、《天下至道谈》（竹简）、《合阴阳》（竹简）、《杂禁方》（木简）。《天下至道谈》为简书自题之名，另外三篇名目均为整理者所拟。这四种书均与房中和养生有关。其他简牍为记载随葬器物名称和数量的遣策，多与出土实物一致。

在3号墓东边箱的一个漆盒内，出土了数量惊人的古代帛书。整理者将之甄别为二十多种古籍，其中大多数为佚书（只有《老子》、《周易》和《战国纵横家书》有传世本），涉及思想、军事、天文、医学、地理等方面，总计达12万多字。此外还有几幅帛图。帛书有两种形制，通高 48 厘米的宽幅帛和通高 24 厘米的帛。大部分佚书没有篇题。这批帛书可根据内容分为七类：

（1）帛书《老子》及附写古佚书

《老子》甲本缮写在通高 24 厘米的帛上，字体在篆隶之间，不避刘邦讳，抄写时代可能在汉高祖时期或更早。其卷后附抄四种古佚书，五种文献合为一个长卷，共 463 行，13000 多字。四种佚书均无篇题，整理者据其内容分别名之为：《五行》、《九主》、《明君》、《德圣》。

《老子》乙本用隶书抄写在通高 48 厘米的帛上，避刘邦讳而不避惠帝名号，抄写年代可能在惠帝或吕后时期。其卷前附写四种古佚书。五种古籍共 252 行，16000 多字。四篇古佚书均有篇题：《十大经》、《经法》、《称》、《道原》。

帛书甲、乙本《老子》基本相同，但在文字和篇次上均与今本有较大的差异：帛书《德经》在前，《道经》在后；经文连书，不分章；句尾多加"也"、"矣"等语气助词。

（2）帛书《周易》

帛书《周易》由经（即六十四卦）和六篇传（《二三子问》、《系辞》、《易之义》、《要》、《缪和》、《昭力》）组成。其卦辞、爻辞与今本大体相同，但六十四卦的次序则大相径庭，体现了简单的原始形式。帛书亦不分上、下经。

（3）史书类

a.《春秋事语》。原无篇题，约 3000 字。全书十六章，每章提行另起。只有第二章关于燕国和晋国的战争未见于史籍，其他史事均可核定历史年代。该书记事简约，但详尽记录了当事人的谈话和后人的评论。部分内容可以和《春秋》三传、

《国语》等书相参引，保存了许多未见于世的史料。

b.《战国纵横家书》。原无篇题，共11200多字。全书分为二十七章，只有十一章见于《史记》和《战国策》。该书为三种史籍的汇编，是一部十分珍贵的战国后期的历史资料。

（4）医书类

十种十一篇医学佚书均无篇题，共17000余字，整理者分别定名为：《足臂十一脉灸经》、《阴阳十一脉灸经》甲本、《脉法》、《阴阳脉死候》、《五十二病方》（以上五种合抄为一卷）、《郤谷食气》、《阴阳十一脉灸经》乙本、《导引图》（以上三种合抄为一卷）、《养生方》、《杂疗方》、《胎产书》（以上三种各抄为一卷）。

（5）数术类

此类佚书出土时亦无篇题。整理者为之拟名曰：《式法》、《隶书阴阳五行》、《五星占》、《天文气象杂占》（有图有文）、《出行占》、《木人占》、《相马经》等。

（6）兵书类

包括甲、乙、丙三种《刑德》。

（7）帛图类

共有7种：导引图、街坊图、地图、驻军图、丧服图、太一将行图、天文气象杂占图。

马王堆汉墓帛书整理小组计划出版《马王堆汉墓帛书》六辑，目前已出版三辑。1980年，文物出版社出版《马王堆汉墓帛书（壹）》，刊布了《老子》甲、乙本及其卷前、后佚书的图版、释文和注释。1983年，《马王堆汉墓帛书（叁）》发表了《春秋事语》、《战国纵横家书》的图版、释文和注释。1985年，《马王堆汉墓帛书（肆）》公布了3号墓出土的全部简本、帛书本医书的图版、释文和注释。其他释文的发表情况如下：
《文物》1974 年第 10 期刊发了《五星占》释文，1977 年第 8
期公布了《相马经》释文，1984 年第 4 期刊登了帛书《周易》
六十四卦的释文。1992 年，湖南人民出版社出版的《马王堆
汉墓文物》发表了帛书《系辞》、《刑德》乙种的图版与释文；
《道家文化研究》第三辑发表了帛书《系辞》、《二三子问》、
《易之义》和《要》的释文，第六辑刊登了《缪和》、《昭力》
的释文。1979 年，《中国文物》刊载了《天文气象杂占》的释
文。

4. 江陵张家山汉简

1983 年 12 月至 1984 年 1 月，湖北江陵县张家山三座西
汉初年的墓葬中出土了 1000 余枚竹简。其内容有：汉律、《奏
谳书》、《盖庐》、《脉书》、《引书》、《算数书》、《日书》、历谱、
遣策，涵盖面极广。《文物》杂志从 1989 年起，陆续发表了整
理小组对《脉书》、《引书》、《奏谳书》的释文及相关论文[10]，
其他材料仍在整理之中。

5. 连云港尹湾汉简

1993 年 2～4 月，江苏连云港东海县尹湾村发掘了六座长
方形竖穴石坑西汉墓葬。2 号墓出土了一枚木牍衣物疏。在 6
号墓主足部出土了 23 枚木牍和 133 支竹简，共 4 万余字，内
容极其广泛，有记录了东海郡行政经济情况的官府簿籍、数术
类简册、历谱、衣物疏、记事日记及迄今所见最早的俗赋《神
乌傅》六类材料。这批简牍为我们研究汉代郡级行政制度、数
术、文学提供了第一手资料。1997 年，中华书局出版了《尹
湾汉墓竹简牍》，全面公布了尹湾汉墓出土的文物与简牍的照
片、释文，并附有《尹湾汉墓发掘报告》。

（三）秦汉墓葬出土简帛研究述要

20世纪秦汉墓葬出土简帛为现代学人补史、校史、证史提供了一大批丰富的资料，拓展了传统秦汉史的研究领域。对这些材料的研究已经和正在经历着一场由浅入深的发展过程，并随着越来越多珍贵简帛的出土而引起更多不同学科学者的关注。就个人观点而言，学术界对20世纪秦汉墓葬出土简帛的研究集中在以下三部分内容：

1. 日书简的研究[11]

《日书》是指战国秦汉时代择吉避凶、选择时日的书籍。《汉书·艺文志》将之归入数术类；《史记·日者列传》应为操此行业者的传略。可见其渊源极早，当于战国之时即已盛行于世。数术是秦汉知识体系不可或缺的一部分。《日书》所记载的择日学说是研究民间风俗、价值取向、地域文化、天文历法和信仰系统的宝贵材料。早在1982年，饶宗颐、曾宪通就出版了《云梦秦简日书研究》（香港中文大学出版社）。该书不但对原发掘报告释文的句读、分章、注释提出了若干精当的修改意见，而且开启了"日书简"数术研究的序幕。书中将《日书》常见的数术项目梳理为十二大类，分述其详。1985年，李学勤在《睡虎地秦简〈日书〉与楚、秦社会》（《江汉考古》1985年第4期）中指出，应从数术史和社会史两个角度深入研究《日书》。此后，《日书》研究即在这两个方向上蓬勃发展，并取得了相当多的成果。刘乐贤的《睡虎地秦简日书研究》（台湾文津出版社1994年版）是迄今所见数术史研究的集大成之作。此书以扎实的文献功底订正了发掘报告释文的诸多不当，补充了大量注释；并用详尽的传世文献和出土数术资料与《日书》进行比较、综合研究，解决了一些长期困扰学者的难题。

社会史研究是指利用《日书》考察当时的社会生活。此类研究在诸多领域均有建树，如：林剑鸣对秦文化特色的探讨；吴小强对秦人宗教信仰、婚姻观等问题的关注；贺润坤对秦国经济状况与经济活动的讨论；王子今对秦楚交通的分析，以及日本学者工藤元男对人鬼关系的诠释。而台湾蒲慕州《睡虎地秦简〈日书〉的世界》（台湾《中央研究院历史语言研究所集刊》第62本第四分）则为一部综合性社会史专著。作者认为，《日书》仅为当时中下层大众文化的一部分，睡虎地《日书》同时反映了秦、楚两地的习俗与文化。

2. 法律类简牍的研究

秦汉的法律制度，尤其是秦律，早已失传，世人不知其详。近人程树德搜集唐以前的历史文献，辑出其中有关法律制度的资料，汇为《九朝律考》，却始自《汉律考》，足见秦律佚亡之久。睡虎地秦律简和张家山汉律简等新材料的面世，为学术界提供了大批有关秦汉律法和司法实践的丰富资料，使我们描画二代法律概况、厘清二朝律例的传承关系，纵论秦汉法制发展成为可能。高敏在《汉初法律系全部继承秦律说》（《秦汉史论丛》第6辑，江西教育出版社1994年版）一文中，通过对张家山汉简《奏谳书》的细密分析，指出，史载"汉承秦律"一说的确属实。汉高祖并未如世人所称"悉除去秦法"，甚至连秦的酷法严律也没有完全革除。汉初法律的显著特征就是几乎全部继承了秦律。日本学者若江贤二则对秦律中迁刑的量刑对象、处罚作用和劳役刑的刑期问题进行了周密的考证

（《关于秦律中的迁》、《再论秦律中劳役刑的刑期》）。他认为迁刑主要针对公职者，而秦之劳役刑是有期刑。

栗劲的《秦律通论》（山东人民出版社 1985 年版）是第一部出土简帛法律研究的专著。作者在深入研究睡虎地秦简的基础上，系统阐述了先秦法家的理论基础和秦律的基本原则，全面论述了秦的法学理论和法律实践。大庭修《秦汉法制史研究》（林剑鸣等译，上海人民出版社 1991 年版）与高恒《秦汉法制论考》（厦门大学出版社 1994 年版），则将出土简帛材料与传世文献相结合，系统、全面、翔实地论述了秦汉法律的理论、内容及发展情况。

3．马王堆简帛的研究

长沙马王堆汉墓出土的珍贵而精美的文物吸引了国际汉学界的目光。从不同角度对不同材料的各种研究成果层出不穷，现略列主要者于下：张政烺《〈春秋事语〉解题》（《文物》1977 年第 1 期）与吉木道雅《春秋事语考》（《泉屋博古馆纪要》六，1990 年）关注史籍类佚书；庞朴《帛书五行篇研究》（第二版，齐鲁书社 1988 年版）与池田知久《马王堆帛书〈五行〉篇研究》（汲古书院 1993 年版）试图解开学术史上的千年之谜；韩禄伯（Robert Henricks）倾力将帛书《老子》译为英文（蓝登书屋，1989 年版）；邢文在《帛书周易研究》（人民出版社 1997 年版）中尝试用结合考古材料、出土文献、传世文献和国际汉学研究成果的"四重证据法"讨论帛书《周易》的文献特征、经文卦序及其与古代学术相关的若干重要问题；马继兴精心整理出版了《马王堆古医书考释》（湖南科技出版社 1992 年版）。A. Gutkind Bulling 在 "*The Guide of the Soules：Picture in the Western Han Tomb in Ma - wang - tui*

Near Chang Sha" （《灵魂的向导：长沙马王堆西汉绘画》，
Oriental Art ＜new series＞vol. XX，No.2［Summer，1974］，
pp.158～173）深入考述了帛画的结构、内容和寓意。

尽管近 30 年来马王堆简帛成为汉文化研究中不衰的亮点，
但是，迄今为止，其材料仍未完全公布，我们所见到的论著也
大多关注于其中的某一种或某一类资料的考释与研究，对马王
堆简帛的宏观性总体研究仍在期待之中。马王堆汉墓前所未有
地同时出土了帛画、竹简、帛书、古尸和成套的器物，这一切
构成了一个内容丰富、意义相关的系统环境，为全面研究马王
堆出土的文化遗存提供了良好的背景材料。学术界应从学术
史、文化史的高度，对汉初南方学术地域性所包含的丰富的学
术底蕴作总体研究。即使在讨论某一特定内容时，也要注意其
与整个马王堆物质文化、精神文化的总体关系。

学术研究是一个探索、积累、发展、创新的长期过程。如
果按时间顺序梳理 20 世纪秦汉墓葬出土简帛的研究史，我们
可以根据研究方法、研究对象、研究方向等的不同将之归为三
个渐进的阶段。相邻阶段的临界点是模糊的，但每一个阶段都
有其鲜明的特色。这些特点并不单单凸现于我们所论述的某一
阶段，只不过在该特定时期表现得尤为突出，甚至代表了当时
的研究趋势。

50 年代至 70 年代，这是科学的简帛研究的初创阶段。从
1951 年起，内地的秦汉墓葬相继出土了若干珍贵的简帛材料。
但是，由于种种客观原因，真正有计划、成规模的简帛研究始
自 70 年代。文献学研究是此期的主要研究方向，即从清理出
土文献的角度整理、研究简帛，包括考订释文、标点句读、断
章分篇、校勘补遗、训诂注释等几个方面。

这一时期的研究成果集中表现为马王堆、银雀山、睡虎地三个简帛整理小组的工作。文物出版社出版的《马王堆汉墓帛书（壹）》（1974年）、《孙膑兵法（银雀山汉墓竹简）》（1975年）、《睡虎地秦墓竹简》（1977年）是其中的代表作。尽管此期的整理工作在释文释读、篇章内容、篇题拟定、注释校勘等方面存在种种不足，但是，作为简帛研究基础的文献学工作还是做得相当扎实——不但为其他研究者提供了资料，使他们借助释文、注释能够基本读懂简帛文献，而且确立了一种科学、实用的公布简帛释文的规范，即要有图版或摹本、释文、注释几个必需的部分。

80年代是简帛研究的积累期。此时，研究日趋细致深入。此期的主要特点有三：

一、专门工具书的编纂。简帛是一类特殊的出土物，其研究需要相应的工具书。1981年，上海书画出版社印行了陈建贡、徐敏的《简牍帛书字典》。该书按《康熙字典》部首检字法编纂，从各影印本中选取出土简帛材料中春秋到汉代文字的各种写法，按时间早晚依次排列，共收录2860余字，连同重文共47100余字，合文36字，书首附有14种著名简帛材料的图版样片。该字典为简帛研究者提供了极大的方便。1989年，上海书画出版社又印行了陆锡兴的《汉代简牍草字编》。

林剑鸣编译的《简牍概述》（陕西人民出版社1984年版）充分吸收了海外学者的研究成果，介绍了简牍的发现、研究情况及简牍文献的诸种特点，并对一些重要简文进行了深入、系统的分析研究。其中还收录了若干小型墓葬出土的零散简牍。

二、以出土简帛为对象的单一文献或某一类文献的研究。这类研究一般选题不大，多为某一篇典籍或是某一类中的几种。但其文献功底深厚，在对简帛材料进行文献梳理、训诂校勘、整理考订的基础上，探讨其渊源流变、历史价值和社会影响。其中的代表作即为上文提到的饶宗颐、曾宪通的《云梦秦简日书研究》和庞朴的《帛书五行篇研究》。

三、开始重视国际学术交流。国内的简帛学者开始打破封闭状态，主动与海外学者交流，在研究方法与研究思路上取长补短，共同发展。1983 年，中国社会科学院历史研究所战国秦汉史研究室编译出版了《简牍研究译丛》第一辑，四年后第二辑问世。这套译丛重点介绍了森鹿三、大庭修、永田英正等日本著名简牍学者的研究成果。

从 80 年代末期至今是简帛研究的深化期。研究方法和研究方向在细致化与宏观化两个方向同时发展。既有对简帛文物、传世文献及文化传统的精细考证，又有对历时及共时的简帛材料之间的关系及其文化背景和文化传承的探讨。我们可将此期的研究概括为以下四点：

一、相关简帛材料的比较、综合研究。学者开始从更高的角度爬梳、归纳出土简帛，关注简帛的地域分布、时代分野及其相互关系，在纵、横两条线上进行系列研究。这一点集中表现为秦汉律的比较研究、几种《日书》及其与相关数术类材料的对照综合分析。如陈松长的《帛书〈阴阳五行〉与秦简〈日书〉》（《简帛研究》第二辑，法律出版社 1996 年版）、林剑鸣的《睡虎地简与放马滩简〈日书〉比较研究》（《文博》1993年第 5 期）及高恒的《秦汉法制论考》。

二、对简帛文书制度的细致研究。通过对简帛形制、书写格式、出土地点等方面的讨论，我们可以建立起一套古文书学体系。以此为基础把握简帛的特性，对于简帛复原整理工作大有裨益。而不同的简帛形制也反映了不同的思想文化和政治制度。李均明主编的《简牍文书学丛书》（广西教育出版社 1999年版）汇集了此方面的最新成果。其中李均明、刘军的《简牍文书学》细致介绍了简牍文字、符号、版面、文体格式；并将出土简牍归为六大类，每类之中细分小种，以出土实物为例，参引传世文献，对其特点、用途加以分析说明。

三、以简帛为主要史料的学术史、文化史、社会史、生活史等方面研究的兴起。这是出土简帛材料的应用研究。李学勤的《简帛佚籍与学术史》（台湾时报文化出版企业有限公司1994年版），开启了简帛研究方向和研究方法的新趋势。1997年，李学勤在《出土简帛佚籍与古代学术文化的演变》（中央研究院历史语言研究所会议论文集之四，《中国考古学与历史学之整合研究》）一文中，以若干考古发现为例，从方法论的角度系统阐述了简帛材料结合学术文化的研究，倡导一种以宏观的历史眼光为统贯，以扎实、细致的文献研究为基础的风气。李文澜的《先秦、六朝"人日"风俗的演变及其意义》（《长江文化论集》，1995 年）和程志娟《〈尹湾汉墓简牍〉反映汉代葬俗中的几个问题》（《尹湾汉墓简牍论文集》，科学出版社 1998 年版）正是对此趋势的回应。

四、专业研究机构、学术刊物的出现及"中国简帛学"的创立。90 年代以来，随着简帛研究的深入发展、研究领域的不断拓展、研究学者数量的增加，地区性、全国性乃至世界性的简帛研究机构相继成立。迄今，海内外从事简帛整理与研究的专门机构有：中国社会科学院简帛研究中心、清华大学思想文化研究所、北京大学考古文博院简帛研究中心、台北中央研究院史语所简牍整理小组、香港中文大学中国文化研究所、台湾简牍学会等 11 家。出版的简帛刊物有：《简帛研究》、《国际简帛研究》、《国际简帛研究通讯》、《清华简帛研究》、《简牍学报》等数种。仅在 2000 年，就有 7 月德国汉堡大学出土文献研讨会和 8 月北京大学新出简帛国际学术研讨会两次大型学术会议相继召开。简帛研究的发展使中国简帛学作为一门独立学科而出现，并立即引起世界汉学界的广泛重视。国际性的中国简帛学正在逐步发展、成熟。

　　20 世纪秦汉墓葬出土的大量竹简帛书向世人展示了多种失传典籍的原貌，弥补了传世文献之间的断裂和空白，使我们能够走出疑古思潮的笼罩，利用考古发现与文献资料重新建构古史系统、重新认识中国早期思想文化的真实情况及其传承流变。中国简帛学将以独特的研究视角、分析思路和操作方法完成再发现、再诠释中国古代思想文化的历史重任。

注　　释

[1] 吴福助：《睡虎地秦简文献类目》，《中华文化学报》创刊号，第 230～232 页。

[2] 定县汉简尚未全部公布。其发掘、整理情况可参阅以下各文：国家文物局古文献研究室等定县汉墓竹简整理组：《定县 40 号汉墓出土竹简简介》，《文物》1981 年第 8 期；《定州汉墓竹简论语》，文物出版社 1997 年版；河北省文物研究所定州汉简整理小组：《定州西汉中山怀王墓竹简〈文子〉释文》及另外两篇相关论文，《文物》1995 年第 12 期。

[3] 广西壮族自治区文物工作队：《广西贵县罗泊湾一号墓发掘简报》，《文物》1978 年第 9 期。

[4] 《汉简论文集》，甘肃人民出版社 1984 年版；李均明、何双全编：《散见简牍合辑》，文物出版社 1990 年版。

［5］长江流域第二期文物考古工作人员训练班：《湖北江陵凤凰山西汉墓发掘简报》及其他两篇相关论文，《文物》1974 年第 6 期。

［6］《武威汉代医简》，文物出版社 1975 年版。

［7］南京博物院：《江苏盱眙东阳汉墓》，《考古》1979 年第 5 期。

［8］青海省文物考古研究所：《上孙家寨汉晋墓》，文物出版社 1993 年版。

［9］其他简帛的发掘情况可参见：骈宇骞、段书安编：《本世纪以来出土简帛概述》，台湾，万卷楼图书有限公司，1999 年；李均明、何双全编：《散见简牍合辑》，文物出版社 1990 年版。

［10］《脉书》见《文物》1989 年第 7 期；《引书》见《文物》1990 年第 10 期；《奏谳书》见《文物》1993 年第 8 期和 1995 年第 3 期。另可参考高大伦之二书：《张家山汉简〈脉书〉校释》，成都出版社 1992 年版；《张家山汉简〈引书〉研究》，巴蜀书社 1995 年版。

［11］此部分内容参考了刘乐贤《睡虎地秦简〈日书〉研究二十年》，《中国史研究动态》1996 年第 10 期。

十一 秦汉周边地区少数民族的

考古发现与研究

（一）匈奴的考古发现与研究

匈奴，战国时已有之，战国末年秦势力的扩张迫使匈奴北移，但秦帝国瓦解后，匈奴又纷纷南下。秦末汉初之际，匈奴单于冒顿"大破灭东胡王"、并"西击走月氏，南并楼烦、白羊河南王"（《史记·匈奴列传》），从而雄踞中国北方。西汉前期，匈奴数侵扰汉北边，掳掠人口。汉武帝对匈奴实施打击，迫使匈奴的大部分移居漠北地区。与此同时，对于投降汉廷的匈奴人，则在边疆地区设置属国进行安置。西汉后期，汉匈之间曾长期相安无事。王莽篡位后，纷争又起。东汉初，匈奴南北分裂，南匈奴内附。不久，东汉大军击破北匈奴，北匈奴被迫西迁，逐渐退出中国历史舞台。而内附的南匈奴则逐步汉化，融合于中华民族的大家庭中。

和上述匈奴活动的历史背景密切相关的是，秦汉时期匈奴遗存的分布大致可以分为大漠南北两大区域，大漠以北大致对应于今天的蒙古和外贝加尔地区，而大漠以南大致相当于今中国北方地区。

其中，大漠以北地区的考古工作开展较早。早在19世纪末，俄罗斯学者塔里克—格林采维奇最早在恰克图以北的伊里莫瓦和吉达河左岸的德列斯堆两处匈奴墓地进行了发掘，并推测其中的一处墓地与匈奴有关，从此揭开了匈奴考古发现与研究的序幕。1912 年，因偶然的机会，位于今蒙古中央省诺音乌拉的匈奴墓葬被发现。1924～1925 年间，由科斯洛夫率领的探险队对诺音乌拉匈奴墓地进行了发掘，发现了大型的匈奴贵族墓葬以及有明确汉代纪年的器物。随后，蒙古学者也在诺音乌拉进行了发掘工作[1]。

诺音乌拉匈奴贵族墓的发掘引起了广泛的关注，并进一步促进了蒙古及外贝加尔地区的匈奴考古。1927～1929 年间，以索斯诺夫斯基为首的布里亚特蒙古考古队在乌兰乌德西南发掘了伊沃尔加古城，成为继匈奴墓葬之后的又一重要发现。自 1949 年以来，前苏联的考古工作者先后在施洛夫、达维多娃的主持下多次发掘了伊沃尔加古城。1956 年在城堡东北又发现了与古城相关的墓地，至 1970 年清理了全部 216 座墓葬。有关该古城堡和附近墓地的考古资料，已分别于 1995、1996 年在圣彼得堡出版[2]。此外，在布里亚特境内的伊里莫瓦、切列姆霍夫、英霍尔、巴彦哈拉山等地以及蒙古境内的高勒毛都、达尔汗山等地也发掘了不少匈奴墓葬，有的地方还发现了匈奴时期的居址或城址。最近，俄罗斯科学院物质文化史研究所又开始了一项新的考古计划，在米涅耶夫的主持下对位于恰克图镇西的查拉姆匈奴贵族墓地进行发掘，有关工作仍在进行中。

新中国成立以前，中国境内的匈奴考古工作尚未展开，但已有部分学者（如向达先生）对蒙古及外贝加尔地区报道的匈奴墓葬资料进行了翻译介绍。真正由我国考古工作者进行的有关匈奴遗存的发掘与研究工作起步较晚，在五六十年代还只有一些零星的发现，其中较重要的有陕西客省庄墓地发现的第

140 号墓，发掘者推断其年代"当在战国末年或更晚一些"[3]，后被确认为属于西汉时期的匈奴人墓葬。70 年代以来，较大规模的匈奴考古工作逐步展开。考古工作者先后在青海大通县上孙家寨[4]、内蒙古准格尔旗西沟畔[5]、东胜补洞沟[6]、宁夏同心县李家套子[7]和倒墩子[8]等地发现了不少秦汉时期的匈奴墓葬，使我们对秦汉时期分布于今中国境内的匈奴遗迹有了一个初步的认识。

准格尔旗的西沟畔和东胜补洞沟两处匈奴墓地，均位于今内蒙古自治区伊克昭盟境内，属于鄂尔多斯高原地区。在秦至西汉前期，秦汉王朝和匈奴势力曾交替控制该地区。西汉中期匈奴北移大漠以北之后，汉政府曾在这一地区设置属国以接纳归附者。1979～1980 年，内蒙古的考古工作者先后在西沟畔和补洞沟清理了近 20 座墓葬。均为长方形竖穴土坑墓，除个别男女合葬墓和小孩瓮棺葬以外，其余以仰身直肢单人葬为主，头向北，未见葬具。其中西沟畔 M1～M3 的年代被认为是在战国晚期，其余的墓葬大致都被看成是汉代的匈奴墓。遗物较为丰富的西沟畔 M4，出土了以金、银、玉、石、琉璃等质料制作的包括头饰、项饰、腰带饰在内的装饰品，此外还有铜马和石佩饰之类的明器以及银筒、银匙等生活用具。西沟畔 M12、补洞沟 M6 等墓葬出土的陶罐均为轮制，器形和蒙古及外贝加尔地区汉代匈奴墓葬出土的同类罐一致，而且近底部也有同样的直径约 1 厘米的小孔。补洞沟墓地还出土了铁鼎、铁镬之类的器物，其中铁鼎为汉代常见的造型，且与铜规矩镜共出，而铁镬则是具有典型北方民族风格的器物。

1983 年发现的李家套子和倒墩子两处匈奴墓地均位于宁夏同心县境内。李家套子墓地位于县城西北，共清理了 5 座墓葬，形制明确的 3 座分别为土圹竖穴木椁墓、长方形砖室墓和石棺墓。根据出土的宽边镂空铜环、肩部饰波浪纹的陶罐等遗物，推测墓地的主人是匈奴人。

倒墩子墓地位于县城东南的王团乡，1983 年、1985 年两次共发掘 32 座墓。根据已发表的 27 座墓葬资料来看，仍以长方形竖穴土坑墓为主，另有少量偏洞室墓和个别石椁墓。流行单人葬，多仰身直肢，头向北，有木棺类葬具。大部分墓葬的北壁挖有小龛，内置陶器或漆器。偏洞室墓内还发现数量不等的牛、羊头骨和蹄骨。墓葬出土了具有典型匈奴文化特征的陶罐、透雕铜环和各类铜带饰等遗物。例如：M6 为偏洞室墓，方向 6 度。竖井墓道长宽分别是 264 厘米和 82 厘米，深 136 厘米。偏洞室底部略低于墓道底，长宽分别是 266 厘米和 61 厘米。洞室内置木棺，人骨仰身直肢。棺外北端置陶罐 1 件。棺内人骨颈部有珠饰，腰部及足部随葬五铢钱、双马纹透雕铜带饰、铜铃、海贝和残铁器等。墓道内整齐摆放着牛羊头骨及蹄骨，牛羊头均额顶朝上、吻部朝北。发掘者推断这批墓葬的年代为西汉中晚期，墓主人当属降汉之匈奴人。

上孙家寨墓地位于青海省大通县后子河乡上孙家村村北，湟水支流北川河西岸。1973~1981 年共发掘汉晋墓葬 182 座，其中乙区 M1 出土了一件驼纽铜印，印文为"汉匈奴归义亲汉长"，从而被推定为一座匈奴墓。该墓为带斜坡墓道的前后室砖室墓，墓上有圆形坟丘。根据出土的连弧纹铜镜、五铢钱以及陶双耳罐、壶、仓、灶、井之类遗物推断，年代约当东汉末年。

从 70 年代末开始，在国内有关发现的基础上，结合蒙古及外贝加尔地区发现的匈奴墓葬资料，我国的部分学者对匈奴墓葬的类型与年代、汉代匈奴文化的特征及其与鲜卑文化遗迹的区别等问题以及相关的匈奴文物都进行了有益的探讨[9]。更为重要的是，在鄂尔多斯及其邻近地区还曾发现一批先秦时期的北方少数民族墓葬，其中较重要的有伊克昭盟杭锦旗的桃红巴拉墓群和阿鲁柴登墓葬、准格尔旗的玉隆太墓葬、巴彦淖尔盟乌拉特中后联合旗的呼鲁斯太墓葬，还有乌兰察布盟凉城县的毛庆沟墓地、饮牛沟墓葬、崞县窑子墓地等，其中不少墓葬被认为与早期匈奴有关，从而为探讨该地区春秋至战国时期的少数民族文化以及匈奴的起源等问题提供了重要资料[10]。

（二）乌桓和鲜卑的考古发现与研究

乌桓与鲜卑均号称是东胡的后裔。史载秦汉之际，匈奴破灭东胡，余种分散。西汉时期乌桓常臣服于匈奴，而鲜卑在当时的活动未见记载。东汉初期，鲜卑之名始闻，并很快加入寇抄北边的行列。鲜卑、乌桓、匈奴（包括后来的南匈奴）之间虽相互攻击，但又时常勾结为患。当北匈奴被击溃向西迁移之后，鲜卑趁机取而代之，占据了大漠南北的广大地区。至东汉后期，鲜卑已成为北方地区广泛分布的主要民族，并一度形成强大的联盟。乌桓则在汉末曹操征讨之后，势力衰落。

有关秦汉时期的乌桓与鲜卑遗存的探索，基本上是在新中国成立以后进行的。已知与乌桓或早期鲜卑的活动相关的遗存在内蒙古、辽宁、吉林、黑龙江、山西、河北等省区均有发现[11]，以墓葬为主。大体而言，年代较早的多位于大兴安岭东西两侧，而年代较晚的主要分布在秦汉长城沿线，并向西扩展到所谓"匈奴故地"，即今内蒙古中部一带。从目前已发现的相关遗存的分布情况看，大致可分为以下四个区域：

一、大兴安岭北段西侧的呼伦贝尔高原。该地区被认为是早期鲜卑的主要活动区域之一。1959 年发现的扎赉诺尔墓群是该地区最早发现的被认为是与鲜卑族密切相关的文化遗存，自发现以来已进行了五次发掘，共清理墓葬 56 座。其他相关遗存主要有：海拉尔河南侧的陈巴尔虎旗完工墓群、伊敏车站墓地和孟根楚鲁墓地，海拉尔河以北地区的拉布达林墓群、七卡墓群、伊和乌拉墓群等。其中，七卡墓群是我国境内已知同类墓葬中分布最北的一处。

有关该区上述遗存的族属认定：扎赉诺尔墓群在发现之初曾有匈奴说、鲜卑说和族属待定说。自 70 年代以来，较为一致的意见是明确为拓跋鲜卑的遗存。至于完工墓群和扎赉诺尔墓群的关系问题，发掘者根据出土遗物推测其年代“大致与扎赉诺尔相近，也可能略早于扎赉诺尔”。在早期研究中，基于其文化面貌上的一致性多认为两者属于同一文化。然而自 80 年代以来，在相关遗存的发现越来越多的情况下，通过陶器分析、人骨鉴定等方面的比较研究，学者们多倾向于将完工与扎赉诺尔归入不同的组群，甚至认为有可能代表了两类不同性质的文化。和完工归入同一组群的还有伊敏车站墓地。持此论者多强调完工类遗存在文化面貌上同大兴安岭东侧的联系，认为“很可能就是以嫩江流域为主要分布区的汉书二期文化在大兴安岭西侧的继承者”[12]。

二、西拉木伦河以北的大兴安岭南段地区。该区已发现的与鲜卑相关的遗存主要有：巴林左旗南杨家营子的遗址和墓地、林西县苏泗汰墓葬、科右中旗北玛尼吐墓群等。其中，南杨家营子的遗址和墓地发现于 1961 年，经过 1962 年的发掘后，被认为是"同时的、同一种文化遗存"。共计发掘墓葬20座，都是略呈长方形的土坑竖穴墓，"墓坑一般长2米左右，宽0.7～0.8米左右"，个别带有二层台。多为单人葬，也有二人或多人合葬墓。部分墓葬发现有木质葬具，葬式清楚的都是仰身直肢。在12座墓内发现有用马、牛、羊或狗的肢体殉葬。出土的陶器器形有壶、罐和碗，仍以夹砂为主，出现泥质灰陶。还发现有铁刀、铁镞、铜铃、骨镞、骨纺轮、琉璃珠饰等，个别墓出土有汉五铢钱。发掘者推测墓葬的年代上限在公元1世纪左右，下限很可能是公元4世纪左右。宿白先生认为该墓地是拓跋鲜卑南迁时期的遗存，同时也可能和东部鲜卑有关[13]。

北玛尼吐墓群位于科右中旗吐列毛杜镇西南，1991年4～5月共发现123座，分布较有规律，惜大部分遭到破坏，已清理的26座均为长方形竖穴土坑墓，少数有二层台。人骨保存较好的都是单人葬，以仰身直肢为主。出土陶器以夹砂壶罐为主，部分墓葬随葬羊矩骨和狗头骨。发掘者认为"墓群的时代上限大概在东汉初期"，推断为鲜卑人的墓群。但具体属于何种鲜卑，学术界见解不一。

至于林西县的苏泗汰墓葬，只发现1座，为长方形竖穴土坑墓，有木质葬具，出土夹砂陶罐、铜镵、三鹿纹金牌饰等遗物。报告作者认为该墓"年代应为东汉末年……可能是拓跋鲜卑西南迁至乌尔吉木伦河流域时的墓葬"。

三、大兴安岭东侧地区。该区也发现不少被认为与鲜卑或乌桓相关的遗存。在西辽河以北至嫩江中下游一带地区见于报道的主要有：黑龙江省齐齐哈尔市大道三家子墓葬、泰来县平洋墓葬，吉林省大安县的渔场墓地和后宝石墓地、通榆县的兴隆山墓葬，内蒙古科尔沁左翼中旗六家子墓群等。距离大兴安岭较远的还有辽宁省西丰县的西岔沟墓群和吉林省榆树县的老河深中层墓群等。

其中，西岔沟墓地发现较早，1956 年在墓地遭受严重破坏的情况下进行了发掘清理，获得大批文物。发掘者提出属匈奴文化遗存，但详细资料至今未发表。目前学术界对该墓地的族属问题还存在较大分歧，除匈奴说之外，还有乌桓说、鲜卑说、夫余说等不同意见。老河深中层墓群，经过 1980、1981 年的两次发掘，在遗址中层共清理墓葬 129 座。发掘者推断年代在"西汉末至东汉初"，墓主人"应属于鲜卑族的一个部落"。但目前学术界多主张夫余说，同时对于老河深与西岔沟墓群是否属于同一考古学文化，也有不同看法。此外，年代偏早的如平洋墓葬"大体相当于春秋战国时期"，族属有东胡说、拓跋鲜卑说和乌丸说。大道三家子墓地的年代上限推测为战国早期，下限最迟相当于西汉晚期，"或许是东胡及其后裔鲜卑的遗存"。年代偏晚的如科尔沁左翼中旗六家子墓群被认为"应该是东汉晚期到西晋的鲜卑人墓群，其个别墓葬的时代可能会早到东汉前期"。有研究者进一步提出六家子墓群是源出匈奴的宇文部遗存。至于大安渔场墓地，则大致有拓跋鲜卑和东部鲜卑等不同意见。

四、内蒙古中部的乌兰察布盟及其邻近地区。该区被认为是东汉后期鲜卑迁居匈奴故地后的重要活动区域。1935 年由日本学者江上波夫等发现的位于达尔罕茂明安联合旗的百灵庙砂凹地墓群，是在这一区域最早发现的年代在东汉至魏晋阶段的鲜卑人墓葬。解放后在该地区发现的大约同时期的早期鲜卑遗存主要有察哈尔右翼后旗的二兰虎沟墓地、赵家房村墓地和三道湾墓地、托克托县皮条沟墓葬、察哈尔右翼前旗下黑沟墓葬、兴和县叭沟村墓葬以及山西省右玉县的善家堡墓地等[14]。其中部分墓葬的年代可能晚至魏晋以后。在早期研究中，部分遗存（如二兰虎沟墓群）曾被归入匈奴文化。目前对该区上述遗存的看法多转向鲜卑说，只是在具体理解上仍有区别：有拓跋鲜卑、檀石槐迄轲比能时期的东部鲜卑、宇文鲜卑等不同见解。个别形制特殊的墓葬（如 1985 年发现的下黑沟墓葬）还被推测为"有可能就是史称匈奴十余万落加入鲜卑者"。

在该区近二十年来新发现的早期鲜卑遗存中，尤以三道湾和善家堡两处墓地最为重要。

三道湾墓地，是迄今在内蒙古中南部地区发现数量最多、出土遗物较为丰富的一处早期鲜卑族墓地。墓地盗坑统计达 300 余，1983～1984 年已发掘清理的有 50 座墓葬，除去遭破坏的残墓以外，经过发掘的 25 座墓多为长方形竖穴土坑，少数为洞室墓。葬式多为仰身直肢，也有仰身曲肢和有身无头葬。以单人葬为主，也有双人合葬。各墓随葬品多寡不等，有的空无一物。陶器包括夹砂罐、泥质灰陶罐、杯和壶等；铜器有牌饰、带扣、镯、铃、戒指、五铢钱、各类铜镜等；铁器有剑、矛、刀类兵器和斧、铲等生产工具。此外，还有金马纹牌饰、金鹿纹牌饰、骨角器、桦皮器等（图三一）。部分墓葬随葬有羊头骨。发掘者认为是拓跋鲜卑墓地，并将之分为两期，推断"第一期大致与扎赉诺尔墓群的年代相同；第二期大概略晚于扎赉诺尔或略早于南杨家营子，可能是连接两者的一个纽带"。

善家堡墓地，已清理的 23 座墓葬都是长方形竖穴土坑墓，没有葬具痕迹。其中单人葬 15 座、男女双人合葬墓 3 座、成

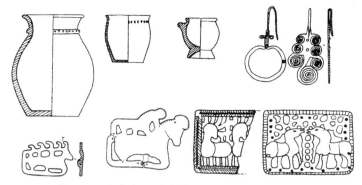

图三一　内蒙古三道湾墓地出土的鲜卑文化遗物

人与儿童合葬墓 2 座。出土陶器以夹砂灰褐陶罐为主，也有泥质灰陶罐等；铜铁器包括容器、工具、武器、马具、装饰品以及钱币等，骨角器的数量仍较多，有殉牲和随葬羊矩骨的现象。发掘者根据出土遗物认为"上限不早于东汉后期桓、灵之际，下限约当魏晋时期"，其文化面貌"表现出以鲜卑文化特征为主，兼容匈奴文化和汉族文化因素的多元共存的鲜卑色彩"。

关于早期鲜卑遗迹的综合研究，当首推宿白先生《东北、内蒙古地区的鲜卑遗迹》一文。该文利用考古学资料首次对早期鲜卑的遗迹进行了较全面的综合考察，结合文献记载勾勒出拓跋鲜卑迁移的路线，并对迁移过程中留下的文化遗存面貌的变化进行了比较研究[15]。

1980 年，位于呼伦贝尔盟鄂伦春自治旗阿里河镇西北大兴安岭北段的嘎仙洞中发现了北魏太平真君四年（公元 443 年）的李敞刻石，证实了《魏书》中的有关记载，为探讨拓跋鲜卑的起源提供了新的证据[16]。尽管学术界对嘎仙洞是否就是拓跋鲜卑祖先曾经居住过的旧墟石室存在不同理解，但由此引发的关于鲜卑迁移路线的研究中，认为鲜卑南迁走大兴安岭东侧、沿嫩江流域南下的说法值得注意。

80年代以来，在探讨包括鲜卑、乌桓在内的北方民族文化遗存的文化特征、族属、迁移路线等问题时，越来越多的学者开始注重从遗物本身尤其是陶器的比较研究中归纳出不同的文化群体，并结合体质人类学的研究成果[17]。然而，伴随着新发现的不断增加，在比较研究逐步深入的同时，学者们也逐渐意识到以往所界定的各类遗存在文化面貌上的复杂性。总的来说，对上述各遗存的族属认定，目前以倾向于鲜卑者多，而对乌桓遗存与鲜卑遗存的区别还缺乏足够的认识，对部分遗存是否应该归入鲜卑或乌桓也还有争议。对于某些遗存，尽管大家一致认为与鲜卑有关，但由于历史上的鲜卑构成十分复杂，加上文献中有关鲜卑诸部的活动地域、迁移路线等的记载模糊不清，因此，在究竟应该归入何种鲜卑的问题上仍众说纷纭。

（三）"西南夷"的考古发现与研究

秦汉时期将生活在巴蜀西南外（大致相当于今云贵高原及四川西部高原地区）的各民族通称为"西南夷"。根据《史记·西南夷列传》的记载，有夜郎、滇、邛都、昆明等众多少数民族。秦时曾凿道以通西南夷，但真正大规模开拓西南夷地区是在汉武帝统治时期开始的，并先后设立了犍为、牂柯、益州等七郡，从而奠定了汉王朝在该地区的统治基础，另一方面也加速了西南夷各民族在经济、文化上的发展变化。

有关西南夷的考古发现，在新中国成立以前只有少量的调

查和零星的报道。真正引起学术界广泛关注的首先是 50 年代
云南省晋宁石寨山墓地的发现和发掘，尤其是"滇王之印"的
出土证实了史载滇王国的存在，从此拉开了"滇文化"研究的
序幕。70 年代后期，贵州省赫章、威宁等地古墓葬的发现与
发掘，又引发了学术界探索"夜郎文化"的热潮。与此同时，
对西南地区的"石棺葬"和"大石墓"等少数民族遗迹也开始
有计划地进行调查发掘，进一步拓宽了西南夷考古的研究范
围，并积极推动了西南民族史的研究。

1. 晋宁石寨山的发掘与"滇文化"

新中国成立后，有关秦汉时期西南夷诸民族文化遗存的大
规模科学发掘是从晋宁石寨山遗址开始的。相传抗日战争时
期，该地曾出土一批青铜器，但大部分下落不明。被大英博物
馆收藏的一批有可能就是当地出土的[18]。据说残存在古董商
手中的 10 余件于 50 年代初被云南省博物馆收购，从而引起了
研究人员的注意，后来经多方打听终于找到了其出土地点——
晋宁石寨山。1955 年 3 月，云南省博物馆考古发掘工作组首
次对石寨山遗址进行了试掘，清理了 2 座土坑墓，出土了包括
铜鼓、贮贝器等在内的 100 余件青铜器[19]。

由于第一次发掘所引起的重视，1956 年 11 月至 1957 年 1
月又进行了第二次发掘。新发现土坑墓 20 座，基本上弄清了
这批土坑墓的形制。在出土的 4000 余件文物中，最为引人注
目的是第 6 号墓出土的蛇纽金印——"滇王之印"。它的出土
说明石寨山墓地有可能就是历史上的滇王族的墓地，从而引起
了学术界的广泛关注[20]。

1958 年冬和 1960 年 4 月又对石寨山墓地进行了第三次和
第四次发掘，共清理墓葬 28 座。通过这两次发掘，对石寨山

墓葬的分布有了进一步认识，发现"第二次发掘的墓3、4、6、7、10～13等器物最多的贵族墓葬，位于中心地区"，周围的"第三、四两次发掘的各墓，都是中小型的"。推测这种分布情况，应该是和墓主的身份有关系[21]。

三十多年后的1996年5～6月，由云南省考古研究所主持，对石寨山进行了第五次发掘，清理墓葬36座，出土文物300余件（套）。在新发掘的这批墓葬中有多组叠压打破关系，发掘者初步分为早晚两期。部分小型墓的年代被定在战国中期以前，从而"弥补了石寨山墓地早期遗存的空缺，为石寨山墓地早期遗存的研究提供了十分重要的资料"[22]。

以上五次发掘，共清理墓葬86座，出土了大批具有典型地方民族风格的文物。滇池周围地区也因此成为云南省几十年来有关西南夷考古工作的重点区域之一。据统计，继石寨山墓地发现以来，在滇池及其附近区域发现的类似文化遗存已有40余处，其中较重要的有安宁县太极山、江川县李家山和团山、呈贡县石碑村和天子庙、昆明市羊甫头和上马村五台山墓地等[23]。

上述已发现的"滇文化"墓葬，多为长方形竖穴土坑墓，有的墓葬因地处岩石之间呈不规则的长方形。大型的墓多有木棺，少数还有木椁，而小型墓往往没有葬具。墓内人骨多腐朽，早期的发现多判断为仰身直肢葬，以单人葬为主，极少数为双人合葬。最近在石寨山、羊甫头墓地新发现了叠葬、解肢葬之类特殊的葬式[24]。由于墓葬规模大小不等，随葬品的数量、品类和质地也有很大差别。大中型墓葬（如石寨山M6和M71、李家山M24、天子庙M41等）随葬品以铜器为主，包括生活用具、礼乐器、兵器、生产工具以及各类装饰品等。此外还有铁器、铜铁合制器、金玉玛瑙饰品以及陶器、漆木器等。小型墓（如石寨山 M54、M82）中往往只有少量青铜器或陶器，有的空无一物。

在"滇文化"墓葬的随葬品中，诸如铜鼓、贮贝器、壶、尊、觚形杯、葫芦笙、鞍形枕、案、蛇首式剑、一字格剑、山字格剑、柳叶形矛、长条形有銎斧、有銎戈、狼牙棒、钺、尖叶形锄、爪镰、啄、干栏式房屋、各类扣饰、杖头饰等都具有浓厚的地方民族色彩（图三二）。在石寨山、李家山等墓地年代较晚的部分墓葬中还出现了不少具有内地作风的铜铁陶器，如铜熏炉、盉、耳杯、釜、锺、镜、钱币，陶盒、壶、平底罐、豆等，表明是受到了汉文化的影响。

石寨山墓地发现之初,曾有研究者称之为"晋宁文化"[25]。70 年代后期以来，在同类遗存的发现越来越多的情况下，有学者建议按照考古学文化命名的惯例以最早发现的典型遗址来命名，称为"石寨山文化"[26]。也有学者认为"从出土青铜器的器形、纹饰及其所反映的社会内容诸方面分析，滇池区域已可构成一个青铜文化类型"，称之为"滇文化类型"，或简称"滇文化"[27]。还有学者是将滇池区域的青铜文化既放在"云南青铜文化"的框架下称为"滇池区域类型"，又单独将"滇池区域青铜文化"称为"滇国青铜文化"或"滇文化"[28]。最近，又有人提出将"石寨山文化"分为"石寨山类型"和"八塔台类型"[29]。

由于学者们使用的文化概念不同，所包括的遗存内容及其分布范围也有一定的差异。按张增祺先生的说法，"滇文化"的范围大致是：北达会泽、昭通等地，南抵新平、元江和个旧一带，东到路南、泸西一线，西至安宁及其附近地区。东西宽

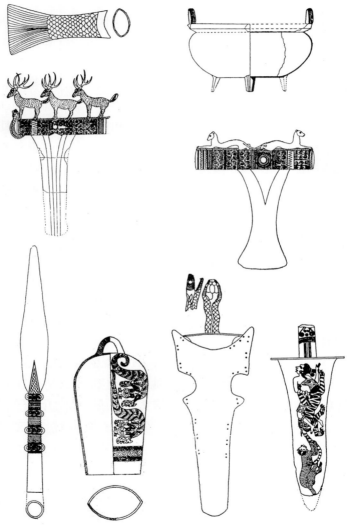

图三二　晋宁石寨山出土的滇文化遗物

约 150 公里，南北长约 400 公里。他认为该区域是古代滇族的活动范围，即滇国的分布区域[30]。

70 年代中期以前，石寨山墓群已经历四次发掘，对已发掘墓葬的年代范围的认识基本一致，大体在战国末期至东汉初。据《史记·西南夷列传》记载，汉武帝元封二年（公元前 109 年）滇王"举国降"，"于是以为益州郡，赐滇王王印，复长其民"。汉廷在此设立益州郡之后，滇王"复长其民"究竟延续了多长时间，虽然史无明文，但石寨山墓地在西汉设立益州郡之后仍沿用了相当长一段时间，是大家公认的。学术界普遍认为石寨山墓地的下限是在东汉初年。滇池周围地区被认为与石寨山同类型的一些墓地，如江川李家山、呈贡石碑村等，年代下限也基本相同。争议较多的主要还是滇文化的上限，而首先引起争议的是 1977 年公布的李家山 M21 的14C 测年数据：距今 2500±105 年[31]。由于该14C 数据比原报告所推定的年代大大提前，于是，有人重新分期，将包括李家山墓地在内的滇池区域青铜文化的上限提早到春秋晚期。也有学者对早期墓的年代为春秋后期提出质疑，甚至对李家山 M21 的测定年代也提出了质疑。直到 90 年代末，对有关年代的认识仍意见不一。

自石寨山墓地发现以来，有关该墓地及其同类遗存的研究取得了可喜成绩，已发表的相关研究论文在百篇以上。除了上面提到的问题以外，还就滇文化遗存所反映的社会性质、族属、社会生活和经济生活的诸多方面、文化艺术、宗教、滇文化的起源及与周边文化的关系、部分出土遗物等进行了探讨[32]。

2．古"夜郎"遗迹的探索

据《史记·西南夷列传》等文献记载，"夜郎"应位于"滇"的东边，由此推测所谓"夜郎故地"大致在今贵州省的西部及邻近地区[33]。尽管在贵州古夜郎地区的青铜文化遗物的发现可追溯到 50 年代中期，但关于夜郎遗迹的探索比滇文化的研究起步要晚，直到 70 年代后期赫章可乐、威宁中水墓地的发掘，才真正揭开了从考古学上探索"夜郎文化"的序幕[34]。

1976 年 11 月至 1978 年底，贵州省的考古工作者在赫章县可乐区发掘了年代大致相当于秦汉时期的墓葬 207 座。其中具有中原风格的封土墓被称为甲类墓，共 39 座，包括土坑墓和砖室墓；而具有鲜明地方民族风格的墓葬被称为乙类墓，共发掘 168 座，均为长方形竖穴土坑墓，规模小于甲类墓，无封土、无墓道。在分布上，甲类墓主要分布在可乐河北岸，少数位于南岸，而乙类墓则集中于可乐河南岸。乙类墓排列密集，但很少发现打破关系。最大者 M160 长不足 4 米，宽不足 3 米。最小的 M57 长宽分别是 1.1 和 0.45 米。现存墓坑最深者 M195 不足 2 米。乙类墓仅少数发现有棺木朽迹或漆皮残片，绝大多数无棺木痕迹。骨架大多腐朽，葬式不明。只有 20 座墓葬因埋葬时将头套置铜鼓或铜铁釜之中才保存部分头骨和牙齿。例如 M58 在墓坑两端倒放铜釜（发现头骨和牙齿）、铁釜（发现脚趾骨）各一，形成奇特的"套头葬"。两类墓共出土随葬器物 1300 余件。报告推测甲类墓的时代"大约在西汉昭宣以后至东汉初期"，"墓主人的族属应系汉族"；乙类墓"上限可能早到战国晚期，下限相当于西汉晚期，多数墓葬则为西汉早、中期"，墓主人的族属"与古代濮族系统有关"，即"魏晋以后文献上所称的僚人"[35]。

威宁县中水墓群位于县城西北约 100 公里的一平坦高原，海拔 1800 米左右。经过 1978 年 10 月和 1979 年冬两次发掘，共清理墓葬 58 座。除个别东汉砖室墓以外，余均为竖穴土坑墓，少数有封土，偶见棺木痕迹，更多的是墓边不规则的浅穴土坑墓，包括单人葬、大人小孩合葬以及排葬、乱葬、叠葬等。单人葬大多仰身直肢、头南脚北，往往随葬精美的青铜武器，而排葬、乱葬则人骨零乱，随葬品主要是少量陶器和装饰品。在出土的 400 余件遗物中，以各式手制陶器最具特色，器形包括罐、单耳罐、瓶、瓠、豆、碗、杯等，在不少陶器上还发现了刻划符号，更引人注目（图三三）。青铜器中的剑、矛、戈、铠甲、臂甲、扣饰、发叉、手镯等也很有特色。此外还有铜釜、洗、碗、带钩、印章、弩机、铜镞、钱币、环首铁刀等属于汉式风格的器物。发掘者推测墓葬年代以西汉为主，部分墓葬的上限"或可推前到战国中期"，"可以称为'夜郎旁小邑'的墓葬"，"族属当与古代的氐羌族有关"，"可能是古代氐

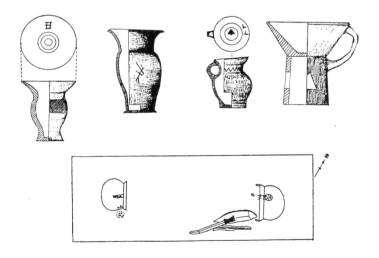

图三三 赫章可乐"套头葬"与威宁中水出土陶器

羌族的一支"[36]。

自赫章可乐、威宁中水两处墓地发现以来，有关夜郎考古的论文已有数十篇。尽管对上述两处墓地的年代与族属的认识还存在分歧[37]，但基本上都一致认为与战国秦汉时期的古夜郎文化有关。除墓葬以外，1977 年在普安县青山区还发现了铜鼓山遗址。经过 1979 年的试掘和 1980 年的正式发掘，发现了一批石模和石范，器形包括剑、刀、戈等，同时还出土了铜铁工具、武器以及陶器、玉石器、铜半两钱、漆杯等遗物。发掘者推测遗址的年代下限"约相当于西汉中期，至迟延续到元帝或成帝时期"，遗址的主人是"濮人"[38]。该遗址的发现对于了解古"夜郎"乃至整个云贵高原地区的手工业状况无疑都是十分重要的。同时，也为进一步探索古"夜郎"的中心区域提供了线索。

由于目前还没有发现夜郎遗存的直接证据，"夜郎"遗迹之谜还有待于今后的考古发现来解答。

3. 石棺葬及其文化

"石棺葬"最早发现于岷江上游地区。零星的调查发掘在 20 世纪二三十年代就已开始。40 年代，郑德坤等曾对岷江上游石棺葬及其出土遗物做过初步研究和报道[39]。大规模的考古工作是新中国成立以后进行的。尤其是 70 年代以来，随着西南各地文物普查工作的逐步深入，新发现的"石棺葬"分布范围显著扩大，除了岷江上游地区继续有发掘以外，还扩展到雅安地区、甘孜地区、川西南的凉山州、渡口市以及云南省西北部地区和西藏东部地区。据 80 年代末的普查资料显示，仅四川省境内发现石棺葬的地点就有 84 处，墓葬 3473 座[40]。进入 90 年代，又有一些新的发现。

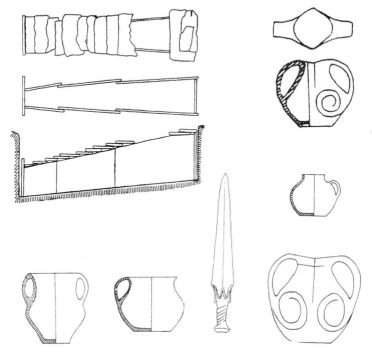

图三四　石棺葬出土遗物和墓葬结构示意图

　　所谓"石棺葬"，通常是在挖出的竖穴土坑中用竖置的石板或平置的石块构筑墓室四壁，在入葬后再用石板数块覆盖，少数还在墓底铺有石板或鹅卵石。已知石棺葬的葬式以仰身直肢单人葬为主，也有少数采用屈肢葬、二次葬或火葬的。随葬品中，陶双耳罐、单耳罐、簋形器、单耳杯等颇具特色，此外，还有铜剑、铜刀、铜手镯、铜柄铁剑、铜柄铁刀、骨器、装饰品等（图三四）。1992年新发现的茂县牟托一号石棺墓中还随葬有包括鼎、敦形器、甬钟、纽钟、戈、戟、剑、护臂、牌饰等在内的铜礼乐器和兵器、装饰品[41]。

关于命名：早期研究中，无论是 40 年代郑德坤所说的 the slate tomb culture（或译作"板岩葬文化"）[42]，还是 50 年代初冯汉骥的"石棺葬文化"[43]，都是根据岷江上游地区的发现而命名的。70 年代以来，随着发现范围的扩大，针对各地墓葬的特点，考古工作者除了沿用"石棺葬"的称谓以外，还使用了"石板墓"[44]或"石棺墓"[45]之类的名称。为了避免与汉代的石棺混淆，也有改称"板岩葬"的[46]。部分新发现的墓地（如德钦永芝）中还有与土坑墓共存而所出遗物又有较强的一致性的情况[47]，因此，对"石棺葬文化"的命名，学者们也开始提出质疑，认为它不能概括这一类文化遗存的内涵[48]。还有学者建议采用考古学文化典型遗址的命名方式，改用其他的考古学文化名称取而代之。例如陈祖军提出的方案是将所谓"石棺葬文化"划分成"岷江上游的萝葡砦文化"、"雅砻江中游的吉里龙文化"和"横断山区的扎金顶文化"三种考古学文化[49]。尽管如此，在西南地区新发现的部分遗存中，有一些虽称作"石板墓"或"石棺墓"，但墓葬形制和文化内涵都和早期发现的岷江上游地区的"石棺葬"有着明显区别，因此，在考古学文化上应如何界定，仍有待于进一步探讨。

关于年代：早期的研究主要集中于岷江上游地区，年代多断在战国至秦汉时期。随着新发现的不断增加，不同地区的石棺葬遗存所反映的年代有早有晚，新的[14]C 测年数据也显示，部分地区石棺葬的年代要早于过去仅根据类型学的比较研究所进行的推测。因此，从 80 年代中期以来，有关石棺葬的年代认识有明显提早的倾向。以童恩正先生为例，在 1973 年和冯汉骥先生合著的《岷江上游的石棺葬》一文中，推测石棺葬

"恐怕不早于战国末期和秦汉之际"，下限不晚于西汉武帝初年[50]。1978 年，根据新发现的石棺葬墓中出土五铢钱的情况，童先生补充认为"可能延续到了整个西汉时代，并影响到东汉"[51]。1987 年在他的另一篇文章中，又根据有关的测年数据认为，部分地区的石棺葬可能早到商代[52]。对于这样早的年代上限，目前学术界仍有不同意见。

与年代认识密不可分的是关于西南地区石棺葬的分期。80年代中期以前，基本上是在战国秦汉的时间框架下，或分三期，或分两期。进入 90 年代，则大多是在改称"石棺墓"的前提下再进行分期，如罗开玉《川滇西部及藏东石棺墓研究》[53]、陈祖军《西南地区的石棺墓分期研究》[54]等。其中，罗共分出八期，时间跨度从"约当中原的夏商"的第一期到"唐至明时期"的第八期，前后"约历三千五六百年"。对此，已有学者指出罗"只是笼而统之地将不同流域、不同时代甚至不同文化的材料合在一起进行分期"。也就是说，在文化内涵的理解上，"石棺墓"并不仅仅只是"石棺葬"的替代。

关于族属：自石棺葬发现以来，其族属问题就一直是争论的焦点。岷江上游地区的石棺葬发现最早，讨论的也最多。冯汉骥先生早年曾推测其主人可能是向南流窜的月氏人，后来认为可能是传说中的"戈基人"墓葬。70 年代以来，学术界认为岷江上游石棺葬与《史记·西南夷列传》中记载的"冉駹"有关的说法渐占主流，但在具体理解上又有很多分歧，有氏族说、羌族说、当地夷人说、蜀人后裔说等不同看法。归结起来，可分为两派意见：即一种观点认为石棺葬是甘青地区南下的氐羌民族文化遗存；另一种则对上述外来说持否定态度，可以看成是土著说。至于西南其他地区同类墓葬的族属，根据有关文献记载，学者们也都作了种种考证。

总之，自1973年冯汉骥和童恩正先生的《岷江上游的石棺葬》一文发表以来，新的发现层出不穷，有关石棺葬的研究也已不再局限于岷江上游地区。在新发现不断增多的情况下，如何通过详细的比较研究界定不同区域石棺葬的文化内涵以建立可靠的考古学文化编年，已成为进一步研究石棺葬需要首先解决的问题。

4．大石墓

在四川省西南部的凉山彝族自治州、渡口市和云南省西部的部分地区分布着一种采用巨石砌筑的古代墓葬，被称为"大石墓"。关于此类墓葬，在20世纪四五十年代曾有过报道，但系统调查发掘始于70年代中期。

二十余年来，经过调查发现的大石墓在200座以上，已清理发掘的将近60座。在川西南的冕宁、喜德、西昌、德昌、普格、米易，滇西的祥云、姚安、弥渡等地均有发现，以西昌周围最为集中。其中较重要的有：1975年四川省金沙江渡口西昌段及安宁河流域联合调查队在西昌县礼州区清理的1座；1976年由四川省民委、凉山州革委、四川省博物馆和四川大学等单位组成凉山彝族地区考古队，在喜德县拉克公社四合大队清理的一批；1978年凉山彝族自治州博物馆在米易弯丘发掘的2座；1980年云南省博物馆在弥渡县清理的10座；1980～1981年凉山彝族自治州博物馆、普格县文化馆等单位在普格小兴场发掘的5座；1981年凉山彝族自治州博物馆、喜德县文化馆在喜德县轱辘桥清理的1座等等[55]。

关于大石墓的研究，当首推童恩正先生的《四川西南地区大石墓族属试探》一文，文章首次对川西南地区大石墓的类型、年代、葬俗和族属等问题进行了较全面的考察[56]。之后，不少学者就川西南大石墓的族属问题展开了讨论。80 年代以来，除了有关川西南大石墓的研究进一步深入以外，在云南西部地区发现的同类墓葬也引起了学术界的重视，有关两地大石墓的类型、年代分期及相互关系等问题也有专文进行探讨。

关于大石墓的形制，有三型、四型或九型等几种不同的分类。大体而言，川西南地区的大石墓多直接建于地表之上，墓室长方形或狭长方形，顶部覆盖巨型石块，墓门位于墓室一端或一侧，多用碎石封堵。部分墓葬在墓门外有石砌的墓道。有的虽无墓道，但在墓门外竖立列石。还有的在墓室周围用石块垒砌成圆丘状，石丘之外再覆封土（图三五）。云南西部的大石墓，往往是先挖好长方形坑，坑底四周挖出基槽，然后再用竖置的厚石板砌筑墓室，葬后用石板盖顶，这样的大石墓大都没有墓门。

无论是川西南还是滇西的大石墓内均采用丛葬，未发现葬具，大量的人骨不分男女老少多直接放入墓中，有的墓中人骨堆积零乱，有的是将人头骨与肢骨分别堆放，每墓人数不等，多的达百人以上，随葬品多混杂于人骨之间，包括生活用具、生产工具、装饰品等。

生活用具以陶器为主，主要有罐、杯、壶、釜等器形，尤以带流壶、三耳壶、双耳罐等最具特色。生产工具有石凿、石刀、铜铁刀、陶纺轮等，装饰品有铜手镯、铜发饰、铜铁指环、珠饰等。部分墓中还发现半两、五铢、大泉五十等钱币以及汉式印章之类遗物。

关于大石墓的年代，早期研究中多判断为战国至西汉时期。1985 年，中国社会科学院考古研究所实验室发表了四川

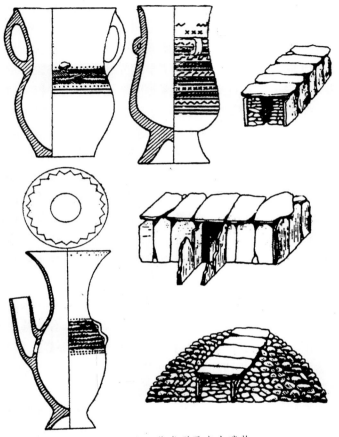

图三五　大石墓类型及出土遗物

普格县小兴场大石墓的放射性碳素测年数据[57]。之后，学者
们对大石墓年代上限的认识也相应提前。1987 年，四川喜德
县轱辘桥的一座大石墓资料公开发表，墓中出土有西汉五铢和
新莽大泉五十各一枚，为大石墓的下限可晚到新莽至东汉初提
供了实物证据[58]。同年童恩正发表《试论我国从东北至西南

的边地半月形文化传播带》[59]一文，认为安宁河流域大石墓的年代"其上限可达春秋，下限至于东汉"。这之后，关于大石墓年代下限的认识趋于一致，但对年代上限的认识还有进一步提早的倾向。至于川西南与滇西两地大石墓的年代关系，较为一致的看法是，滇西大石墓略早于川西南地区的同类墓葬。

关于大石墓的族属，学术界讨论较多，其中川西南的大石墓大致有邛都说、笮都说、蜀人说等看法。但同是邛都说者，在邛人是属于氐羌系统还是百濮系统上又有分歧。至于滇西北地区的大石墓的族属及其与川西南大石墓主人之间的关系，一种观点认为，大石墓的建造者很可能是沿澜沧江河谷进入滇西地区的一支南亚语系孟高棉民族，亦即《史记·司马相如列传》所说的"苞蒲蛮"，《华阳国志·蜀志》所说的"濮人"。他们为农业民族，最先分布在金沙江以南地区，后来有一部分向金沙江以北的西昌一带移动[60]。另一种观点多强调川西南大石墓是在当地新石器时代晚期文化的基础上产生和发展起来的，认为川西南与滇西两地大石墓的区别是主要的，尽管有年代上的差别，但并无直接的承袭关系[61]。

注 释

［1］乌恩：《论匈奴考古研究中的几个问题》，《考古学报》1990年第4期。

［2］杨哲峰：《简介两本有关匈奴考古的发掘报告》，《考古》1999年第4期。

［3］中国科学院考古研究所沣西发掘队：《1955～1957年陕西长安沣西发掘简报》，《考古》1959年第3期。

［4］青海省文物考古研究所：《上孙家寨汉晋墓》，文物出版社1993年版。

［5］伊盟文物工作站、内蒙古文物工作队：《西沟畔汉代匈奴墓地调查记》，《内

蒙古文物考古》创刊号，1981 年。

[6] 伊盟文物工作站：《伊克昭盟补洞沟匈奴墓清理简报》，《内蒙古文物考古》创刊号，1981 年。

[7] 宁夏文物考古研究所、同心县文管所：《宁夏同心县李家套子匈奴墓清理简报》，《考古与文物》1988 年第 3 期。

[8] 宁夏文物考古研究所等：《宁夏同心倒墩子匈奴墓地》，《考古学报》1988 年第 3 期。

[9] 田广金：《匈奴墓葬的类型和年代》，《内蒙古文物考古》第 2 期，1982 年；郭素新：《试论汉代匈奴文化的特征》，《内蒙古文物考古》创刊号，1981 年；乌恩：《试论汉代匈奴与鲜卑遗迹的区别》，《中国考古学会第六次年会论文集》，文物出版社 1990 年版；乌恩：《中国北方青铜透雕带饰》，《考古学报》1983 年第 1 期。

[10] 田广金：《近年来内蒙古地区的匈奴考古》，《考古学报》1983 年 1 期；乌恩：《匈奴族源初探》，《周秦文化研究》第 832 页，陕西人民出版社 1998 年版；林沄：《关于中国的对匈奴族源的考古学研究》，《林沄学术文集》，中国大百科全书出版社 1998 年版。

[11] 许永杰：《鲜卑遗存的考古学考察》，《北方文物》1993 年第 4 期。

[12] 乔梁：《鲜卑遗存的认定与研究》，《中国考古学的跨世纪反思》第 483 页，（香港）商务印书馆 1999 年版。

[13] 宿白：《东北、内蒙古地区的鲜卑遗迹》，《文物》1977 年第 5 期。

[14] 乔梁：《内蒙古中部的早期鲜卑遗迹》，《青果集》，知识出版社 1998 年版。

[15] 同 [13]。

[16] 米文平：《鲜卑石室的发现与初步研究》，《文物》1981 年第 2 期。

[17] 陈雍：《扎赉诺尔等五处墓葬陶器的比较研究》，《北方文物》1989 年第 2 期；朱泓：《从扎赉诺尔汉代居民的体质差异探讨鲜卑族的人种构成》，《北方文物》1989 年第 2 期。

[18] 黄德荣：《大英博物馆收藏的一批云南晋宁梁王山出土的青铜器》，《考古学集刊》第 10 辑，地质出版社 1996 年版。

[19] 云南省博物馆考古发掘工作组：《云南晋宁石寨山古遗址及墓葬》，《考古学报》1956 年第 1 期。

[20] 云南省博物馆：《云南晋宁石寨山古墓群发掘报告》，文物出版社 1959 年版。

[21] 云南省博物馆：《云南晋宁石寨山第三次发掘简报》，《考古》1959 年第 9 期；云南省博物馆：《云南晋宁石寨山古墓第四次发掘简报》，《考古》1963

年第 9 期。

[22] 云南省文物考古研究所等：《云南晋宁石寨山第五次抢救性清理发掘简报》，
《文物》1998 年第 6 期。

[23] 云南省文物工作队：《云南安宁太极山古墓葬清理报告》，《考古》1965 年第
9 期；云南省博物馆：《云南江川李家山古墓群发掘报告》，《考古学报》
1975 年第 2 期；张新宁等：《江川李家山古墓群第二次发掘简况》，《云南文
物》第 35 期，1993 年；云南省博物馆文物工作队：《云南江川团山古墓葬
发掘简报》，《文物资料丛刊》第 8 辑，文物出版社 1983 年版；云南省博物
馆文物工作队：《云南呈贡龙街石碑村古墓群发掘简报》，《文物资料丛刊》
第 3 辑，文物出版社 1980 年版；昆明市文物管理委员会：《昆明呈贡石碑村
古墓群第二次清理简报》，《考古》1984 年第 3 期；云南省博物馆文物工作
队：《云南呈贡天子庙古墓群的清理》，《考古学集刊》第 3 辑，1983 年；昆
明市文物管理委员会：《呈贡天子庙滇墓》，《考古学报》1985 年第 4 期；云
南省文物考古研究所等：《云南昆明羊甫头墓地发掘简报》，《文物》2001 年
第 4 期。

[24] 云南省文物考古研究所等：《云南昆明羊甫头墓地发掘简报》，《文物》2001
年第 4 期；云南省文物考古研究所等：《云南晋宁石寨山第五次抢救性清理
发掘简报》，《文物》1998 年第 6 期。

[25] 冯汉骥：《云南晋宁石寨山出土文物的族属问题试探》，《考古》1961 年第 9
期。

[26] 汪宁生：《试论石寨山文化》，《中国考古学会第一次年会论文集》，文物出版
社 1980 年版。

[27] 王大道：《滇池区域的青铜文化》，《云南青铜器论丛》，文物出版社 1981 年
版。

[28] 张增祺：《云南青铜文化的类型与族属》，《庆祝苏秉琦考古五十五年论文
集》，文物出版社 1989 年版；《滇国与滇文化》，云南美术出版社 1997 年版。

[29] 蒋志龙：《试论石寨山文化的两个类型》，《云南文物》2000 年第 2 期。

[30] 张增祺：《滇国与滇文化》，云南美术出版社 1997 年版。

[31] 《放射性碳素测定年代报告（四）》，《考古》1977 年第 3 期。

[32] 同 [30]。

[33] 关于"夜郎"的疆域，众说纷纭，尚无定论。由于史载有"夜郎旁小邑"，
故一般认为"夜郎"的疆域有广义和狭义之分。关于狭义的"夜郎"的中心
地区，一说是在黔西南的可能性最大，也有人认为古代夜郎的地域在今贵州

威宁、赫章和云南昭通一带。本文取其大略。

[34] 李衍垣：《从考古学上探索"夜郎文化"》，《夜郎考》第 1 集，贵州人民出版社 1979 年版。

[35] 贵州省博物馆考古组、贵州省赫章县文化馆：《赫章可乐发掘报告》，《考古学报》1986 年第 2 期。

[36] 贵州省博物馆考古组、威宁县文化局：《威宁中水汉墓》，《考古学报》1981年第 2 期；贵州省博物馆考古组：《贵州威宁中水汉墓第二次发掘》，《文物资料丛刊》第 10 辑，文物出版社 1987 年版。

[37] 宋世坤：《贵州古夜郎地区青铜文化再论》，《贵州文物工作》1997 年第 1期。

[38] 刘恩元、熊水富：《普安铜鼓山遗址发掘报告》，《贵州田野考古四十年》第65 页，贵州民族出版社 1993 年版。

[39] 郑德坤，The Slate Tomb Culture of Li－Fan，Harvard Journal of Asiatic Studies（《哈佛大学亚洲研究学报》），volume 9，1945～1947。

[40] 文物编辑委员会编：《文物考古工作十年》第 256 页，文物出版社 1991 年版。

[41] 茂县羌族博物馆等：《四川茂县牟托一号石棺墓及陪葬坑清理简报》，《文物》1994 年第 3 期。

[42] 同［39］。

[43] 冯汉骥：《岷江上游的石棺葬文化》，《工商导报》1951 年 5 月 20 日。

[44] 甘孜考古队：《四川巴塘、雅江的石板墓》，《考古》1981 年第 3 期。

[45] 宝兴县文化馆：《四川宝兴县汉代石棺墓》，《考古》1982 年第 4 期。

[46] 文物编辑委员会编：《文物考古工作三十年》第 352 页，文物出版社 1979 年版。

[47] 云南省博物馆文物工作队：《云南德钦永芝发现的古墓葬》，《考古》1975 年第 4 期。

[48] 沈仲常、李复华：《关于"石棺葬文化"的几个问题》，《中国考古学会第一次年会论文集》，文物出版社 1980 年版。

[49] 陈祖军：《西南地区的石棺墓分期研究——关于"石棺葬文化"的新认识》，《四川考古论文集》第 171 页，文物出版社 1996 年版。

[50] 《考古学报》1973 年第 2 期。

[51] 童恩正：《四川西北地区石棺葬族属试探》，《思想战线》1978 年第 1 期。

[52] 童恩正：《试论我国从东北至西南的边地半月形文化传播带》，《文物与考古

论集》，文物出版社 1987 年版。

［53］罗开玉：《川滇西部及藏东石棺墓研究》，《考古学报》1992 年第 4 期。

［54］同［49］。

［55］杨哲峰：《近二十六年来西南地区"大石墓"的研究综述》，《中国史研究动
　　　态》2001 年第 4 期。

［56］童恩正：《四川西南地区大石墓族属试探》，《考古》1978 年第 2 期。

［57］中国社会科学院考古研究所实验室：《放射性碳素测定年代报告（一二)》，
　　　《考古》1985 年第 7 期。

［58］凉山彝族自治州博物馆、喜德县文化馆：《四川喜德县清理一座大石墓》，
　　　《考古》1987 年第 3 期。

［59］同［52］。

［60］张增祺：《西南地区的"大石墓"及其族属问题》，《考古》1987 年第 3 期。

［61］刘世旭：《试论川西南大石墓的起源与分期》，《考古》1985 年第 6 期；刘
　　　弘：《川西南大石墓与邛都七部》，《文物》1993 年第 3 期。

参 考 书 目

1．中国社会科学院考古研究所：《新中国的考古发现和研究》，文物出版社 1984 年版。

2．《中国大百科全书·考古学》，中国大百科全书出版社 1986 年版。

3．《新中国考古五十年》，文物出版社 1999 年版。

4．《中国青铜器全集·秦汉卷》，文物出版社 1998 年版。

5．俞伟超：《先秦两汉考古学论集》，文物出版社 1985 年版。

6．王仲殊：《汉代考古学概说》，中华书局 1984 年版。

7．孙机：《汉代物质文化资料图说》，文物出版社 1991 年版。

8．刘庆柱：《古代都城与帝陵考古学研究》，科学出版社 2000 年版。

9．信立祥：《汉代画像石综合研究》，文物出版社 2000 年版。

10．杨宽：《中国古代陵寝制度史研究》，上海古籍出版社 1985 年版。

11．李如森：《汉代丧葬制度》，吉林大学出版社 1995 年版。

12．韩国河：《秦汉魏晋丧葬制度研究》，陕西人民出版社 1999 年版。

13．北京大学历史系考古教研室：《战国秦汉考古》，1973 年铅印本。

14．查瑞珍：《战国秦汉考古》，南京大学出版社 1990 年版。

15．李发林：《战国秦汉考古》，山东大学出版社 1991 年版。

16．宋治民：《战国秦汉考古》，四川大学出版社 1993 年版。

17．袁仲一：《秦始皇陵兵马俑研究》，文物出版社 1990 年版；《秦代陶文》，三秦出版社 1987 年版。

18．王学理：《秦始皇陵研究》，上海人民出版社 1994 年版；《秦俑专题研究》，三秦出版社 1994 年版；《咸阳帝都记》，三秦出版社 1999 年版。

19．张文立：《秦俑学》，陕西人民教育出版社 1999 年版。

20．秦始皇兵马俑博物馆编：《秦俑学研究》，陕西人民教育出版社 1996 年版。

21．徐正考：《汉代铜器铭文研究》，吉林教育出版社 1999 年版。

22．宋治民：《汉代手工业》，巴蜀书社 1992 年版。

23．李正光：《汉代漆器艺术》，文物出版社 1987 年版。

24．陕西省考古研究所等：《秦始皇帝陵园考古报告（1999 年)》，科学出版社 2000 年版。

25．陕西省考古研究所始皇陵秦俑坑考古发掘队：《秦始皇陵兵马俑坑一号坑发掘报告》，文物出版社 1988 年版。

26．秦俑考古队：《秦始皇陵园铜车马发掘报告》，文物出版社 1998 年版。

27．咸阳市文化局等：《塔儿坡秦墓》，三秦出版社 1998 年版。

28．陕西省考古研究所：《新编秦汉瓦当图录》，三秦出版社 1986 年版。

29．周晓陆、路东之：《秦封泥集》，三秦出版社 2000 年版。

30．中国社会科学院考古研究所：《汉长安城未央宫》，科学出版社 1996 年版。

31．中国社会科学院考古研究所：《宣帝杜陵陵园遗址》，科学出版社 1996 年版。

32．陕西省考古研究所：《西汉京师仓》，文物出版社 1990 年版。

33．刘庆柱、李毓芳：《西汉十一陵》，陕西人民出版社 1987 年版。

34．洛阳市文物局等：《汉魏洛阳故城》，科学出版社 2000 年版。

35．何清谷：《三辅黄图校证补注》，三秦出版社 1995 年版。

36．湖南省博物馆：《长沙马王堆一号汉墓》，文物出版社 1973 年版。

37．傅举有、陈松长：《马王堆汉墓文物》，湖南出版社 1992 年版。

38．中国社会科学院考古研究所等：《满城汉墓发掘报告》，文物出版社 1980 年版。

39．大葆台汉墓发掘组等：《大葆台汉墓》，文物出版社 1989 年版。

40．广州市文物管理委员会等：《西汉南越王墓》，文物出版社 1991 年版。

41．河南省文物研究所：《永城西汉梁国王陵与寝园》，中州古籍出版社 1996 年版。

42．广西壮族自治区博物馆：《广西贵县罗泊湾汉墓》，文物出版社 1988 年版。

43．洛阳考古发掘队：《洛阳烧沟汉墓》，科学出版社 1959 年版。

44．中国科学院考古研究所：《长沙发掘报告》，科学出版社 1957 年版。

45．中国社会科学院考古研究所等：《广州汉墓》，文物出版社 1981 年版。

46．青海省文物考古研究所：《上孙家寨汉晋墓》，文物出版社 1993 年版。

47．魏坚：《内蒙古中南部汉代墓葬》，中国大百科全书出版社 1998 年版。

48．中国社会科学院考古研究所：《陕县东周秦汉墓》，文物出版社 1993 年版。

49．西安市文物保护考古所：《西安龙首原汉墓》，西北大学出版社 1999 年版。

50．湖北省荆州博物馆：《荆州高台秦汉墓》，科学出版社 2000 年版。

51．黄岗市博物馆等：《罗州城与汉墓》，科学出版社 2000 年版。

52．曾昭燏等：《沂南古画像石墓发掘报告》，文化部文物事业管理局 1956 年版。

53．内蒙古自治区博物馆文物工作队：《和林格尔汉墓壁画》，文物出版社 1978 年版。

54．河南省文物研究所：《密县打虎亭汉墓》，文物出版社 1993 年版。

55．河北省文物研究所：《安平东汉壁画墓》，文物出版社 1990 年版。

56．中国社会科学院考古研究所：《杏园东汉墓壁画》，辽宁美术出版社 1995 年版。

57．黄明兰、郭引强：《洛阳汉墓壁画》，文物出版社 1996 年版。

58．深圳博物馆：《中国汉代画像石砖文献目录》，文物出版社 1995 年版。

59．山东省博物馆等：《山东汉画像石选集》．齐鲁书社 1982 年版。

60．陕西省博物馆等：《陕北东汉画像石刻选集》，文物出版社 1959 年版。

61．高文、高成刚：《中国画像石棺艺术》，山西人民出版社 1996 年版。

62．高文：《四川汉代画像石》，巴蜀书社 1987 年版。

63．重庆市文化局等：《四川汉代石阙》，文物出版社 1992 年版。

64．高文：《四川汉代画像砖》，上海人民美术出版社 1987 年版。

65．睡虎地秦墓竹简整理小组编：《睡虎地秦墓竹简》，文物出版社 1990 年版。

66．陈梦家：《汉简缀述》，中华书局 1980 年版。

67．连云港市博物馆等：《尹湾汉墓简牍》，中华书局 1997 年版。

68．甘肃省文物工作队：《汉简研究文集》，甘肃人民出版社 1984 年版。

69．甘肃省文物考古研究所：《秦汉简牍论文集》，甘肃人民出版社 1989 年版。

70．色伽兰著、冯承钧译：《中国西部考古记》，中华书局 1955 年版。

71．云南省博物馆：《云南晋宁石寨山古墓群发掘报告》，文物出版社 1959 年版。

72．张增祺：《滇国与滇文化》，云南美术出版社 1997 年版。

73．贵州省博物馆等：《贵州田野考古四十年》，贵州民族出版社 1993 年版。

后　记

　　世纪之交，各个学科都在回顾过去、展望未来。由国家文物局主持编撰、文物出版社陆续出版的这套《20 世纪中国文物考古发现与研究丛书》，正是对中国考古学发展历程的一次全面总结，因而是一件很有意义的事情。文物出版社约我写这本小书，我因诸事忙碌，抽不出太多时间来撰写，加之秦汉考古专门化领域较多，有些方面我并未进行过系统研究，能力所限，不敢造次，所以邀请了多位专家学者共同来承担这一任务。本书完成情况如下：前言及第一、二、四章赵化成（北京大学考古文博院教授）；第三、七章高崇文（北京大学考古文博院教授）；第五章郑岩（山东省博物馆副研究员）；第六章邓超（北京大学考古文博院硕士研究生）；第八章彭浩（湖北省荆州博物馆研究员）；第九章林梅村（北京大学考古文博院教授）；第十章余瑾（清华大学思想文化史研究所硕士研究生）；第十一章杨哲峰（北京大学考古文博院副教授）。文稿完成后，统一汇总于我处，除部分篇章略有修订外，多数未做改动。文章插图、图版大部分由我配置。需要说明的是，本书是按专题分头完成的，文稿汇总后再补上插图，发现总字数超出很多，出版社又不同意增加篇幅，因交稿时间已到，已不可能每章再做更多删改，不得已只好舍弃以下几章：《秦汉长城、直道与边塞城址》、《汉代铁器与农业生产的发展》(赵化成)，《秦汉碑刻、印章、封泥与钱币》(西北大学考古文博学院周晓陆教授和其研究生共同完成)。此外，汉代铜器一章删除了有关铜镜方面的论述。在这里，我应当对周晓陆教授等表示最大的歉意。由于这些篇章的删除，再加上现有文稿中还有一些遗漏，所以使得本书不够全面，这里也需要对读者真诚道歉。好在本丛书的秦汉部分，除这本综合性的小书外，还有多本专题性的著作，或可弥补本书的不足。

关于本书的署名，我曾建议写上我编即可，但文物出版社责任编辑考虑到丛书的统一体例，于是商定以我和高崇文挂名(完成两章以上)，并注明"等著"字样。此外，按体例各章中不能署名，只好在这里加以说明。

最后，我要特别感谢参加本书撰写的各位学者，大家在百忙中慨然应允撰稿。我深知，这类回顾性的文章其难度和工作量远大于一般性的论文。我还要感谢文物出版社的责任编辑窦旭耀先生，他为本书的出版花费了大量精力。

赵化成

2001 年 7 月

图书在版编目（CIP）数据

秦汉考古/赵化成等著．--北京：文物出版社，2002.3
（2023.6 重印）

（20 世纪中国文物考古发现与研究丛书/张文彬主编）

ISBN 978-7-5010-1304-3

Ⅰ.①秦… Ⅱ.①赵… Ⅲ.①秦汉考古—研究

Ⅳ.①K871.414

中国版本图书馆 CIP 数据核字（2014）第 258024 号

20 世纪中国文物考古发现与研究丛书

秦汉考古

著　　者：赵化成　高崇文 等

封面设计：张希广
责任印制：张　丽
责任编辑：窦旭耀
出版发行：文物出版社
社　　址：北京市东城区东直门内北小街 2 号楼
邮　　编：100007
网　　址：http://www.wenwu.com
经　　销：新华书店
印　　刷：河北鹏润印刷有限公司
开　　本：850mm×1168mm　1/32
印　　张：9.625
版　　次：2002 年 3 月第 1 版
印　　次：2023 年 6 月第 7 次印刷
书　　号：ISBN 978-7-5010-1304-3
定　　价：40.00 元